Level 3

¡Avancemos!

Cuaderno práctica por niveles
Teacher's Edition

HOLT McDOUGAL
a division of Houghton Mifflin Harcourt

ISBN-13: 978-0-618-75103-7
ISBN-10: 0-618-75103-3   13 0982 16
Internet: www.holtmcdougal.com

4500607426

TABLE OF CONTENTS

TO THE STUDENT:

Cuaderno práctica por niveles provides activities for practice at different levels of difficulty. Leveled vocabulary and grammar activities cover the entire content of each lesson of your student book. Other activity pages practice the content of the lesson while targeting a specific skill, such as listening. Within most categories of practice there are three pages, each at a different level of difficulty (A, B, and C). The A level is the easiest and C is the most challenging. The different levels of difficulty (A, B, C) are distinguished by the amount of support you're given. A level activities usually give you choices, B level activities often call for short answers to be written, and C level activities require longer answers.

The following sections are included in the **Cuaderno** for each lesson:

- **Vocabulario**

  Each page in this section has three activities that practice the lesson vocabulary.

- **Gramática**

  This section follows the same pattern as the **Vocabulario** section and reinforces the grammar points taught in each lesson.

- **Integración / conversación simulada**

  Each of these pages has a pre-AP activity that requires you to respond to interactive media. The Integración: Hablar present information from two different sources and ask that you respond to a related question. The Integración: Escribir page is like the Integración: Hablar page except that you will give your response in written form. The Conversación simulada activities consist of a simulated telephone conversation. In these guided conversation activities, you'll see an outline of the conversation on the page in front of you as you respond appropriately to the audio prompts you hear.

- **Escuchar**

  Each page in this section has two audio passages, each followed by a short activity. The passages allow you to practice your oral comprehension of Spanish.

- **Leer**

  This section contains short readings accompanied by **¿Comprendiste?** and **¿Qué piensas?** questions.

- **Escribir**

  In this section you are asked to write a short composition. A pre-writing activity will help you prepare to write your composition.

- **Cultura**

  Activities in this section focus on the cultural information found in each lesson.

• Pre-Ap is a registered trademark of the College Entrance Examination Board, which was not involved in the production of and does not endorse this product.

TO THE TEACHER:

Cuaderno práctica por niveles is referenced in the student edition and addresses the individual needs of students. Leveled vocabulary and grammar activities cover the entire content of each lesson of the student edition. Other activity pages practice the content of the lesson while targeting a specifi c skill, such as listening. Within most categories of practice there are three pages, each at a different level of diffi culty (A, B, and C). The A level is the easiest and C is the most challenging. As an additional study tool, the workbook contains lesson bookmarks that include the En resumen vocabulary list and abbreviated grammar explanations.

The following sections are included in Cuaderno for each lesson:

- **Vocabulario**
  Each page in this section has three activities that practice the lesson vocabulary.

- **Gramática**
  This section follows the same pattern as the **Vocabulario** section and targets a specifi c grammar point taught in the lesson.

- **Integración / conversación simulada**
  Each of these pages has a pre-AP activity that requires students to respond to interactive media. The Integración: Hablar present information from two different sources and ask that students respond to a related question. The Integración: Escribir page is like the Integración: Hablar page except that the response is in written form. The Conversación simulada activities consist of a simulated telephone conversation. In these guided conversation activities, an outline of the conversation is on the students' page as they respond appropriately to the audio prompts they hear.

- **Escuchar**
  Each page in this section has two audio passages, each followed by a short activity. The passages allow students to gain practice and increase their comprehension of spoken Spanish.

- **Leer**
  This section contains short readings accompanied by **¿Comprendiste?** and **¿Qué piensas?** questions.

- **Escribir**
  Each page in this section has a preparatory activity that helps students organize their ideas before they complete the writing task.

- **Cultura**
  Activities in this section practice recall and analysis of the cultural information found throughout each **lección**.

Vocabulario A

Level 3, pp. 32-36

┌───┐
│ ¡AVANZA! **Goal:** Talk about outdoor activities and camping. │
└───┘

1 Vas de vacaciones a México. Indica con una **X** qué actividades puedes hacer al aire libre.

____ leer en la biblioteca   _x_ hacer una excursión junto al río

_x_ dar una caminata por los senderos   ____ visitar un museo.

del bosque   _x_ navegar los rápidos

_x_ escalar montañas   _x_ ver muchas mariposas

____ correr en el gimnasio.   ____ estudiar en la escuela.

2 Estás en las montañas para acampar con amigos. Escoge la expresión o palabra que mejor completa cada frase.

1. La tienda debe cerrarse para evitar que entren __c__ .

2. Tú y tus amigos no deben llevar zapatos __a__ .

3. Entonces, __d__ , deben dejar los zapatos afuera.

4. El equipo necesario para acampar incluye __b__ para encender

   la fogata.

5. Hay muchas actividades que ustedes pueden hacer. Por ejemplo,

   pueden __e__ .

6. Antes de escoger un lugar, tú y tus amigos deben __f__ información

   sobre las tarifas.

┌──────────────────────┐
│ a. dentro de   │
│   la tienda de   │
│   campaña   │
│ b. fósforos   │
│ c. arañas,   │
│   serpientes   │
│   u otros   │
│   animales   │
│ d. antes de   │
│   meterse en   │
│   la tienda   │
│ e. dar una   │
│   caminata   │
│ f. conseguir   │
└──────────────────────┘

3 Responde a las siguientes preguntas.

1. ¿Te gusta acampar? ¿Por qué?

   Answers will vary: **Sí, me gusta acampar porque me gusta dormir al**

   aire libre.

2. ¿Qué haces cuando vas a acampar?

   Answers will vary: **Cuando voy a acampar siempre voy a escalar montañas.**

   _____

Vocabulario B

| ¡AVANZA! | **Goal:** Talk about outdoor activities and camping. |

1 Alejandra fue al campo el verano pasado. Completa estas oraciones que explican lo que ella hizo y lo que le gusta hacer.

1. Me gusta (observar / conseguir) la naturaleza cuando voy de excursión.

2. Prefiero ir en (fogata / camioneta) a la zona de acampar.

3. Cuando fui al campo el verano pasado vi muchos animales, como (peces / pájaros) en el río y alguna (pez / araña) en el bosque.

4. Me encanta nadar en (agua dulce / la mariposa).

2 Luisa quiere hacer una excursión al campo. Completa su conversación con su amiga Paula.

| un área para acampar | un albergue juvenil | ahorrar |
| remar en kayac | ofrecen | con anticipación |

Luisa: ¡Me encanta el campo! Me gustaría ir a ___un área para acampar___ .

Paula: Sí, ¡es muy divertido! Si te gusta el agua, puedes

_____remar en kayac_____ .

Luisa: Sí, buena idea. No me gusta montar la tienda de campaña, pero puedo

quedarme en ___un albergue juvenil___ .

Paula: Además, muchos lugares _____ofrecen_____ descuentos a los

estudiantes. No es nada caro. Puedes _____ahorrar_____ dinero.

Luisa: Tengo que llamar ___con anticipación___ para hacer

reservaciones. ¡Será un viaje inolvidable!

3 ¿Te gusta la naturaleza? Escribe tres oraciones sobre tres cosas que te gustan de la naturaleza y otra sobre tres actividades que te gusta hacer al aire libre.

Answers will vary.

_____

_____

_____

Vocabulario C

> **¡AVANZA!** **Goal:** Talk about outdoor activities and camping.

1 Tú y tus amigos van de vacaciones al campo. Completa estas oraciones con la opción correcta.

1. Utilizaremos __b__ para llegar a la estación de tren.

   a. el kayac   **b.** el transporte público   **c.** el albergue

2. Vamos a hacer una excursión con __a__ por los senderos de la montaña.

   a. un guía   **b.** un fósforo   **c.** una tarifa

3. Llevaremos __b__ con agua para nuestras excursiones.

   a. una estufa   **b.** una cantimplora   **c.** un descuento

4. Cocinaremos la comida en __c__ sobre una fogata.

   a. la tienda de campaña   **b.** una camioneta   **c.** una olla

2 Vas a acampar con amigos. Completa las oraciones correctamente.

1. (yo) gustar / navegar en rápidos / ir a acampar

   Me gusta navegar en los rápidos cuando voy a acampar.

2. (nosotros) escalar montañas / hacer excursión

   Nosotros escalamos las montañas cuando hicimos la excursión.

3. (ellos) comprar / una tienda de campaña / ir a acampar

   Ellos compraron una tienda de campaña cuando fueron a acampar.

4. haber / mariposas, arañas y pájaros / bosque

   Hay mariposas, arañas y pájaros en el bosque.

3 ¿Qué te gustaría más, viajar al extranjero o hacer una excursión en las montañas? Contesta la pregunta con una oración completa y después escribe dos oraciones para explicar por qué.

   Answers will vary: **Me gustaría más hacer una excursión por la montaña.**

   Me gusta mucho observar la naturaleza, los árboles y las mariposas.

   Prefiero ir a la montaña porque me gusta estar al aire libre.

Gramática A *Preterite Tense of Regular Verbs*

Level 3, pp. 37-41

> **¡AVANZA!** **Goal:** Use the preterite to talk about actions in the past.

1 Maribel y yo fuimos de excursión el verano pasado. Completa las oraciones con la forma correcta de los verbos.

1. El verano pasado Maribel y yo (visitó / visitamos) un parque nacional.

2. Ella y sus primos (bebieron / bebí) agua de una cantimplora.

3. Yo (montaron / monté) la tienda de campaña.

4. El invierno pasado yo también (organicé / organizamos) un viaje al extranjero para acampar.

5. Tu (fuiste / fue) a acampar hace dos semanas.

2 Todos fuimos de excursión. Escribe la forma correcta del verbo entre paréntesis para completar cada oración.

1. Mi prima _____ navegó _____ los rápidos el año pasado. (navegar)

2. El albergue juvenil _____ ofreció _____ un descuento a los estudiantes. (ofrecer)

3. Ustedes _____ siguieron _____ el sendero para observar los árboles. (seguir)

4. Yo _____ busqué _____ un guía para la excursión. (buscar)

5. Ellos _____ hicieron _____ una caminata cuando fueron de excursión. (hacer)

3 Escribe dos oraciones completas diciendo qué hiciste ayer y qué hicieron tus amigos la semana pasada.

1. *Answers will vary:* **Ayer yo toqué la guitarra.** _____

_____

_____

2. *Answers will vary:* **La semana pasada mis amigos y yo fuimos al cine.** _____

_____

_____

Copyright © by McDougal Littell, a division of Houghton Mifflin Company.

Gramática B *Preterite Tense of Regular Verbs*

Level 3, pp. 37-41

 Goal: Use the preterite to talk about actions in the past.

1 Todos hicieron cosas diferentes en sus vacaciones. Escoge la forma apropiada de los siguientes verbos para completar la oración:

1. Ayer yo __b__ una montaña con unos amigos.

  a. escaló   **b.** escalé   **c.** escalamos   **d.** escalaste

2. Mariana __d__ la cantimplora de agua.

  a. llené   **b.** llenaron   **c.** llenaste   **d.** llenó

3. El año pasado ellos __b__ al extranjero para acampar.

  a. viajamos   **b.** viajaron   **c.** viajaste   **d.** viajó

4. Carla y yo __a__ la fogata.

  a. encendimos   **b.** encendió   **c.** encendiste   **d.** encendieron

5. ¿Tú __c__ las direcciones para llegar?

  a. seguí   **b.** seguimos   **c.** seguiste   **d.** seguisteis

2 Escribe el pretérito de los verbos **visitar, conseguir, pagar, buscar** y **escalar** en los espacios en blanco.

1. Mis primos _____visitaron_____ un área para acampar.

2. Mi padre _____consiguió_____ información sobre las tarifas.

3. Nosotros _____pagamos_____ la tarifa más barata.

4. Yo _____busqué_____ el sendero pero no lo encontré.

5. Ellos _____escalaron_____ la montaña.

3 Contesta las siguientes preguntas con oraciones completas.

1. ¿Qué hicieron tú y tus amigos(as) en la escuela ayer?

Answers will vary: **Leímos, estudiamos y comimos en la escuela ayer.**

_____

2. ¿Qué hiciste durante tus vacaciones?

Answers will vary: **Acampé en la selva.**

_____

Gramática C *Preterite Tense of Regular Verbs*

> **¡AVANZA!** **Goal:** Use the preterite to talk about actions in the past.

1 Carlos y sus amigos fueron de vacaciones al campo. Completas las oraciones con el verbo correcto.

1. Mis amigos y yo _____utilizamos_____ el transporte público para llegar al albergue juvenil.

2. Algunos de mis amigos _____encendieron_____ una fogata.

3. Yo me _____metí_____ dentro de la tienda de campaña para dormir.

4. Nosotros _____cocinamos_____ la comida en una estufa de gas.

2 Escribe oraciones completas para describir cada vacación. Usa el pretérito.

1. Yo / practicar

El año pasado practiqué deportes.

2. Mis amigos y yo / organizar

Mis amigos y yo organizamos un viaje al extranjero.

3. Elena y Felipe / acampar.

Elena y Felipe acamparon en las montañas.

4. Lourdes / escalar

Lourdes escaló una montaña.

5. Nosotros / comprar

Nostros compramos una tienda de campaña.

3 Escribe tres oraciones para describir qué hiciste el año pasado en tus vacaciones de verano. Usa el pretérito de verbos regulares.

Answers will vary: **El año pasado en mis vacaciones de verano yo fui a las montañas a acampar. Acampar en las montañas es muy divertido. ¡Me gustó mucho!**

Gramática A *Irregular Preterites*

Level 3, pp. 42-44

| ¡AVANZA! | **Goal:** Use the forms of irregular verbs in the preterite to talk about actions in the past. |

1 Nosotros hicimos muchas cosas cuando fuimos a acampar. Escoge la forma apropiada de los verbos de la caja.

1. Tú _____estuviste_____ en el parque nacional.

2. Nosotros _____vimos_____ muchos pájaros en el bosque.

3. Ustedes _____trajeron_____ una olla para cocinar.

4. Yo _____hice_____ una fogata.

5. Ellos _____fueron_____ a las montañas.

6. Ellas _____hicieron_____ una excursión la semana pasada.

| vimos |
| hicieron |
| hice |
| fueron |
| estuviste |
| trajeron |

2 Escribe la forma correcta del verbo entre paréntesis para completar cada oración.

1. Los chicos _____durmieron_____ en el albergue juvenil anoche. (dormir)

2. Lorenzo _____dijo_____ que fue una excursión inolvidable. (decir)

3. Malva y yo _____nos divertimos_____ mucho en la selva. (divertirse)

4. ¿Usted _____siguió_____ el sendero para ir a la montaña? (seguir)

5. Nosotros _____trajimos_____ comida para acampar. (traer)

3 ¿Qué hiciste el verano pasado? Escribe tres oraciones completas. Usa el pretérito de los verbos **ir, traer** y **estar**.

1. *Answers will vary:* **Hice una excursión y fui a un río el verano pasado.** _____

2. *Answers will vary:* **Fui a acampar con mis hermanos.** _____

3. *Answers will vary:* **Trajimos mucha comida con nosotros.** _____

Gramática B *Irregular Preterites*

| ¡AVANZA! | **Goal:** Use the forms of irregular verbs in the preterite to talk about actions in the past. |

1 ¿Qué hicieron estas personas? Escoge la forma apropiada de los siguientes verbos.

1. Ayer yo __*b*__ una serpiente a la clase de ciencias.

    a. trajo   **b.** traje   **c.** trajiste   **d.** trajisteis

2. Clara __*d*__ en bicicleta anoche.

    a. anduve   **b.** anduvieron   **c.** anduviste   **d.** anduvo

3. El año pasado ellos __*b*__ ir al extranjero para acampar.

    a. quisimos   **b.** quisieron   **c.** quisiste   **d.** quiso

4. Carla y yo __*a*__ a pescar.

    a. fuimos   **b.** fue   **c.** fuiste   **d.** fueron

2 Di lo que hicieron las siguientes personas cuando fueron a acampar. Usa el pretérito de los verbos.

1. Isabel / hacer/ una excursión inolvidable.

    Isabel hizo una excursión inolvidable. _____

2. Ellos / tener / miedo de las arañas.

    Ellos tuvieron miedo de las arañas. _____

3. El hermano de Isabel / poner / la olla sobre la fogata.

    El hermano de Isabel puso la olla sobre la fogata. _____

3 Describe qué hicieron estas personas durante una excursión al bosque en tres oraciones.

| Sara y Silvia
Miguel
Tú | andar
ver
seguir | mariposas
serpientes y
otros animales
por el sendero
las direcciones |

1. *Answers will vary:* **Sara y Silvia anduvieron por el sendero.** _____

2. *Answers will vary:* **Miguel vio mariposas, serpientes y otros animales.** _____

3. *Answers will vary:* **Yo seguí las direcciones.** _____

Gramática C *Irregular Preterites*

 Goal: Use the forms of irregular verbs in the preterite to talk about actions in the past.

1 Estos amigos fueron a acampar. Completa las oraciones con la forma apropiada de un verbo. Usa los verbos **ir**, **querer**, **ver** y **estar.**

1. Ayer yo _____ vi _____ una serpiente en el bosque.

2. Clara _____ fue _____ a un lugar de agua dulce porque le gusta pescar.

3. El año pasado Laura y Pedro _____ quisieron _____ viajar al extranjero para acampar.

4. Fernanda, Federico y yo _____ estuvimos _____ en un lugar para acampar este verano.

5. Yo _____ quise _____ acampar en las montañas, pero no pude.

2 Todos los amigos hicieron actividades diferentes. Escribe una oración con el pretérito de los verbos entre paréntesis sobre lo que hicieron en sus vacaciones.

1. (Yo / hacer)

Answers will vary: **Ayer yo hice una excursión al campo.**

2. (Ella / estar)

Answers will vary: **Ella estuvo el lunes en el museo de arte.**

3. (Nosotros / querer)

Answers will vary: **Nosotros quisimos ver las mariposas.**

4. (Carlos y tú / ir)

Answers will vary: **Carlos y tú fueron a acampar el verano pasado.**

5. (Usted / conducir)

Answers will vary: **Usted condujo la camioneta.**

3 Francisco y Luz hicieron una excursión al campo. Completa el diálogo sobre lo que hicieron. Utiliza el pretérito de verbos como **andar**, **ver**, **seguir**, **hacer, navegar** y **estar.**

Francisco: *Answers will vary:* **Yo fui a la montaña por un sendero. ¿Y tú?**

Luz: *Answers will vary:* **Yo vi muchas mariposas cuando anduve junto al río.**

Francisco: *Answers will vary:* **Yo también fui al río, pero a navegar.**

Luz: *Answers will vary:* **¿Sí? Yo navegué en kayac. ¡Fue muy divertido!**

UNIDAD 1
Lección 1

Integración:
Hablar

Integración: Hablar

Level 3, pp. 45-47
WB CD 01 track 01

Fabián y unos amigos quieren ir de vacaciones al campo o a la playa. Después de pensar mucho, los chicos dijeron que lo mejor es ir al campo. En el campo hay muchas actividades divertidas para hacer. Lee el correo electrónico, escucha el mensaje en el teléfono celular y di cuáles son las cosas que llevan los dos amigos.

Fuente 1 Leer

Lee el correo electrónico que Fabián le escribió a Natalia.

> Hola, Natalia.
> Estoy muy emocionado por nuestras vacaciones. Lo que más me gusta es que vamos a ir todos al campo. Me encanta remar en kayac y navegar por los rápidos. Ya tengo todo lo que voy a llevar: la cantimplora, la estufa de gas, el saco de dormir, la tienda de campaña y el dinero que ahorré este año. ¡Nos vamos a divertir mucho!
> Fabián

Fuente 2 Escuchar *WB CD 01 track 02*

Luego, escucha el mensaje que dejó Natalia en el teléfono celular de Fabián. Toma notas.

_____

_____

_____

_____

Hablar

Si tú vas de vacaciones al mismo lugar al que van Fabián y Natalia, ¿prefieres hacer las actividades que le gustan a Natalia o las que le gustan a Fabián? Explica.

modelo: A mí me gusta más... porque... Además...

Answers will vary: **A mí me gusta más hacer las actividades que hace Fabián porque me gusta remar en kayac y navegar por los rápidos. Además, me encantan los deportes difíciles y un poco peligrosos.**

Integración: Escribir

Level 3, pp. 45-47
WB CD 01 track 03

Los estudiantes quieren hacer un viaje. Unas semanas antes de las vacaciones, todos investigan a qué lugares pueden ir y cuáles son las actividades que pueden hacer. Lee el sitio web, escucha un video por Internet y escribe sobre las actividades en el campo.

Fuente 1 Leer

Lee la información que encontró Daniela en un sitio web.

Vacaciones para estudiantes

El albergue juvenil «Las cuatro estaciones» ofrece descuentos a estudiantes. Además, nuestros guías te llevan a hacer excursiones por el campo (puedes aprender sobre árboles y animales) y a navegar por rápidos en kayac.

Ellos también te enseñan a montar la tienda de campaña y a montar a caballo.

Frente al albergue puedes tomar el transporte público para ir a conocer algunos lugares en la ciudad.

Fuente 2 Escuchar   *WB CD 01 track 04*

Luego, escucha lo que dice Lucas en un mensaje que les mandó a sus amigos por Internet. Toma notas.

_____

_____

_____

_____

Escribir

Tú eres amigo de Lucas, recibiste su mensaje y leíste la información del sitio web del albergue. ¿Qué actividades de las que hicieron los chicos con los guías están escritas en el sitio web?

modelo: Los chicos hicieron... Ellos también...

Answers will vary: **Los chicos hicieron una excursión por el campo:**

siguieron un sendero y vieron arañas y una serpiente. Ellos también

navegaron por rápidos en kayac.

_____

_____

Escuchar A

> **¡AVANZA!** **Goal:** Listen and understand what took place.

1 Escucha lo que dice Sara. Luego, lee cada oración y contesta **cierto** o **falso**.

Ⓒ F **1.** Sara y sus amigos acamparon el verano pasado.

Ⓒ F **2.** Escogieron un lugar barato para acampar.

C Ⓕ **3.** Fueron a la selva.

C Ⓕ **4.** Viajaron en camioneta.

C Ⓕ **5.** Cuando llegaron, Sara vio un pájaro sobre un árbol.

2 Escucha lo que dice Manolo sobre el viaje que hizo con sus amigos. Después, dibuja una línea desde los nombres de las personas a los dibujos que describen qué hacen.

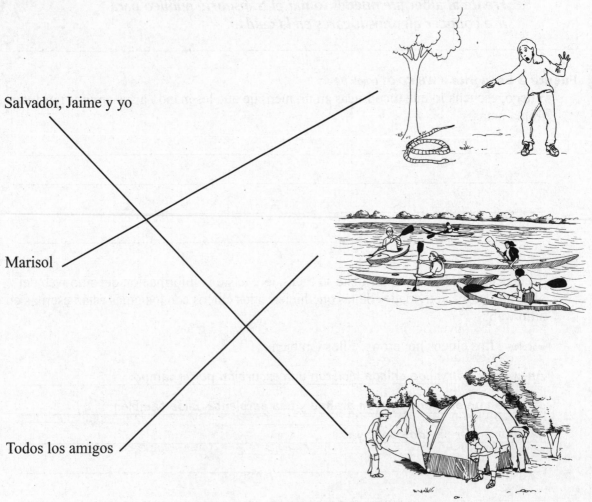

Salvador, Jaime y yo

Marisol

Todos los amigos

Escuchar B

¡AVANZA! **Goal:** Listen and understand what took place.

1 Escucha lo que dice Pedro. Luego, escribe el nombre de la persona al lado del dibujo que describe qué hizo.

Catalina	Ariadna	Pedro	Ricardo	Esteban

1.

_____Ariadna_____

2.

_____Catalina_____

3.

_____Ricardo_____

4.

_____Esteban_____

2 Escucha la conversación y completa las siguientes oraciones.

1. Claudia tiene que _____encender la fogata_____ .

2. Claudia necesita _____fósforos_____ .

3. Federico vio un albergue juvenil _____frente_____ a la parada del autobús.

4. Claudia también busca _____la cantimplora_____ para llenarla con agua.

5. Melisa fue al _____albergue juvenil_____ para pedir fósforos.

Escuchar C

Level 3, pp. 54-55
WB CD 01 tracks 09-10

> **¡AVANZA!** **Goal:** Listen and understand what took place.

1 Escucha lo que dice Hugo sobre las vacaciones que pasó con sus amigos. Toma apuntes. Luego, haz una lista de cuatro cosas que hicieron.

1. Decidieron acampar para estar más cerca de la naturaleza.

2. Camila buscó una olla para cocinar.

3. Tuvieron que ir al albergue juvenil para pedir una olla.

4. Hugo remó en kayac.

2 Escucha la conversación. Toma apuntes y contesta las siguientes preguntas con oraciones completas.

1. ¿Qué vieron Marisa, Andrés y Miguel cuando hicieron excursiones?

   Vieron pájaros, árboles y una serpiente.

2. ¿Qué le pasó a Marisa? ¿Fue muy valiente?

   Answers will vary: **Marisa fue muy valiente porque no tuvo miedo cuando vio la serpiente.**

3. ¿Qué actividades fueron agotadoras?

   Remar y escalar la montaña fueron actividades agotadoras.

4. ¿Qué hizo Miguel después de ir a pescar?

   Answers will vary: **Miguel fue perezoso y descansó todo el día después de ir a pescar.**

5. ¿Quién remó cuando navegaron por el río?

   Remaron todos juntos.

Leer A

> **¡AVANZA!** **Goal:** Read about an outdoor experience.

Querido Marcos,

Estoy de vacaciones en México con mi familia y quise escribirte un correo electrónico. Quiero contarte una aventura inolvidable. Mi papá ama la naturaleza y decidió hacer una excursión al Parque de Calakmul. Dormí en una tienda de campaña. Tuve que cerrar la tienda porque así no entran arañas. Todos llevamos cantimploras y las llenamos con agua para beber. Caminamos por los senderos de la selva y vi muchas flores. También vimos muchos árboles. ¡Fue muy divertido!

Abrazos,

Celestina

¿Comprendiste?

Lee cada oración y contesta **cierto** o **falso**.

C Ⓕ **1.** El Parque de Calakmul es un bosque.

C Ⓕ **2.** Celestina se quedó en un albergue juvenil.

Ⓒ F **3.** Hay muchos árboles en esta zona de acampar.

Ⓒ F **4.** Celestina caminó por senderos en la selva.

¿Qué piensas?

En tu opinión, ¿qué es lo más divertido que hizo Celestina en la selva? ¿Por qué?

Answers will vary: **Pienso que lo más divertido fue dormir en una tienda**

de campaña porque me gusta estar al aire libre.

_____

_____

Leer B

¡AVANZA! **Goal:** Read about an outdoor experience.

Para las próximas vacaciones, Conchita y su hermana, Fernanda, quieren usar la tienda de campaña que recibieron en Navidad. También quieren viajar a otro país, pero tiene que ser un lugar barato porque ellas son estudiantes y no tienen mucho dinero. Van a ir a México. Encontraron por Internet un lugar para acampar en la península de Yucatán. Les escribieron un correo electrónico a sus amigos. Hicieron reservaciones con anticipación para poder acampar en ese lugar. También hicieron reservaciones para dos excursiones. A Conchita le gusta mirar los árboles y las flores. Fernanda es deportista y valiente; además, le encanta el agua.

¿Comprendiste?

Después de leer el texto responde las preguntas con oraciones completas.

1. ¿Dónde fueron a acampar Conchita y Fernanda?

   Conchita y Fernanda fueron a la península de Yucatán a acampar.

2. ¿Por qué fueron a ese lugar?

   Fueron a la península de Yucatán porque allí encontraron espacio para

   acampar.

3. ¿Qué les gusta hacer a Conchita y a Fernanda?

   A Conchita le gusta mirar los árboles y las flores y a Fernanda le gusta el

   agua, también es deportista.

4. ¿Cómo hicieron su reservación?

   Hicieron su reservación por Internet.

5. ¿Tenían mucho dinero Conchita y Fernanda? ¿Cómo sabes?

   No, no tenían mucho dinero. Lo sé porque buscaban un lugar barato.

¿Qué piensas?

¿Qué piensas que es mejor, acampar o quedarse en un albergue juvenil? ¿Por qué?

   Answers will vary: **Pienso que es mejor acampar para estar al aire libre,**

   cerca de la naturaleza.

Leer C

> ¡AVANZA! **Goal:** Read about an outdoor experience.

El fin de semana pasado conocí a un chico mexicano. Se llama Félix. Él me habló de una excursión a la selva que hizo antes de viajar a Estados Unidos. Fue a acampar por cinco días con su familia en la península de Yucatán. Tuvieron que llegar al lugar para acampar en camioneta, porque llevaron todo el equipo necesario para acampar, la estufa de gas y las ollas para cocinar. Además, ¡no hay transporte público en la selva! Una serpiente cruzó el sendero frente a él, pero a Félix no le dio miedo. Fue muy valiente. Sus padres montaron una tienda de campaña, pero, para estar más cerca de la naturaleza, él prefirió dormir debajo de los árboles. Fue una aventura inolvidable.

¿Comprendiste?

Contesta las siguientes preguntas con oraciones completas.

1. ¿Qué hizo Félix antes de ir a Estados Unidos?

Hizo una excursión a la selva.

2. ¿Por cuánto tiempo estuvo Félix en la selva?

Estuvo en la selva por cinco días.

3. ¿Cómo llegó la familia de Félix al lugar para acampar?

La familia llegó en camioneta.

4. ¿Utilizaron el transporte público? ¿Por qué?

No, no lo utilizaron porque en la selva no hay transporte público.

5. ¿Qué equipo para cocinar llevó la familia de Félix?

Llevó la estufa de gas y las ollas.

6. ¿Dónde durmió Félix? ¿Por qué?

Félix durmió debajo de los árboles para estar más cerca de la naturaleza.

¿Qué piensas?

¿Qué tipo de actividades puedes hacer en la selva? ¿Cuál prefieres? ¿Por qué?

Answers will vary: **Me gusta observar pájaros y hacer excursiones.**

Prefiero hacer excursiones porque me gusta caminar.

Escribir A

Level 3, pp. 54-55

 Goal: Write about outdoor experiences.

Step 1

Unos amigos fueron a acampar. Escribe una lista de tres actividades que hacen cuando van a acampar.

1.	encender la fogata
2.	meterse en la tienda
3.	llenar la cantimplora

Step 2

Usa el pretérito de los verbos para describir qué hicieron los amigos cuando fueron a acampar. Escribe oraciones completas.

Answers will vary: **Montaron la tienda y dos chicos llenaron las**

cantimploras. La chica encendió la fogata. Dos arañas se metieron

en la tienda de campaña.

Step 3

Evaluate your writing using the information in the table.

Writing Criteria	Excellent	Good	Needs Work
Content	You have included all of the activities on the list.	You have included most of the activities on the list.	You have included few activities on the list.
Communication	Most of your response is clear.	Some of your response is clear.	Your message is not very clear.
Accuracy	You make few mistakes in grammar and vocabulary.	You make some mistakes in grammar and vocabulary.	You make many mistakes in grammar and vocabulary.

Escribir B

Level 3, pp. 54-55

> **¡AVANZA!** **Goal:** Write about outdoor experiences.

Step 1

Estos amigos fueron a acampar. Mira los dibujos y escribe cuatro oraciones con actividades que hicieron. Usa el pretérito. *Answers will vary:*

   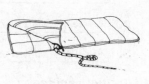

1. **Encendieron la fogata con fósforos.**	3. **Dejó los zapatos fuera de la tienda.**
2. **Pescaron junto al río.**	4. **Abrió el saco de dormir.**

Step 2

Usa la lista de arriba y el pretérito de los verbos **ir, hacer, dormir** y **tener** para escribir un párrafo de cinco oraciones. *Answers will vary.*

Unos amigos hicieron un excursión inolvidable. Fueron a acampar. Durmieron en sacos

de dormir. Fueron a pescar y encendieron una fogata.

_____

Step 3

Evaluate your writing using the information in the table.

Writing Criteria	Excellent	Good	Needs Work
Content	You have described the pictures completely.	You have described most of the pictures.	You have not described the pictures.
Communication	Most of your response is clear.	Some of your response is clear.	Your message is not very clear.
Accuracy	You make few mistakes in grammar and vocabulary.	You make some mistakes in grammar and vocabulary.	You make many mistakes in grammar and vocabulary.

Escribir C

Level 3, pp. 54-55

 Goal: Write about outdoor experiences.

Step 1

Unos chicos fueron a acampar. Mira la ilustración y escribe cuatro cosas que hicieron.

1. *Answers will vary:* **Montaron la tienda junto al río.**

2. *Answers will vary:* **Un chico escaló montañas.**

3. *Answers will vary:* **Dos personas navegaron por rápidos.**

4. *Answers will vary:* **Encendieron la estufa de gas.**

Step 2

El lugar al aire libre de la ilustración necesita comentarios *(comments).* Escribe un párrafo con seis oraciones completas para hablar de esta experiencia.

Answers will vary: **Es fácil llegar; yo utilicé el transporte público. También me dieron una guía con todas las direcciones. ¡No tuve que ir al extranjero para estar más cerca de la naturaleza! Monté la tienda de campaña junto al río. Escalé montañas y navegué por rápidos. ¡Fue una aventura inolvidable!**

Step 3

Evaluate your writing using the information in the table.

Writing Criteria	Excellent	Good	Needs Work
Content	You have included six complete sentences.	You have included five complete sentences.	You have included four or fewer complete sentences.
Communication	Most of your response is clear.	Some of your response is clear.	Your message is not very clear.
Accuracy	You make few mistakes in grammar and vocabulary.	You make some mistakes in grammar and vocabulary.	You make many mistakes in grammar and vocabulary.

Cultura A

¡AVANZA! **Goal:** Review cultural information about México.

1 **México** Lee las siguientes oraciones sobre México y contesta **cierto** o **falso**.

Ⓒ F **1.** El parque ecológico Cola de Caballo tiene una cascada.

C Ⓕ **2.** La capital de México se llama Distrito Popular.

Ⓒ F **3.** El muralista mexicano Gerardo Murillo cambió su nombre a «Dr. Atl».

Ⓒ F **4.** En el Parque Ecológico de Chipinque se pueden montar tiendas de campaña.

Ⓒ F **5.** Las ruinas de Chichén-Itzá conservan las maravillas de la civilización maya.

2 **Datos sobre México** Completa las oraciones con las palabras entre paréntesis correctas.

1. El muralista Gerardo Murillo se inspiró en la (naturaleza / limpieza) de su país para pintar paisajes.

2. El mexicano Octavio Paz ganó en 1990 el premio Nobel de (física / literatura).

3. México está en (Norteamérica / Sudamérica).

3 **Las atracciones turísticas de México** En la tabla, escribe una lista de actividades que los turistas pueden hacer en un lugar o cerca de éste. Fíjate en la tabla. Luego, escribe cuál lugar prefieres visitar y por qué.

Lugar	Actividades para los turistas
Las costas de México	hacer deportes acuáticos
Yucatán	**visitar sitios arqueológicos**
Monterrey	visitar parques ecológicos

Answers will vary.

_____

_____

Cultura B

Level 3, pp. 54-55

┌─────────┐
│ ¡AVANZA! │ **Goal:** Review cultural information about México.
└─────────┘

1 **Sitios para visitar en México** Escribe en qué lugares de México puedes hacer las siguientes cosas.

Visitar sitios arqueológicos	Practicar deportes acuáticos	Hacer actividades financieras
En la Península de Yucatán	(Answers will vary: En las playas de Cancún)	En el Distrito Federal

2 **Datos sobre México** Responde a las siguientes preguntas sobre México.

1. ¿Qué península de México es un lugar rico en sitios arqueológicos?

La Península de Yucatán es un lugar rico en sitios arqueológicos.

2. ¿En qué se inspiró el artista Gerardo Murillo (Dr. Atl)?

El artista Gerardo Murillo (Dr. Atl) se inspiró en la naturaleza y paisajes de

México.

3. ¿Dónde está el parque Cola de Caballo?

El parque Cola de Caballo está en Monterrey.

4. ¿De qué civilización son las ruinas de Chichén-Itzá?

Las ruinas de Chichén Itzá son de la civilización maya.

5. ¿Cuál es la capital de México?

La capital de México es el Distrito Federal.

3 **Los parques ecológicos de México** En México hay varios parques ecológicos donde las personas pueden hacer excursiones y acampar. Escribe algunos consejos para un turista que quiere ir al Parque Ecológico Chipinque. ¿Qué debe hacer y ver? ¿Qué no debe hacer? ¿Cómo puede ayudar a conservar el parque? *Answers will vary:*

Debes visitar el Parque Ecológico Chipinque, es muy bonito. Está en las

montañas, así que debes escalarlas para llegar al parque. Debes

hacer una excursión y acampar en este parque. Debes llevar todo tu equipo

de acampar. No debes tirar basura en el parque.

Cultura C

¡AVANZA! **Goal:** Review cultural information about México.

1 **¿Qué hay en México?** Completa las oraciones con las expresiones de la caja.

Cancún	Federal	Yucatán	San Lucas	Octavio Paz

1. La Península de _____Yucatán_____ es una zona rica en sitios arqueológicos.

2. _____Cancún_____ es una playa muy famosa de México.

3. En el Cabo _____San Lucas_____ se pueden practicar deportes acuáticos.

4. _____Octavio Paz_____ fue un escritor mexicano que ganó el premio Nobel de literatura.

5. El Distrito _____Federal_____ de México tiene 18 millones de habitantes.

2 **Datos sobre México** Contesta estas preguntas sobre México en oraciones completas.

1. ¿Cuáles son las ruinas más famosas de México? _____Las ruinas más famosas_____ de México son las de Chichén-Itzá y Uxmal._____

2. ¿Cuál es la moneda oficial de México? _____La moneda oficial de México_____ es el peso mexicano._____

3. ¿En qué región de América se encuentra México? _____México se encuentra_____ en Norteamérica._____

3 **Postal desde México** Estás de vacaciones en México. Escríbeles una tarjeta postal a tus amigos y cuéntales todas las cosas que haces. Menciona los sitios que visitas, los deportes que practicas y todo lo que has visto hasta hoy.

Answers will vary: **¡Hola! Escribo desde México. Estoy en la playa, en**

Cancún. Este lugar es maravilloso. La semana pasada acampé en las

montañas. Visité un lugar que se llama Parque Ecológico Chipinque.

Allí remé por horas en un kayac en el río y monté mi tienda de campaña.

Hoy he visto muchas personas haciendo deportes acuáticos.

_____

Vocabulario A

¡Avanza! **Goal:** Talk about your family, the beach, and water activities.

Level 3, pp. 58-62

1 Esta familia pasa un día en la playa. Une las descripciones con las palabras correctas.

persona que hace surf ———————————— velero

viento suave cerca del mar ————————— surfista

deporte de playa ———————————————— calor agobiante

mucho calor ————————————————————— brisa

barco de vela ——————————————————— voleibol playero

2 Alberto presenta a su familia. De las dos palabras entre paréntesis, subraya la palabra que completa cada oración.

1. Mi (abuelo / <u>cuñado</u>), el esposo de mi hermana, se llama Ricardo.

2. La nuera de mi padre, Beba, es mi (<u>esposa</u> / nieta).

3. Mi hijo se parece mucho a su (biznieto / <u>abuelo</u>), que es mi padre.

4. Mi suegro es muy bueno, estoy feliz de ser su (padrino / <u>yerno</u>).

5. Mi esposa y su (nuera / <u>suegra</u>), que es mi madre, están a la derecha de la mesa.

3 Contesta las siguientes preguntas con oraciones completas.

1. ¿Qué hace tu familia durante el fin de semana?

Answers will vary: **Mi familia hace escapadas de fin de semana.**

_____

_____

2. ¿Alguna vez fuiste de vacaciones en una casa rodante?

Answers will vary: **Sí (No, no) fui de vacaciones en una casa rodante.**

_____

_____

Vocabulario B

> **¡AVANZA!** **Goal:** Talk about your family, the beach, and water activities.

1 Lee las descripciones y escribe las palabras correctas en los espacios en blanco.

1. en lo que hace surf el surfista _____ tabla de surf _____

2. país de esta unidad _____ México _____.

3. deporte playero _____ voleibol _____

4. refrescar _____ hacer fresco _____

5. para refugiarnos del sol usamos _____ sombrilla _____

2 Alicia habla de su familia. Completa las oraciones con la palabra correcta.

a. La hija de mi tío es mi _____ prima _____ .

b. Mi tío es _____ el hermano _____ de mi padre.

c. _____ La cuñada _____ de mi padre es la mujer de su hermano.

d. El padre de mi madre es _____ el suegro _____ de mi padre.

e. El marido de mi hermana mayor es _____ el yerno _____ de mis padres.

f. La madre de mi madre es mi _____ abuela _____ .

3 Escribe tres oraciones sobre las actividades que hacen los miembros de tu familia en la playa.

1. *Answers will vary:* **Mi tía usa la tabla de surf.** _____

_____

_____

2. *Answers will vary:* **Mi prima juega voleibol playero.** _____

_____

_____

3. *Answers will vary:* **Mi padre recoge caracoles.** _____

_____

_____

Vocabulario C

Level 3, pp. 58-62

¡AVANZA! **Goal:** Talk about your family, the beach, and water activities.

1 Tomás y la hermana de Roberto se casaron. Completa el texto con palabras de la caja.

Mi hermana se casó con Tomás. Todos estamos felices. Ellos forman

un **1.** _____matrimonio_____ muy bonito. La **2.** _____madrina_____

de la boda fue la hermana de Tomás. Mi hermana dice que es una

3. _____cuñada_____ muy buena. Tomás cree que mi madre es una

4. _____suegra_____ muy simpática. El padre de Tomás dice que

mi hermana es su **5.** _____nuera_____ preferida.

cuñada
yerno
novia
nuera
madrina
bebé
matrimonio
suegra

2 Toda la familia pasa un día en la playa. Encuentra la palabra para cada definición.

1. Objeto que se parece a un paraguas que sirve para refugiarnos del sol. _____sombrilla_____

2. Viaje de turismo por mar. _____crucero_____

3. Es parte de la orilla de la playa. _____arena_____

4. Donde termina el suelo de la playa y empieza el mar. _____orilla_____

5. Persona que practica surf. _____surfista_____

3 Escribe cuatro oraciones para describir cómo pasaste (o cómo te gusta pasar) un día en la playa con tu familia.

Answers will vary: **El verano pasado fui a la playa con mis padres y**

mis hermanos. Montamos en motos acuáticas, fue muy divertido.

El calor era agobiante, pero nos refugiamos bajo nuestras sombrillas.

Por la tarde, merendamos en la orilla.

_____

_____

Gramática A *Imperfect*

> **¡AVANZA!** **Goal:** Use the imperfect to talk about a day at the beach with family.

1 Muchas familias se juntan para ir a la playa. Escoge la palabra correcta de la caja para completar el texto.

Algunas veces, mi familia **1.** _c_ a la playa con otros parientes.

Algunos **2.** _e_ de muy lejos. Los más pequeños

3. _g_ en la arena, mientras que los jóvenes **4.** _f_ motos

acuáticas. Los adultos **5.** _d_ debajo de sombrillas. Por la tarde,

todos **6.** _b_ la puesta del sol y, más tarde, **7.** _a_ pescado fresco.

a. cenábamos
b. veíamos
c. iba
d. descansaban
e. venían
f. conducían
g. jugábamos

2 Escribe una oración completa con el imperfecto del verbo para describir qué hacía cada miembro de esta familia en un día de playa.

1. todos / comer pescado fresco.

   Todos comíamos pescado fresco.

2. los abuelos / descansar debajo de la sombrilla.

   Los abuelos descansaban debajo de la sombrilla.

3. los jóvenes / jugar al voleibol playero.

   Los jóvenes jugaban al voleibol playero.

4. María y Juan / merendar en la playa.

   María y Juan merendaban en la playa.

3 Escribe dos oraciones sobre lo que hacías cuando eras niño(a). Usa el imperfecto. Sigue el modelo.

   modelo: **Cuando era niño mi familia y yo pasábamos todos los veranos en la playa.**

1. Cuando era niño(a) *Answers will vary:* **jugaba junto a la orilla con mis**

   hermanos.

2 Cuando era niño(a) *Answers will vary:* **me mareaba cuando iba en barco.**

Gramática B *Imperfect*

> **¡AVANZA!** **Goal:** Use the imperfect to talk about a day at the beach with family.

1 Completa las oraciones sobre las actividades que hacía cada persona de esta familia en un día de playa. Usa la forma correcta del verbo entre paréntesis.

1. Algunos parientes _____ llegaban _____ en sus casas rodantes. (llegar)

2. Mi abuela _____ se recostaba _____ debajo de una sombrilla. (recostarse)

3. Mis primos y yo _____ recogíamos _____ caracoles en la arena. (recoger)

4. Por la tarde _____ merendábamos _____ pan y jugo de naranja. (merendar)

5. Después _____ caminábamos _____ juntos en la playa. (caminar)

2 Escribe oraciones completas sobre las actividades que hacía cada persona durante un día de playa. Usa la información de las cajas.

Los abuelos	caminar	por la playa
Mis primos y yo	ver	yogur y hamburguesas
Mi novio(a)	merendar	la puesta de sol conmigo

1. *Answers will vary:* **Mis primos y yo caminábamos por la playa.**

2. *Answers will vary:* **Mi novio veía la puesta de sol conmigo.**

3. *Answers will vary:* **Los abuelos merendaban yogur y hamburguesas.**

4. *Answers will vary:* **Mi novio caminaba por la playa.**

3 Contesta estas preguntas con oraciones completas. Usa el imperfecto.

1. ¿Cuándo te levantabas cuando tenías seis años?

   Answers will vary: **Me levantaba temprano cuando tenía seis años.**

   _____

2. ¿Qué les gustaba hacer a ti y a tus amigo(a)s en la playa cuando tenían ocho años?

   Answers will vary: **Nos gustaba recoger caracoles en la playa.**

   _____

Gramática C *Imperfect*

Level 3, pp. 63-67

> ¡AVANZA! **Goal:** Use the imperfect to talk about a day at the beach with family.

1 Esta familia siempre iba a pasar unos días en la playa. Escoge el verbo que mejor completa cada oración.

1. Cuando yo era niño, mi familia y yo siempre _____ íbamos _____ a la playa en verano.

2. Todos los días, mi mamá nos _____ levantaba _____ temprano para desayunar.

3. _____ Llegábamos _____ a la playa por la mañana para nadar y jugar en la arena.

4. Mis abuelos se _____ quedaban _____ en la orilla para vernos jugar.

5. Algunas tardes, todos _____ hacíamos _____ un crucero de dos horas.

2 Contesta con oraciones completas las siguientes preguntas sobre las cosas que hacías cuando eras niño.

1. ¿Con quién ibas a la playa?

   Answers will vary: **Yo iba a la playa con mis padres y mis hermanos.**

   _____

2. ¿A qué jugabas?

   Answers will vary: **Jugaba con mis hermanos y mis primos a recoger**

   caracoles en la arena.

3. ¿Qué hacías por las noches en la playa?

   Answers will vary: **Por las noches, salía a cenar con mi familia.**

   _____

3 Escribe tres oraciones a un amigo. Cuéntale qué hacían tú y tu familia cuando eras niño.

   Answers will vary: **Cuando era niño mis padres me llevaban a la playa.**

   Montábamos en velero y paseábamos por la orilla. Cuando hacía mucho

   calor nos refugiábamos bajo las sombrillas y descansábamos hasta que

   veíamos la puesta de sol.

   _____

Gramática A *Preterite and Imperfect*

Level 3, pp. 68-70

> **¡AVANZA!** **Goal:** Use the preterite or imperfect to talk about what happened.

1 La familia de Javier fue a una playa nueva. De los dos verbos entre paréntesis, subraya el que completa cada oración.

1. Ayer, nos (perdíamos / <u>perdimos</u>) en el camino hacia la playa que nos recomendó Roberto.

2. En la playa de siempre, los niños (<u>jugaban</u> / jugaron) mucho.

3. Antes, nosotros (<u>conducíamos</u> / condujeron) nuestra casa rodante a la playa.

4. Esta playa está más cerca; ayer nos (<u>tomó</u> /tomaba) treinta minutos para llegar.

5. Cuando veníamos de regreso, los niños nos dijeron que no se (divertían / <u>divirtieron</u>) tanto.

2 La familia de Ramiro va todos los años a la playa. Escoge un verbo de la caja y completa las oraciones con el pretérito o el imperfecto. Puedes usar un verbo más de una vez.

| hacer |
| invitar |
| ir |
| ser |
| conocer |
| saber |

1. El año pasado, nosotros _____ conocimos _____ una playa nueva.

2. Nos gusta más la playa de antes, a la que _____ íbamos _____ siempre.

3. La primera vez que _____ fuimos _____ no _____ supimos _____ cómo llegar.

4. Vamos a esa playa desde que Alberto _____ era _____ niño.

5. Además, algunas tardes, desde allí todos _____ hacíamos _____ un crucero.

6. Ayer, Aurora nos _____ invitó _____ a conocer una playa cerca de aquí.

3 Escribe dos oraciones sobre lo que hacías cuando alguien hizo algo. Sigue el modelo.

modelo: Yo **miraba** la televisión cuando mi prima Patricia **llamó** por teléfono.

Answers will vary: **Yo leía un libro cuando Ana entró en el salón.**

Yo hacía surf cuando mi amigo Ricardo fue a comprar

la comida.

_____

Gramática B *Preterite and Imperfect*

> ¡AVANZA! **Goal:** Use the preterite or imperfect to talk about what happened.

1 Esta familia va todos los años a la misma playa, pero la última vez fueron a una playa nueva. Escoge la conjugación correcta del verbo y completa las siguientes oraciones.

1. Todos los años, nuestra familia __a__ a la misma playa.

   a. iba **b.** fue **c.** fuimos **d.** íbamos

2. Ayer, __c__ una playa nueva.

   a. conocíamos **b.** supimos **c.** conocimos **d,** sabíamos

3. Ayer, los abuelos no __b__ en ningún momento.

   a. descansaban **b.** descansaron **c.** descansabas **d.** descansaste

4. Cuando cenaba, el abuelo __d__ a cantar.

   a. empezamos **b.** empezaba **c.** empezábamos **d.** empezó

2 Esta familia hace actividades en la playa. Completa dos oraciones con el mismo verbo. Usa el pretérito y el imperfecto.

1. conducir

   a. Ayer no _____ condujimos _____ motos acuáticas.

   b. Todos los veranos _____ conducíamos _____ motos acuáticas.

2. saber

   a. Mi cuñado nos demostró que _____ sabía _____ usar su tabla de surf nueva.

   b. Vi la playa, y _____ supe _____ que quería hacer surf todo el día.

3. recoger

   a. Los niños todavía _____ recogían _____ piedras de la arena cuando anocheció.

   b. Yo estaba mirando a los niños, y ellos _____ recogieron _____ piedras de la arena.

3 Escribe sobre un día en la playa. Describe con quién fuiste, qué hicieron y qué actividades hacías cuando otras personas hicieron algo.

Answers will vary: **Cuando era niña, siempre pasaba un día en la playa con mi familia. Mis primos llegaban en una casa rodante. Todos jugábamos y hacíamos surf. Una tarde, cuando veíamos la puesta del sol, los abuelos empezaron a cantar.**

Gramática C *Preterite and Imperfect*

Level 3, pp. 68-70

> **¡AVANZA!** **Goal:** Use the preterite or imperfect to talk about what happened.

1 Esta familia fue a la playa de siempre. Escoge el pretérito o el imperfecto del verbo entre paréntesis para completar el texto.

En el último año, **1.** _____conocimos_____ (conocer) varias playas

nuevas porque **2.** _____quisimos_____ (querer) ir a otros lugares.

Pero nos gusta más la playa a la que **3.** _____íbamos_____ (ir)

antes. Allí, los niños **4.** _____jugaban_____ (jugar) en la arena y

nosotros, los jóvenes, **5.** _____caminábamos_____ (caminar) por la playa,

o **6.** _____descansábamos_____ (descansar) debajo de las sombrillas.

2 Rosario habla sobre lo que hacía en la playa con su familia. Escribe el verbo correcto en el pretérito o imperfecto según corresponde.

1. Yo nunca _____supe_____ conducir motos acuáticas.

2. Cuando _____éramos_____ niños, mis primos y yo _____recogíamos_____ caracoles.

3. Cuando los abuelos estaban cansados, se _____recostaban_____ debajo de las sombrillas.

4. Llegábamos a la playa, cuando mis hermanos se _____despertaron_____ .

3 Escribe sobre qué hiciste en dos playas que visitaste. ¿Qué playa te gustó más? ¿Por qué? También cuenta cosas que hicieron otros cuando tú hacías algo. Usa tres verbos en el pretérito y en el imperfecto.

Answers will vary: **Mi familia y yo siempre visitábamos diferentes playas.**

Pero siempre me gustó la playa a la que íbamos con todos nuestros

parientes. Mis primos venían todos los veranos. Los mayores hacían surf y

conducían motos acuáticas, mientras que mis primos y yo jugábamos al

voleibol. Además, a mis abuelos no les gustó nada la playa a la que fuimos

el verano pasado.

Conversación simulada

Level 3, pp. 71-73
WB CD 01 tracks 11-12

You are going to participate in a simulated telephone conversation with your friend, Jaime. First, read the outline of the whole conversation below. Next, listen to the audio. You will hear only what Jaime says to you. Then, listen to the audio again and fill in the pauses with the appropriate responses, according to your cues. A tone will tell you when to start and stop speaking. *Answers will vary.*

[phone rings]

Tú:	Contesta el teléfono.
Jaime:	(Él te saluda y te pregunta cómo estás)
Tú:	Saluda y pregúntale a Jaime qué hizo esta semana.
Jaime:	(Él te contesta y te pregunta qué prefieres.)
Tú:	Contesta y explica por qué.
Jaime:	(Él te pregunta otra cosa)
Tú:	Dile lo que hiciste.
Jaime:	(Él te invita.)
Tú:	Contesta y explica por qué.
Jaime:	(Él se despide.)
Tú:	Despídete y cuelga.

Integración: Escribir

Level 3, pp. 71-73
WB CD 01 track 13

Una joven directora de cine filmó la película «Volver a vivir» en la playa. Las personas que vivían cerca iban todos los días a la playa para ver a sus actores favoritos. Además, iban algunos actores jóvenes que querían trabajar en la película. Lee el artículo de la revista, escucha una entrevista en la radio y escribe una crítica de la película.

Fuente 1 Leer

Lee el artículo sobre la película en una revista de cine.

¿Piensas que una persona puede «Volver a vivir»?

Ya está en todos los cines la película más interesante de los últimos tiempos.

La película «Volver a vivir» fue un éxito en todos los cines. Es la historia de un matrimonio de surfistas. Una tarde, la chica se mareó sobre la tabla de surf y se cayó. Su esposo conducía una moto acuática y empezó a buscarla en el agua. No la encontró hasta la puesta de sol. Por suerte ella llevaba el chaleco salvavidas. El esposo la llevó al hopital y le dijeron que ella no podía hacer más surf.

Pero esto es sólo el comienzo... Véala.

Fuente 2 Escuchar *WB CD 01 track 14*

Luego, escucha lo que dice la actriz de la película en una entrevista en la radio. Toma notas.

_____

_____

_____

_____

Escribir

La película «Volver a vivir» fue un éxito. Las revistas y la radio pasan noticias sobre ella. ¿Puedes contar cuál es el argumento de la película?

modelo: Una chica... Entonces... Después...

Answers will vary: **Una chica surfista se cayó un día que estaba**

haciendo surf. Entonces, el esposo la llevó al hospital y le dijeron que ella

no podía hacer más surf. Después, su suegro le enseña a empezar de

nuevo y ella vuelve a hace surf mejor que nunca.

Escuchar A

¡AVANZA! **Goal:** Listen to what friends do at a reunion on the beach.

1 Escucha la conversación entre Berta y Enrique. Luego, une con flechas las personas y las actividades que realizaban.

1. Enrique

2. Berta

3. Víctor

4. Los padres de Berta

a. veían la puesta de sol en la playa.

b. conducía una moto acuática cuando empezó a llover.

c. hizo surf y navegó en un velero.

d. nadaba y jugaba al voleibol playero todos los días.

2 Escucha lo que dice Sofía. Luego, lee cada oración y contesta **cierto** o **falso**.

C (F) **1.** Jorge es el hermano de Inés y Miriam.

(C) F **2.** Inés y Miriam hacían surf.

(C) F **3.** Los chicos y las chicas se reunieron en Acapulco.

C (F) **4.** La tía de Jorge jugaba al voleibol playero con ellos.

C (F) **5.** Inés y Alberto conducían motos acuáticas.

Escuchar B

Level 3, pp. 80-81
WB CD 01 tracks 17-18

> **¡AVANZA!** **Goal:** Listen to what friends do at a reunion on the beach.

1 Escucha lo que dice Alberto. Luego, completa estas oraciones.

1. Alberto fue con sus _____amigos_____ a Acapulco el año pasado.

2. En Acapulco se encontraron con ____dos amigas de Jorge____ .

3. Los amigos de Alberto se llamaban ____Ernesto y Pablo____ .

4. Las amigas de Alberto ____hacían surf____ todos los días.

2 Escucha la conversación entre estos dos amigos y toma apuntes. Luego, completa estas oraciones.

1. Los primos de Andrés fueron a la playa estas vacaciones. _____

_____

2. La tía de Andrés juega muy bien al voleibol playero. _____

_____

_____

3. En la playa estaban casi todos: Andrés, sus padres, su hermano y su novia, sus tíos y

sus primos. _____

_____

4. La hermana de Andrés no pudo ir porque estaba de vacaciones navegando en

un velero. _____

_____

Escuchar C

| ¡AVANZA! | **Goal:** Listen to what friends do at a reunion on the beach. |

1 Escucha lo que dice Miriam. Luego, completa las oraciones.

1. Inés y Miriam fueron con su mamá a ___una playa de Acapulco___ .

2. A Inés le gusta el _____surf_____ tanto como a Miriam.

3. La mamá de las chicas no quería llevarlas porque la playa ___estaba lejos de su casa___ .

4. Después de todo, la mamá aceptó y les dijo que ___viajaban esa semana___ .

5. Los chicos hablaban después de _____cenar_____ .

2 Escucha la conversación entre estos amigos. Toma apuntes. Luego, contesta las preguntas con oraciones completas.

1. ¿Cómo llegaron a Cancún Marina y su familia?

Tomaron un barco en Miami. Hicieron un crucero por el Caribe.

_____

2. ¿Qué tipo de actividades acuáticas hicieron?

La madre de Marina condujo una moto acuática por primera vez.

_____

3. ¿Qué hacían por las tardes?

Por las tardes veían la puesta de sol desde la cubierta del barco.

_____

4. ¿Por qué cenaban dentro del restaurante?

Cenaban dentro del restaurante porque hacía fresco por la noche.

_____

_____

Leer A

¡AVANZA! **Goal:** Read about what friends do at the beach.

Inés escribió en su diario sobre unas vacaciones excelentes en Cancún.

> Querido diario:
>
> En estas vacaciones, me pasó algo fantástico. Fui con mi mamá y mi hermana a una playa de Cancún. Unos amigos nos dijeron que era la mejor playa para hacer surf y, como a mí me gusta el surf, tuve muchas ganas de ir. Mi mamá no quería ir, pero mi hermana Nuria y yo le dijimos que se iba a divertir mucho. ¡Y por fin dijo que sí!
>
> Entonces conocí al chico más lindo del mundo. Llegó con mi primo Ramón. Se llama Raúl y es uno de sus mejores amigos. Nos hicimos amigos inmediatamente. Él es muy inteligente y le gustan los deportes. Jugábamos al voleibol playero por el día y, todas las noches, hablábamos hasta muy tarde.
>
> Mi hermana dice que fue un "amor de verano", pero ayer hablé con mi primo y me dijo que Raúl tenía ganas de venir a verme. Eso me puso muy feliz.

¿Comprendiste?

Lee lo que escribió Inés en su diario. Lee cada oración y contesta **cierto** o **falso**.

Ⓒ F **1.** A Inés le gusta el surf.

Ⓒ F **2.** La mamá de Inés no quería llevarla a Cancún.

C Ⓕ **3.** A Inés le gustaba Ramón.

C Ⓕ **4.** Inés y Raúl se iban a dormir muy temprano.

C Ⓕ **5.** Raúl dijo que no quería ver nunca más a Inés.

¿Qué piensas?

¿A qué playa te gustaría ir el próximo verano? ¿Por qué?

Answers will vary: Me gustaría ir a una playa del Caribe

porque son muy bellas y la arena es muy blanca.

Leer B

 Goal: Read about what friends do at the beach.

Escribiste una página nueva en tu cuaderno de recuerdos. Éstas son las opiniones de algunas personas que estaban en la playa.

¿Qué le gustó más de nuestra playa?

Lucas (19 años): Me gustaron las cosas que se pueden hacer aquí: conduje motos acuáticas, jugué al voleibol playero y conocí a muchas chicas.

Gabriel (19 años): Me gustó conducir una moto acuática, jugar al voleibol playero y hacer nuevos amigos.

Natalia (47 años): Me gustó conocer a la gente que viene aquí, el color de la arena y poder descansar. Me senté debajo de mi sombrilla a mirar el mar.

Rosa (18 años): Me encantó hacer surf todos los días. Además, jugué al voleibol playero con unos chicos que conocí.

Mateo (78): A mi esposa y a mí nos encantó ver a nuestros nietos jugando. Descansamos mucho, vimos las puestas de sol y conocimos gente muy buena.

¿Comprendiste?

Lee las opciones de los visitantes de la playa y completa las oraciones con las palabras de la caja.

a. conocer gente	b. jugar al voleibol playero	c. hacer surf	d. conducir motos acuáticas

1. Sólo a una persona le gustó __c__ .
2. A los chicos les gustó __d__ .
3. A todos les gustó __a__ .
4. A todos los jóvenes les gustó __b__ .

¿Qué piensas?

¿Cuál es la actividad que más le gustó a la gente? ¿Por qué piensas que es así?

Answers will vary: **La actividad que más le gustó a la gente fue conocer a otra gente. Pienso que esto es así porque el ser humano no puede estar solo y es divertido conocer a otras personas.**

> **¡AVANZA!** **Goal:** Read about what friends do at the beach.

Lee esta página de una guía de turismo de la playa de Acapulco, donde estuvo Daniel.

☀ *Visita Acapulco*

¡Vive un sueño inolvidable!
Acapulco te ofrece las mejores playas.
¿Qué puedes hacer en Acapulco?
Puedes caminar por hermosas playas y ver una puesta de sol.
Puedes hacer surf, conducir motos acuáticas y jugar al deporte que todos prefieren: el voleibol playero.
Puedes comer los pescados frescos más ricos.
Puedes hacer cruceros de dos horas con tus amigos.
Puedes enamorarte... ¡de Acapulco!

¿Comprendiste?

Daniel dice que hizo todo lo que está escrito en la guía. Contesta las preguntas con oraciones completas.

1. ¿Qué vio Daniel cuando caminaba por la playa?

   Daniel vio la puesta de sol cuando caminaba por la playa.

2. ¿Cuánto tiempo duran los cruceros?

   Los cruceros duran dos horas.

3. ¿Qué comió Daniel?

   Daniel comió pescado fresco.

4. ¿Cuál es el deporte que todos prefieren en la playa de Acapulco?

   El deporte que todos prefieren es el voleibol playero.

5. ¿Qué otras actividades pudo hacer Daniel en Acapulco?

   Daniel pudo hacer surf y conducir una moto acuática.

¿Qué piensas?

¿Crees que ir a una playa de Acapulco es una buena idea? ¿Por qué?

Answers will vary: **Creo que ir a la playa de Acapulco es una muy buena**

idea porque allí se pueden hacer muchas cosas: practicar deportes, caminar

por la playa, hacer cruceros, conocer gente y muchas cosas más.

Escribir A

> **¡AVANZA!** **Goal:** Write about your experiences at the beach with your family.

Step 1

Haz una lista de las cosas que te gustaba hacer en la playa cuando eras niño(a).

1.	*Answers will vary:* **descansar debajo de la sombrilla**
2.	*Answers will vary:* **merendar en la playa**
3.	*Answers will vary:* **jugar en la arena**

Step 2

¿Qué te gustaba hacer en la playa? Con la información de arriba, escribe tres oraciones sobre lo que hacías en la playa cuando eras niño(a).

Answers will vary: **Cuando yo era niño(a) iba mucho a la playa con mi familia.**

Jugaba en la arena con mis primos y luego merendábamos todos juntos.

Después descansábamos bajo la sombrilla y veíamos la puesta de sol.

Step 3

Evaluate your writing using the information in the table.

Writing Criteria	Excellent	Good	Needs Work
Content	Your paragraph includes three sentences about what you used to do.	Your paragraph includes some details and new vocabulary.	Your paragraph includes little information or new vocabulary.
Communication	Most of your paragraph is organized and easy to follow.	Parts of your paragraph are organized and easy to follow.	Your paragraph is disorganized and hard to follow.
Accuracy	You make few mistakes in grammar and vocabulary.	You make some mistakes in grammar and vocabulary.	You make many mistakes in grammar and vocabulary.

Escribir B

Level 3, pp. 80-81

 Goal: Write about your experiences at the beach with your friends.

Step 1

Escribe una lista de las actividades que tú y tus amigos hicieron en un día de playa.

1.	*Answers will vary:* **hacer surf**
2.	*Answers will vary:* **merendar en la playa**
3.	*Answers will vary:* **navegar en velero**
4.	*Answers will vary:* **jugar al voleibol**

Step 2

Con la información de arriba, escribe cuatro oraciones sobre un día en la playa que pasaste con amigos.

Answers will vary: **Mi amigo Jorge y yo hicimos surf y jugamos al voleibol**

playero. También navegamos en velero con mi tío Francisco y conocimos

a gente muy interesante. Por la tarde merendamos todos junto a la

orilla. Después descansamos e hicimos más surf.

Step 3

Evaluate your writing using the information in the table.

Writing Criteria	Excellent	Good	Needs Work
Content	You included four sentences about what you and your friends did.	You included three sentences about what you and your friends did.	You included two or less sentences about what you and your friends did.
Communication	Most of your paragraph is organized and easy to follow.	Parts of your paragraph are organized and easy to follow.	Your paragraph is disorganized and hard to follow.
Accuracy	You make few mistakes in grammar and vocabulary.	You make some mistakes in grammar and vocabulary.	You make many mistakes in grammar and vocabulary.

Escribir C

> ¡AVANZA! **Goal:** Write about your experiences at the beach with your family.

Step 1

Haz una lista de las cosas que hacía tu familia en la playa cuando eras niño(a).

1. _Answers will vary:_ **Yo descansaba en la arena.** _____

2. _Answers will vary:_ **Los jóvenes hacían surf.** _____

3. _Answers will vary:_ **Los adultos hacían un crucero.** _____

4. _Answers will vary:_ **Mis primos jugaban al voleibol playero.** _____

Step 2

Usa la información de arriba para escribir un correo electrónico a tu mejor amigo.
Answers will vary.

> Hola Luis, _____
>
> Ayer recordé mis días de playa con mi familia. Todos lo pasábamos _____
>
> muy bien. Mis primos jugaban al voleibol playero. Los adultos _____
>
> descansaban en la arena y hacían cruceros. Era muy divertido. _____
>
> Pedro _____

Step 3

Evaluate your writing using the information in the table.

Writing Criteria	Excellent	Good	Needs Work
Content	Your email includes many details and new vocabulary.	Your email includes some details and new vocabulary.	Your email includes little information or new vocabulary.
Communication	Most of your email is organized and easy to follow.	Parts of your email are organized and easy to follow.	Your email is disorganized and hard to follow.
Accuracy	You make few mistakes in grammar and vocabulary.	You make some mistakes in grammar and vocabulary.	You make many mistakes in grammar and vocabulary.

Cultura A

| ¡AVANZA! | **Goal:** Review cultural information about México. |

1 **La cultura mexicana** Elige la respuesta correcta de las palabras entre paréntesis.

1. Los clavadistas de La (Calzada / Quebrada) son un espectáculo interesante de Acapulco.

2. La pintora mexicana María Izquierdo es conocida por sus retratos de (familias / presidentes).

3. La capital de México se llama Distrito (Popular / Federal).

4. La moneda de México es (el dólar / el peso) mexicano.

5. La escritora mexicana Laura Esquivel empezó su carrera literaria como (guionista / pianista).

2 **Datos sobre México** En México hay muchas cosas interesantes. Haz una línea para conectar las frases y nombres de la izquierda con su explicación, que está a la derecha.

clavadistas de la Quebrada   zona rica en sitios arqueológicos

Laura Esquivel   comidas típicas de México

península de Yucatán   espectáculo de Acapulco

Chichén-Itzá, Uxmal y Tulum   autora de *Como agua para chocolate*

tamales, ceviche y enchiladas   ruinas más famosas de México

3 **Atracciones turísticas de México** En México hay muchos lugares para visitar. Describe tres lugares en México que te gustaría visitar.

Answers will vary: **Me gustaría visitar La Quebrada para ver a los**

clavadistas haciendo un espectáculo.

Answers will vary: **Me gustaría visitar la península de Yucatán porque es**

una zona rica en sitios arqueológicos.

Answers will vary: **Me gustaría visitar Tulum y Uxmal porque son ruinas de**

la civilización maya.

Cultura B

> **¡AVANZA!** **Goal:** Review cultural information about México.

1 Completa las siguientes oraciones con las palabras de la caja.

Distrito Federal   enchiladas   acuáticos

1. En las playas de México se puede practicar deportes ____acuáticos____ .

2. La actividad financiera y las principales universidades de México están en el ___Distrito Federal___ .

3. Las ___enchiladas___ son un plato típico mexicano.

2 **Datos sobre México** Responde a las siguientes preguntas sobre México con oraciones completas.

1. ¿Cuál es la moneda de México?

El peso mexicano es la moneda de México.

2. ¿Dónde se pueden ver a los clavadistas de La Quebrada?

Puedes ver a los clavadistas de La Quebrada en Acapulco.

3. ¿Cuál fue la primera novela de la escritora mexicana Laura Esquivel?

La primera novela de la escritora mexicana Laura Esquivel fue Como agua

para chocolate.

3 **Las ruinas de México** Estás de vacaciones en México y puedes hacer una excursión a La Quebrada o a Tulum. Describe qué puedes ver y hacer allí. Luego, explica dónde prefieres ir y por qué.

Answers will vary: **Tengo dos opciones para ir de excursión. En los dos**

lugares puedo hacer muchas cosas divertidas. En La Quebrada puedo ver

el espectáculo de los clavadistas y en Tulum puedo ver las ruinas

arqueológicas. Prefiero ir a La Quebrada a ver a los clavadistas y luego

hacer deportes acuáticos.

Cultura C

¡AVANZA! **Goal:** Review cultural information about México.

1 **México** Lee las siguientes oraciones sobre México y contesta **cierto** o **falso**.

Ⓒ F **1.** La mexicana Laura Esquivel fue quien escribió *Como agua para chocolate*.

C Ⓕ **2.** La Quebrada es un lugar arqueológico famoso de México.

C Ⓕ **3.** México está en Sudamérica.

Ⓒ F **4.** En las costas de México se pueden practicar deportes acuáticos.

2 **Turismo y cultura** Contesta estas preguntas sobre México con oraciones completas.

1. ¿Cuál es el espectáculo que los turistas pueden disfrutar en Acapulco? _____Un_____

espectáculo que los turistas pueden disfrutar en Acapulco es el de los

clavadistas de La Quebrada.

2. ¿Cuál es un buen lugar de México para visitar sitios arqueológicos? _Un buen lugar_

de México para visitar sitios arqueológicos es la Península de Yucatán.

3 **La vida familiar en México en 1900** En el pasado la vida era muy diferente de como es ahora, no sólo en México, sino en todo el mundo. Eso lo muestra la obra *Como agua para chocolate*. Explica cómo era la vida de las familias en México en 1900. ¿Cómo vivían las familias? ¿Cómo se hacían los quehaceres? Compara con tu vida hoy: ¿qué quehaceres haces? ¿Cómo viven las familias en tu comunidad?

Answers will vary: **En México en 1900 toda la familia compartía los**

quehaceres porque las familias tenían ranchos y tenían que cuidar los

animales y las cosechas. Pero, hoy en día es diferente. En mi comunidad

las familias no tienen rancho. Las familias tienen casas pequeñas. Tienen

menos quehaceres. Solo tienen que limpiar. No tienen que cuidar animales

ni cuidar cosechas. En mi casa yo sólo lavo los platos.

Comparación cultural: Tierra de contrastes

Lectura y escritura

Después de leer los párrafos sobre las diferentes regiones donde viven Juan y Diana, escribe un párrafo sobre la región donde vives tú. Usa la información que está en tu tabla para escribir oraciones con ideas generales y luego escribe un párrafo sobre la región donde vives.

Paso 1

Completa la tabla con detalles sobre la región donde vives.

Nombre de la región	Lugar	Comentarios / Detalles

Paso 2

Usa los detalles que están en la tabla y escribe unas oraciones generales para cada tema de la tabla.

_____

_____

_____

_____

_____

UNIDAD 1 • Comparación Lección 2 cultural

Comparación cultural: Tierra de contrastes

Lectura y escritura (seguir)

Paso 3

Usa las oraciones que escribiste como guía para escribir un párrafo e incluye una oración introductoria. Escribe sobre la región donde vives utilizando las frases **frente a, fuera de, junto a,** y **dentro de**.

_____

_____

_____

_____

_____

_____

_____

Checklist

Be sure that…

☐ all the details about where you live from your table are included in the paragraph;

☐ you use details to describe where you live;

☐ you include prepositional phrases.

Rubric

Evaluate your writing using the rubric below.

Writing criteria	Excellent	Good	Needs Work
Content	Your paragraph includes all of the details about where you live.	Your paragraph includes some details about where you live.	Your paragraph includes few details about where you live.
Communication	Most of your paragraph is organized and easy to follow.	Parts of your paragraph are organized and easy to follow.	Your paragraph is disorganized and hard to follow.
Accuracy	Your paragraph has few mistakes in grammar and vocabulary.	Your paragraph has some mistakes in grammar and vocabulary.	Your paragraph has many mistakes in grammar and vocabulary.

Copyright © by McDougal Littell, a division of Houghton Mifflin Company.

Comparación cultural: Tierra de contrastes

Level 3, pp. 82-83

Compara con tu mundo

Escribe una comparación sobre la región donde vives y la de uno de los estudiantes que está en la página 83. Organiza la comparación por temas. Primero, compara los nombres de las regiones; luego, dónde están ubicadas y, al final, escribe comentarios y detalles sobre la región donde vives.

Paso 1

Usa la tabla para organizar la comparación por temas. Escribe detalles para cada tema sobre la región donde vives y la del (de la) estudiante que elegiste.

	Mi región	La región de _____
Nombre del lugar(es)		
Ubicación		
Comentarios		

Paso 2

Usa las detalles que están en la tabla para escribir una comparación. Incluye una oración introductoria y escribe sobre cada tema. Describe la región donde vives y la del (de la) estudiante que elegiste utilizando las frases **frente a, fuera de, junto a,** y **dentro de**.

_____

_____

_____

_____

_____

_____

_____

_____

Vocabulario A

> ¡AVANZA! **Goal:** Talk about volunteer activities.

1 Es importante colaborar con los demás. Empareja las palabras con su acción correspondiente.

a. parques   _d_ visitar enfermos

b. voluntarios   _c_ ayudar en un comedor de beneficencia

c. hambre   _b_ juntar fondos

d. hospitales   _a_ cuidar el medio ambiente

2 ¿Qué hace este equipo de voluntarios? De las dos palabras entre paréntesis, subraya la que completa cada oración.

1. Para mantener limpia la ciudad, hay que recoger (la basura / la cooperación) de la calle.

2. Los canales de televisión y la prensa nos pueden ayudar con (la publicidad / la pobreza) de nuestra campaña.

3. Los viernes el equipo de voluntarios viene a visitar (los letreros / el hogar de ancianos).

4. Tenemos que (gastar / juntar) fondos para comprar comida.

5. Con un plan de trabajo podemos organizarnos (de antemano / la prioridad).

3 Ya conoces la importancia de ayudar a los demás. Contesta las siguientes preguntas con una oración completa. Utiliza palabras del vocabulario de la lección.

modelo: ¿Cómo colaboras con tu comunidad?

Yo ayudo a juntar fondos para un proyecto de acción social.

1. ¿Cómo colaboras con tu comunidad?

Answers will vary: **Yo reciclo los envases, las bolsas de plástico, las latas y**

el papel.

_____

2. ¿Qué puedes hacer para solicitar la ayuda de otras personas?

Answers will vary: **Puedo poner un anuncio en un periódico.**

_____

_____

Vocabulario B

| ¡AVANZA! **Goal:** Talk about volunteer activities. |

1 ¿Cómo podemos ayudar? Lee las actividades. Luego, marca con una cruz las que ayudan a la comunidad.

_x_ visitar hospitales   _x_ reciclar

_x_ juntar fondos para la gente sin hogar   _x_ ayudar en los comedores de beneficencia

____ comer papas fritas   _x_ organizar las campañas

_x_ limpiar el parque   ____ pasear por el parque

____ leer revistas   _x_ diseñar un letrero para solicitar voluntarios

2 Los voluntarios trabajan para ayudar a su comunidad. Completa las oraciones con las palabras de la caja.

1. Los voluntarios están recogiendo _e_ para ayudar a la gente

   sin hogar.

2. Este equipo tiene que escribir _a_ con una frase interesante.

3. Vamos a recoger _d_ para limpiar nuestra ciudad.

4. Todos los sábados, visitamos _c_ .

5. Estamos escribiendo _b_ para saber de antemano qué vamos a hacer.

a. un lema
b. un plan de trabajo
c. el hogar de ancianos
d. la basura
e. bolsas de ropa

3 ¿Qué piensas sobre la cooperación? Contesta las siguientes preguntas con oraciones completas.

1. ¿Te gusta ayudar a los demás?

   Answers will vary: **Sí, me gusta ayudar a los demás**. _____

   _____

2. ¿Qué grupo de voluntarios conoces?

   Answers will vary: **Conozco un grupo de voluntarios que apoya a la gente**

   sin hogar. _____

3. ¿Por qué piensas que es importante colaborar con los demás?

   Answers will vary: **Pienso que es importante colaborar con los demás**

   porque todos debemos hacer un mundo mejor. _____

Vocabulario C

> **¡AVANZA!** **Goal:** Talk about volunteer activities.

1 Escribe la letra que corresponde a las palabras de la caja en las columnas.

a. el anuncio	d. colaborar en proyectos de acción social	g. contar con los demás
b. el plan de trabajo		h. el lema
c. el canal de televisión	e. visitar enfermos	i. la emisora de radio
	f. la revista	j. recaudar fondos

voluntarios	publicidad
b, d, e, g,	a, c, f, h, i, j

2 ¿Qué se puede hacer para ayudar? Subraya la expresión o la palabra relacionada. Luego, escribe una oración completa con las dos expresiones relacionadas.

1. El hambre (el comedor de beneficencia / los guantes de trabajo)

Answers will vary: **Los voluntarios colaboran con los que   tienen hambre**

en el comedor de beneficencia.

2. Las bolsas de ropa (las noticias / la gente sin hogar)

Answers will vary: **Vamos a juntar bolsas de ropa para la gente sin hogar.**

3. El lema (los letreros / los ancianos)

Answers will vary: **Buscamos un buen lema para poner en los letreros de**

nuestra campaña.

3 Escribe un correo electrónico a tus amigos para invitarlos a participar en un grupo de voluntarios que ayudan a la comunidad. *Answers will vary*:

> **¡Hola! Les escribo para invitarlos a apoyar a un grupo de voluntarios.**
>
> **El grupo se reúne los sábados y nos organizamos para saber qué vamos**
>
> **a hacer durante la semana. Algunos sirven la comida en los comedores**
>
> **comunitarios y otros visitan hospitales. Los espero. Jorge**

Gramática A *Tú Commands*

> ¡AVANZA! **Goal:** Use the commands to tell others what to do.

1 Tu amigo voluntario te dice las cosas que puedes hacer por los demás. De las dos palabras entre paréntesis, subraya la palabra que completa cada mandato.

1. (Visita / Visites) a los enfermos en el hospital.

2. (Sirves / Sirve) la comida en un comedor de beneficencia.

3. (Das / Da) bolsas de ropa para la gente sin hogar.

4. (Limpies / Limpia) la basura de la calle y del parque.

5. (Pones / Pon) las latas en un envase para reciclar.

2 Tu amigo(a) quiere formar un grupo que colabore con la comunidad. Completa las oraciones sobre las actividades que él o ella puede hacer. Usa la forma correcta del verbo entre paréntesis.

1. ¿Podrías _____organizar_____ un grupo de voluntarios? (organizar)

2. _____Haz_____ una campaña para juntar fondos. (hacer)

3. _____Elige_____ un lema interesante para un anuncio. (elegir)

4. No _____vayas_____ al hospital sin organizar un grupo de voluntarios (ir)

5. _____Sal_____ a la calle a solicitar la cooperación de la comunidad. (salir)

3 Tienes un amigo(a) que no colabora en la comunidad. Escribe tres oraciones para que haga algo que ayuda en la comunidad. *Answers will vary:*

Santiago, por favor recicla las latas de refresco que bebes: ¡tenemos que

ayudar en la comunidad! Santiago, debes ayudar a los voluntarios a

limpiar el parque. Y no olvides que debes dar un cheque para ayudar a

los voluntarios a juntar fondos.

_____

_____

Gramática B *Tú Commands*

UNIDAD 2 • Gramática B
Lección 1

¡AVANZA!	**Goal:** Use the commands to tell others what to do.

1 Tu amigo(a) te explica lo que tienes que hacer como voluntario(a). Completa cada oración con la palabra apropiada.

1. ___b___ a tus amigos que tienen que colaborar en proyectos de acción social.

    a. Digo   **b.** Di   **c.** Dices   **d.** Decimos

2. ___d___ los envases, las latas y el papel que usas.

    a. Recicle   **b.** Reciclo   **c.** Reciclad   **d.** Recicla

3. ___c___ anuncios en el periódico para solicitar voluntarios.

    a. Poner   **b.** Pones   **c.** Pon   **d.** Pongan

4. ___a___ al hospital a ayudar a los ancianos.

    a. Ve   **b.** Ves   **c.** Voy   **d.** Venir

2 Tu amigo(a) quiere organizar un grupo que colabore con la comunidad. Dile qué tiene que hacer y qué no. Escoge un verbo de la caja y completa las oraciones con el imperativo.

1. Primero, _____busca_____ personas que quieran ayudar a los demás.

2. Después, _____organiza_____ lo que tienen que hacer por prioridades.

3. ¡No _____esperes_____ que las cosas sean fáciles!

4. No _____olvides_____ hacer una campaña publicitaria para juntar fondos.

5. _____Envía_____ todas las donaciones a la gente que vas a ayudar.

a. esperar
b. organizar
c. buscar
d. enviar
e. olvidar

3 Dile a tu hermano(a) tres cosas que debe hacer para limpiar el parque. Usa el imperativo en oraciones completas.

1. *Answers will vary:* **Recoge las latas de refrescos.**

2. *Answers will vary:* **Mete la basura en bolsas.**

3. *Answers will vary:* **Lee todos los letreros y haz lo que dicen.**

Copyright © by McDougal Littell, a division of Houghton Mifflin Company.

Gramática C *Tú Commands*

> **¡AVANZA!** **Goal:** Use the commands to tell others what to do.

1 Escribe un diálogo entre dos voluntarios que colaboran con la comunidad. Ana le dice a Ernesto lo que tiene que hacer cada día de la semana. Usa verbos como **ir**, **servir**, **juntar** y **hacer**. *Answers will vary:*

Ernesto:	¿Qué hago el sábado?
Ana:	El sábado, ve al hospital.
Ernesto:	Sí. Y el domingo, ¿qué hago?
Ana:	El domingo, sirve la comida en el comedor de beneficencia.
Ernesto:	¿Qué hago el lunes?
Ana:	El lunes, junta bolsas de ropa para la gente sin hogar.

2 Escribe oraciones completas con las cosas que tiene que hacer tu amigo(a) para ayudar a los demás. Usa la información de las cajas.

juntar	bolsas de ropa	gente sin hogar
enviar	alegría	ancianos
llevar	comida	enfermos

1. *Answers will vary:* **Envía comida a los ancianos.**

2. *Answers will vary:* **Junta bolsas de ropa para la gente sin hogar.**

3. *Answers will vary:* **Lleva alegría a los enfermos.**

3 Estás enfermo(a) y mañana no puedes ir a hacer tus actividades de voluntario para cuidar el parque. Escríbele un correo electrónico a tu amigo(a). Explícale qué cosas tiene que hacer. Usa el imperativo. *Answers will vary:*

Jorge: Mañana no puedo ir al parque porque me siento mal. ¿Puedes ir

por mí? Llega a las 3:00 p.m. Organiza con los chicos qué lugar va a

limpiar cada uno. Luego, recoge las latas de refresco y mete la basura

en las bolsas. Lleva las bolsas a reciclar. Gracias, Martín

Gramática A *Other Command Forms*

Level 3, pp. 102-104

| ¡AVANZA! | **Goal:** Use the commands to tell others what to do. |

1 El director del grupo les pide a los voluntarios que hagan algunas cosas. Empareja las personas con las cosas que tienen que hacer. Una persona puede hacer dos cosas.

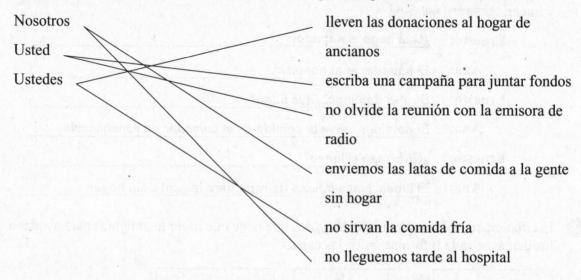

Nosotros

Usted

Ustedes

lleven las donaciones al hogar de ancianos

escriba una campaña para juntar fondos

no olvide la reunión con la emisora de radio

enviemos las latas de comida a la gente sin hogar

no sirvan la comida fría

no lleguemos tarde al hospital

2 El director de un grupo voluntario, y los chicos voluntarios hablan de las cosas que tienen que hacer. De los dos verbos entre paréntesis, subraya el que completa cada oración.

1. Por favor, usted (organicen / <u>organice</u>) las actividades de la próxima semana.

2. Ustedes (planifique / <u>planifiquen</u>) la campaña publicitaria para lograr muchas donaciones.

3. Señor, (<u>cuente</u> / cuenta) con nosotros.

4. Nosotros, ¡(<u>juntemos</u> / junte) bolsas de ropa para la gente sin hogar!

5. Ustedes (vamos / <u>vayan</u>) a ver a los ancianos en el hogar de ancianos.

3 Tienes que meter mucha basura en las bolsas para reciclar. Escribe una oración para pedirle ayuda a tus compañeros.

Answers will vary: **Chicos, ayúdenme a meter la basura en las bolsas,**

porque no puedo hacerlo solo.

_____

_____

_____

Gramática B *Other Command Forms*

> **¡AVANZA!** **Goal:** Use the commands to tell others what to do.

1 Todos en el grupo de voluntarios piden algo a los demás. Completa tres oraciones con la forma correcta del mismo verbo.

1. Organizar

  a. (nosotros) _____Organicemos_____ un partido de béisbol a beneficio de los ancianos.

  b. (usted) _____Organice_____ las actividades del grupo de voluntarios.

  c. (ustedes) _____Organicen_____ las visitas al hospital.

2. Olvidar

  a. (nosotros) ¡No _____olvidemos_____ meter la basura en bolsas!

  b. (usted) ¡No _____olvide_____ la propuesta del grupo de voluntarios!

  c. (ustedes) ¡No _____olviden_____ hacer los letreros para la campaña de publicidad!

3. Cumplir

  a. (nosotros) _____Cumplamos_____ el horario de visitas.

  b. (usted) _____Cumpla_____ con lo que se dice en la campaña.

  c. (ustedes) _____Cumplan_____ los tiempos del plan de trabajo.

2 Un voluntario dice a estas personas la actividad que tienen que hacer. Escoge el verbo que completa la oración.

1. Por favor, __b__ ustedes a la agencia de publicidad.

  a. llama   **b.** llamen   **c.** llaman   **d.** llame

2. Señor Hernández, __d__ un letrero que llame la atención.

  a. hace   **b.** hago   **c.** hacer   **d.** haga

3. Ustedes __a__ la colaboración de la prensa para hacer un anuncio.

  a. busquen   **b.** busca   **c.** buscáis   **d.** buscar

3 La directora de una agencia de publicidad, la señora Pérez, te ofreció su ayuda para la campaña de tu grupo de voluntarios. Escribe tres oraciones para explicarle qué tiene que hacer. Usa tres verbos en imperativo.

Answers will vary: **Por favor, ayúdenos a preparar una campaña publicitaria.**

Piense en un lema interesante. Contacte con un canal de televisión.

Gramática C *Other Command Forms*

> **¡AVANZA!** **Goal:** Use the commands to tell others what to do.

1 Un grupo de voluntarios pide la colaboración de muchas personas. Completa la oración con la forma correcta del verbo entre paréntesis.

1. Por favor, usted _____vaya_____ al canal de televisión para pedir ayuda para juntar fondos. (ir)

2. Ustedes _____soliciten_____ donaciones en el centro comercial. (solicitar)

3. ¡No _____perdamos_____ nunca nuestras ganas de cooperar! (perder)

4. Señor, no _____olvide_____ el plan de trabajo para esta semana. (olvidar)

5. Ustedes _____cuenten_____ con los demás para hacer un letrero para la campaña. (contar)

2 El grupo de voluntarios se organiza. Escribe una oración completa para decirles a estas personas la actividad que tienen que hacer.

1. Ustedes / reciclar el contenido de las bolsas de basura.

Ustedes reciclen el contenido de las bolsas de basura.

2. Usted / hacer un plan de acción social.

Usted haga un plan de acción social.

3. Usted / hablar con la agencia de publicidad que hace la campaña.

Usted hable con la agencia de publicidad que hace la campaña.

4. Ustedes / no salirse del presupuesto para la campaña publicitaria.

Ustedes no se salgan del presupuesto para la campaña publicitaria.

3 El señor Ramírez, tu maestro de arte, conoce al director de una emisora de radio. Escríbele una nota para pedirle ayuda con la campaña publicitaria de tu grupo de voluntarios. Usa dos verbos en imperativo. *Answers will vary:*

> Señor Ramírez:
>
> Por favor, llame por teléfono a su amigo, el dueño de la emisora KVW,
>
> para pedir ayuda con la publicidad de la campaña. Esta campaña es
>
> para juntar fondos que enviaremos a la gente sin hogar. Por favor, no se olvide.
>
> Gracias,
>
> Pablo

Integración: Hablar

Level 3, pp. 105-107
WB CD 01 track 21

Un grupo que cuida el medio ambiente está buscando voluntarios. Ellos saben que cuidar la naturaleza es colaborar con su ciudad y que, con la cooperación de todos, pueden hacer más cosas por la ciudad.

Fuente 1 Leer

Lee el correo electrónico que los chicos del grupo están mandando a otros chicos.

Hola a todos los chicos de la ciudad.

El grupo «Fantasía verde» necesita de tu cooperación. ¡Colabora como voluntario!

Todos los fines de semana, este parque recibe a muchas personas. Ellas llevan comida para cocinar, montan tiendas de campaña y hacen cosas divertidas. Después, ellos se van y no recogen la basura. El trabajo de nuestro equipo de voluntarios es limpiar todo.

¡Colabora con este importante proyecto de acción social! Ven el próximo sábado al parque a las 3:00 p.m.

Fuente 2 Escuchar   *WB CD 01 track 22*

Escucha lo que dice un chico de «Fantasía verde» en el sitio web del grupo. Toma notas.

_____

_____

_____

_____

Hablar

Ernesto leyó el correo electrónico, y visitó el sitio web de «Fantasía verde» y fue el sábado a colaborar como voluntario. ¿Qué hizo Ernesto el sábado a las 3:00 p.m.?

Modelo: Ernesto fue... Él ayudó...

Answers will vary: **Ernesto fue al parque. Él ayudó al grupo «Fantasía verde» a**

limpiar el parque y a recoger la basura en bolsas para reciclarla.

Integración: Escribir

Level 3, pp. 105-107
WB CD 01 track 23

A un grupo de jóvenes les interesa colaborar con su ciudad. Por eso, organizan proyectos de acción social para ayudar a los demás. Una emisora de radio supo sobre el trabajo de estos chicos y les dio un premio.

Fuente 1 Leer

Lee el artículo que salió en el periódico de la ciudad.

Gran ayuda a la ciudad

Un grupo de voluntarios recibe un premio.

Una emisora de radio de nuestra ciudad le dio un premio a un grupo de jóvenes voluntarios. Ellos hacen muchas actividades para ayudar a los demás, como servir la comida a los ancianos y a la gente sin hogar en el comedor de beneficencia.

Ellos necesitan recaudar fondos para cumplir con la planificación de sus proyectos de acción social. Usted puede colaborar con el presupuesto del comedor de beneficencia.

Llame, escriba o envíe un cheque a «Un mundo para todos».

Fuente 2 Escuchar   *WB CD 01 track 24*

Luego, escucha esta noticia en la emisora de radio que le dio el premio al grupo «Un mundo para todos». Toma notas.

_____

_____

Escribir

Viviana leyó y escuchó la noticia sobre el premio que le dieron al grupo de voluntarios. Ahora, ella quiere ser voluntaria en este grupo.
¿Qué cosas tiene que hacer como voluntaria del grupo «Un mundo para todos»?

Modelo: Viviana tiene que... Además, ella... También puede...

Answers will vary: **Viviana tiene que servir la comida a los ancianos y a**

la gente sin hogar en el comedor de beneficencia. Además, ella tiene que

llevar bolsas de ropa a la gente sin hogar y organizar actividades para

juntar fondos. También puede ayudar a hacer planes de trabajo para

recoger basura y reciclarla.

_____

Escuchar A

> ¡AVANZA! **Goal:** Listen to know about people who help others.

1 Escucha lo que dice Martín. Luego, lee cada oración y contesta si es **cierto** o **falso**.

C (F) **1.** Martín está hace muchos años en el grupo de voluntarios.

C (F) **2.** Los voluntarios ayudan a todas las personas del mundo.

(C) F **3.** Los voluntarios ayudan a las personas solas.

(C) F **4.** Ellos compran la comida que sirven en el comedor.

C (F) **5.** Los voluntarios dan ropa en los hospitales.

2 Escucha lo que dice Juana. Luego, contesta estas preguntas.

1. ¿Qué días de la semana es Juana voluntaria?

Juana es voluntaria los miércoles y los domingos.

2. ¿Qué hace en el hogar de ancianos?

Sirve la comida a los ancianos y habla con ellos toda la tarde.

UNIDAD 2
Lección 1 • Escuchar A

Escuchar B

Level 3, pp. 114-115
WB CD 01 tracks 27-28

¡AVANZA! **Goal:** Listen to know about people who help others.

1 Escucha lo que dice Alicia. Luego, empareja a las personas con las actividades que hacen.

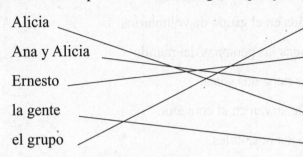

Alicia   ayudar a los demás

Ana y Alicia   hacer un letrero

Ernesto   escribir un lema

la gente   organizar campañas publicitarias

el grupo   dar dinero

2 Escucha lo que dicen Fernán y Merche. Luego, contesta las preguntas con oraciones completas.

1. ¿Qué hace Merche como voluntaria?

Merche recoge basura en el parque y organiza campañas publicitarias.

_____

_____

2. ¿Qué puede hacer Fernán como voluntario?

Puede ayudar a hacer un letrero para la campaña o llamar al periódico local

para hacer un anuncio.

_____

UNIDAD 2
Lección 1

Escuchar B

Escuchar C

> **¡AVANZA!** **Goal:** Listen to know about people who help others.

1 Escucha lo que dice el señor Mendoza y toma notas. Luego, contesta las preguntas con oraciones completas.

1. ¿Qué hace el señor Mendoza?

El señor Mendoza es el director de un grupo de voluntarios.

2. ¿Por qué necesita el grupo una planificación muy organizada?

El grupo necesita una planificación muy organizada porque es grande.

3. ¿Para qué necesita el grupo una planificación muy organizada?

El grupo necesita una planificación muy organizada para saber de

antemano qué hacer.

4. ¿Qué es lo más importante para el grupo?

Lo más importante para el grupo es conseguir la cooperación de todos.

2 Escucha lo que dice Luisa y toma notas. Luego, escribe tres oraciones diciendo lo que tiene que hacer Luisa.

1. _Answers will vary:_ **Hoy Luisa tiene que ir al hospital a ayudar a los niños.**

2. **Después tiene que ir al parque para organizar una**

campaña y juntar fondos.

3. _Answers will vary:_ **Mañana tiene que hacer un anuncio para ponerlo en el**

periódico local y en unas revistas.

Leer A

> ¡AVANZA! **Goal:** Read about the things that some people have to do.

El director del grupo de voluntarios le envió a Ana esta nota con algunas de las cosas que tiene que hacer según la planificación del grupo.

Ana, por favor, lee atentamente estas actividades que tienes que hacer mañana. Somos pocos y tenemos mucho trabajo.

8:30 a.m.: Lleva las bolsas de ropa al hogar de ancianos.

9:00 a.m.: Compra la comida para el comedor de beneficencia.

10:00 a.m.: Ve al hospital.

11:00 a.m.: Busca los letreros que hizo Eduardo para la campaña publicitaria.

11:45 a.m.: No te olvides de hacer un letrero para solicitar más voluntarios.

¿Comprendiste?

Lee qué cosas tiene que hacer Ana. Luego, lee cada oración y circula **C** si es cierto o **F** si es falso.

Ⓒ F   **1.** Ana tiene muchas cosas que hacer por la mañana.

C Ⓕ   **2.** Ana hizo unos bonitos letreros publicitarios.

C Ⓕ   **3.** Los ancianos reciben la ropa a las 9:00 a.m.

Ⓒ F   **4.** El grupo de Ana hace una campaña publicitaria.

C Ⓕ   **5.** Ayer Ana diseñó un letrero para solicitar voluntarios.

¿Qué piensas?

1. ¿Por qué piensas que el grupo necesita más voluntarios?

Answers will vary: **El grupo necesita más voluntarios porque hay pocas**

personas en el grupo y tienen mucho trabajo.

2. En tu opinión, ¿cuál es la actividad más importante que tiene que hacer Ana? ¿Por qué?

Answers will vary: **Pienso que la actividad más importante que tiene que hacer**

Ana es visitar a la gente en el hospital porque pasan mucho tiempo solos.

Leer B

¡AVANZA! **Goal:** Read about the things that some people have to do.

Lee la carta de colaboración que escribe una chica al director de un canal de televisión.

Señor Jiménez:

Le pido su ayuda para nuestra campaña de publicidad. Somos un equipo de jóvenes que ayuda a la comunidad.¡Colabore con nosotros!

Necesitamos pedir la cooperación de la gente con una campaña publicitaria. Tenemos un lema que dice: "¡Mantén limpio el parque, el mundo también es mío!". Pero ahora necesitamos que la gente nos escuche. Ayude pasando nuestra campaña por televisión, junto a otros anuncios.

Por favor, conteste esta carta con un sí y diga a la gente del canal que coopere también.

¡Muchas gracias!

Ana

¿Comprendiste?

1. ¿Cómo pueden Ana y su grupo pedir la cooperación de la gente?

Pueden pedir la cooperación de la gente con una campaña publicitaria.

2. ¿Cómo puede el Señor Jiménez ayudar a los chicos?

Él puede ayudar al grupo pasando la campaña publicitaria por la televisión.

3. ¿Quién más puede cooperar con Ana y sus amigos?

La gente del canal también puede cooperar con Ana y sus amigos.

¿Qué piensas?

1. ¿Qué significa la oración del lema "el mundo también es mío"?

Answers will vary: **La oración significa que las personas tienen que respetar**

lo que también es de otras personas.

2. ¿Qué otro lema piensas que puede usar el grupo para su campaña?

Answers will vary: **Colabora con tu mundo: ¡no lo ensucies!**

Leer C

¡AVANZA!	**Goal:** Read about the things that some people have to do.

Ernesto le escribe una carta de recibimiento a su amigo Martín, que ahora forma parte de su grupo de voluntarios. El grupo quiere mantener limpia la ciudad.

¡Hola Martín!

Quiero darte el más amistoso recibimiento a este grupo maravilloso.

No esperes que las cosas sean fáciles. Hay mucho trabajo y algunas personas no entienden la importancia de mantener limpia la ciudad.

Mañana, tu equipo tiene mucho que hacer. Primero, compren las bolsas para recoger la basura y vayan al parque. Junten las latas de refrescos y metan las latas en las bolsas para reciclar. Es difícil, pero entre todos podemos hacer que sea más fácil.

Saludos,
Ernesto

¿Comprendiste?

Lee la carta de Ernesto. Luego, completa cada oración.

1. Ernesto le escribe a Martín para *darle un amistoso recibimiento al grupo.*

2. Antes de ir al parque, el equipo de Martín tiene que *comprar bolsas para recoger la basura.*

3. Ernesto les dice que tienen que *juntar las latas de refrescos y meterlas* en las bolsas para reciclar.

4. Las cosas son más fáciles cuando *las hacemos entre todos.*

¿Qué piensas?

1. ¿Qué quiere decir que cada uno pone su grano de arena en esta actividad?

   Answers will vary: **Quiere decir que todos colaboran un poco para hacer algo tan grande como una playa.**

2. ¿Qué cosas reciclas en tu casa? ¿Por qué piensas que es importante?

   Answers will vary: **En mi casa reciclo papel, latas de refrescos y plástico. Pienso que reciclar es importante para mantener limpia la naturaleza.**

Escribir A

¡AVANZA!	**Goal:** Write about activities to help others.

Step 1

Escribe una lista de actividades y lugares donde trabajan los voluntarios de tu ciudad. *Answers will vary:*

1. delegar

2. el hogar de ancianos

3. el comedor de beneficiencia

4. la gente sin hogar

5. la planificación

6. recaudar fondos

Ahora, clasifica tu lista.

Actividades y lugares	Organizar a las personas para un proyecto
1. el hogar de ancianos	1. delegar
2. el comedor de beneficencia	2. la planificación
3. la gente sin hogar	3. recaudar fondos

Step 2

Escribe un párrafo de tres oraciones y ordénale a un grupo de voluntarios qué hacer. Usa la información de la tabla y el imperativo junto con los verbos **ir** y **hacer.**

Hoy hay que delegar el trabajo. Mario, ve al comedor de beneficencia.

Juan, haz la planificación. Mariela, tienes que recaudar los

fondos. Yo voy al hogar de ancianos.

Step 3

Evaluate your writing information in the table.

Writing Criteria	Excellent	Good	Needs Work
Content	You included **tú** commands	You included **tú** commands	You did not include **tú** commands.
Communication	All your sentences are organized and easy to follow.	Some sentences are organized and easy to follow.	Your sentences are disorganized and hard to follow.
Accuracy	Your sentences have few mistakes in grammar and vocabulary.	Your sentences have some mistakes in grammar and vocabulary.	Your sentences have many mistakes in grammar and vocabulary.

Escribir B

 Goal: Write about activities to help others.

Step 1

Completa la tabla con las cosas que necesitan los voluntarios para organizar proyectos y con las que hacen para ayudar. *Answers will vary:*

Cosas que necesitan	Cosas que hacen los voluntarios
1. el presupuesto	1. limpiar el parque
2. la planificación	2. reciclar la basura
3. buscar voluntarios	3. ayudar a juntar fondos

Step 2

Escribe un párrafo a tus amigos y diles qué tienen que hacer para ayudar como voluntarios. Usa el imperativo. Usa la información de la tabla. *Answers will vary:*

¡Hola a todos!

Necesitamos juntar fondos para nuestro grupo de voluntarios. Éstas son las cosas que tienen que hacer: 1. Busquen voluntarios para hacer el grupo más grande. 2. Hablen con la gente que conocen para recaudar fondos. 3. Hagan un lema interesante. 4. Visiten los canales de televisión y las emisoras de radio.

Step 3

Evaluate your writing using the information in the table.

Writing Criteria	Excellent	Good	Needs Work
Content	Your email includes information from the chart.	Your email includes some information from the chart.	Your email includes little information from the chart.
Communication	Most of your email is clear.	Parts of your email are clear.	Your email is not very clear.
Accuracy	Your email has few mistakes in grammar and vocabulary.	Your email has some mistakes in grammar and vocabulary.	Your email has many mistakes in grammar and vocabulary.

Escribir C

> ¡AVANZA! **Goal:** Write about activities to help others.

Step 1

Completa la tabla con las actividades que hacen los voluntarios para organizar un grupo y a quiénes ayudan. *Answers will vary:*

organizar a los voluntarios	organizar el proyecto para ayudar a
1. delegar	1. los ancianos
2. apoyar	2. la gente sin hogar
3. cumplir	3. el hospital

Step 2

Con la información de la tabla, escribe un anuncio de una campaña publicitaria para la radio para conseguir más voluntarios para el grupo. Usa el imperativo. *Answers will vary:*

> ¡Atención chicos y chicas!
>
> Hay mucha gente que necesita nuestra ayuda. Colaboren con nosotros.
>
> Juntamos fondos para comprar comida y juntamos ropa y se la damos
>
> a la gente sin hogar. Hacemos muchas más cosas. Ayuda a otros
>
> a tener una vida mejor. No lo pienses más: te necesitamos.

Step 3

Evaluate your writing using the information in the table.

Writing Criteria	Excellent	Good	Needs Work
Content	Your message includes details from the chart.	Your message includes some details from the chart.	Your message does not include details from the chart.
Communication	Most of your message is clear.	Parts of your message are clear.	Your message is not very clear.
Accuracy	Your message has few mistakes in grammar and vocabulary.	Your message has some mistakes in grammar and vocabulary.	Your message has many mistakes in grammar and vocabulary.

UNIDAD 2
Lección 1 • Escribir C

Cultura A

¡AVANZA! **Goal:** Review the importance of the Hispanic community in the United States.

1 **Celebridades hispanas** Une con una línea a los hispanos famosos de Estados Unidos con sus profesiones.

Óscar de la Hoya   cantante

Jennifer López   pintor

Roberto Fernández   boxeador

Pablo O'Higgins   escritor

2 **Cultura y tradición** Completa las siguientes oraciones.

1. En la ciudad de Chicago, Illinois, la población ____mexicana____ contribuye a la riqueza cultural.

2. La música, pinturas y ____comida____ distinguen a Chicago como una ciudad especial.

3. En los estados de Nueva York y Nueva Jersey se concentran las comunidades puertorriqueña y ____dominicana____ .

4. El estado de ____California____ es conocido por las misiones establecidas por los españoles.

3 **Los artistas** Los artistas son muy importantes en nuestras comunidades. Pablo O'Higgins fue un artista muy importante en el pasado porque pintó murales de la gente que no era rica. ¿Por qué piensas que esto fue importante para todas las comunidades? ¿Conoces a un artista en tu comunidad que hace algo parecido a lo que hizo Pablo O'Higgins?

Answers will vary: Yo pienso que el pintar murales de la gente que no era

rica fue muy importante. Fue importante porque eso nos mostró como

vivía la gente de la clase obrera. Eso nos ayuda a conocer sus costumbres y

su manera de vivir. No, no conozco a nadie en mi comunidad que hace lo

que hizo Pablo O'Higgins.

Cultura B

¡AVANZA!	**Goal:** Review the importance of the Hispanic community in the United States.

1 **Hispanos famosos** Escribe las profesiones de los siguientes hispanos famosos de Estados Unidos.

Óscar de la Hoya   boxeador

Jennifer López   cantante / actriz

Roberto Fernández   escritor

Pablo O'Higgins   pintor

2 **La herencia hispana** Responde a las siguientes preguntas sobre la cultura hispana en Estados Unidos.

1. ¿Dónde está el Museo del Barrio?   en Nueva York

2. ¿Dónde trabajó el líder latino César Chávez desde muy joven?

en las cosechas de California

3. ¿Qué pintaba la mayoría de los artistas antes del comienzo del siglo XX?

la vida de los ricos

4. El estado de California tiene una zona agrícola muy importante y es muy famoso por sus

viñedos

3 **Preservar la cultura** Deseas organizar una súper exposición cultural en el Museo del Barrio con todos los artistas hispanos que conoces. Escribe un cartel para anunciar esta exposición. Indica la fecha, los artistas y las actividades y usa mandatos para invitar al público.

Answers will vary: **Gran exposición cultural en el Museo del Barrio el día 10**

de junio. Ven a ver al artista Pablo O'Higgins con sus mejores pinturas.

Escucha a Roberto Fernández con una parte de su nueva novela.

Canta y baila con Jennifer López.

Cultura C

| ¡AVANZA! | **Goal:** Review the importance of the Hispanic community in the United States. |

1 **Sobre la migración** Completa las siguientes oraciones con las palabras de la caja.

| Miami | Chicago | conflictos | cubanos | un millón |

1. Entre los años 1959 y 1963, muchos _____*cubanos*_____ emigraron a Estados Unidos.

2. Hoy hay más de _____*un millón*_____ de cubanoamericanos en Estados Unidos.

3. _____*Miami*_____ todavía tiene la mayor población de cubanos.

4. También hay grupos grandes de cubanos en las ciudades de Nueva York, Los Ángeles y _____*Chicago*_____ .

5. En algunas de sus obras, el escritor Roberto G. Fernández presenta los ___*conflictos*___ culturales de los cubanoamericanos.

2 **Los hispanos de Estados Unidos** Responde a las siguientes preguntas sobre la cultura hispana en oraciones completas.

1. ¿Con quiénes estudió el pintor Pablo O'Higgins? ____*El pintor Pablo O'Higgins*____

   estudió con los muralistas mexicanos.

2. ¿Qué comidas en Estados Unidos son de influencia caribeña? ____*El puerco, la*____

   yuca y los moros son comidas de influencia caribeña en Estados Unidos.

3. ¿En qué estados se concentra la comunidad puertorriqueña más grande de Estados Unidos?

   En los estados de Nueva York y Nueva Jersey se concentra la comunidad

   puertorriqueña más grande de Estados Unidos.

3 **La importante labor de los voluntarios** En todas las comunidades se necesitan personas para ayudar a los demás. César Chávez ayudó a los trabajadores de su comunidad. Escribe un párrafo para explicar cómo puedes ayudar tú en tu comunidad como lo hizo Chávez.

   Answers will vary: **En mi comunidad hay muchos ancianos que viven solos y**

   creo que puedo ayudarlos si hablo con ellos los fines de semana.

   Cerca de mi casa siempre veo animales sin dueño, puedo recogerlos y

   cuidarlos.

Vocabulario A

¡AVANZA!	**Goal:** Talk about the media.

1 Los estudiantes quieren hablar sobre la prensa y la televisión. Lee cada definición y escoge la palabra que describe.

1. _a_ un programa de televisión que pide donaciones

2. _c_ el canal de televisión presenta...

3. _d_ resumen de un libro

4. _b_ escribir lo que piensas de algo

5. _e_ una película de más de una hora

a. una teletón
b. el artículo de opinión
c. emite
d. la reseña
e. el largometraje

2 Unos estudiantes quieren crear un periódico escolar. Escoge la palabra apropiada para completar las siguientes oraciones.

1. Alexa quiere ser periodista; quiere escribir (artículos / el patrocinador).

2. Marcos prefiere revisar y corregir; quiere ser (grabador / editor).

3. El grupo tiene que cumplir (el programa educativo / la fecha límite) para publicar sus artículos.

4. Ayer tuvieron que preparar las preguntas para (entrevistar / investigar) a un profesor de la escuela.

3 Contesta la siguiente pregunta con una oración completa.

1. ¿Piensas que en tu ciudad hacen obras caritativas? ¿Por qué?

Answers will vary: **Sí, (No) pienso que en mi ciudad hacen obras caritativas**

porque siempre veo volantes sobre patrocinadores que ayudan a donar a

beneficio de los ancianos.

_____

_____

Vocabulario B

Goal: Talk about the media.

1 Los estudiantes quieren publicar un periódico escolar. Completa las siguientes oraciones.

1. El periódico tiene (un artículo / un volante / un anuncio clasificado) que escribió Ana.

2. Un (cortometraje / titular / largometraje) no es de muchas horas.

3. Hay (artículos de opinión / dibujos animados / anuncios personales) para que todos expresen sus ideas.

4. El (patrocinador / editor / telespectador) escribe la columna todos los días.

5. Me encantan las (reseñas / columnas / gráficas) porque me gusta el cine y la literatura.

2 Usa las palabras dentro de la caja para completar la oración con su definición.

patrocinador	cita	noticiero	debate	opinión

1. Un _____patrocinador_____ otorga dinero a cambio de un anuncio.

2. Una _____opinión_____ es la idea de una persona sobre algo.

3. Una _____cita_____ es decir o escribir algo que dijo o escribió otra persona.

4. Un _____debate_____ es una conversación entre personas que no están de acuerdo.

5. Un _____noticiero_____ es un programa de televisión que presenta las noticias.

3 Trabajas en un canal de televisión. Escribe dos oraciones completas sobre lo que te gusta hacer en la televisión.

1. *Answers will vary:* **Me gusta presentar eventos a beneficio de los ancianos.**

_____

_____

2. *Answers will vary:* **Me gusta escribir la subtitulación para sordos.**

_____

Vocabulario C

> ¡AVANZA! **Goal:** Talk about the media.

1 ¡Hay editores nuevos en la escuela! Completa el texto con las palabras correctas.

Estamos publicando un **1.** _____periódico_____ para los estudiantes.

Tiene muchos **2.** _____artículos_____ con información. Todos

pueden escribir sus ideas en los **3.** __artículos de opinión__ . Yo tengo

una **4.** _____columna_____ semanal sobre las obras caritativas

que hacemos. Mi mejor amigo busca **5.** _____patrocinadores_____ para

publicar sus anuncios publicitarios y juntar fondos.

2 ¿Cuánto sabes sobre la prensa? Escribe oraciones completas con las palabras de abajo.

1. columna / artículo del editor / publicar / todos los días

La columna es el artículo del editor que se publica todos los días.

2. telespectadores / mirar televisión / todos los días

Los telespectadores miran la televisión todos los días.

3. teletón / ser / juntar fondos / a beneficio de las personas sin hogar

La teletón es para juntar fondos a beneficio de las personas sin hogar.

4. editor / editar / el anuncio clasificado

El editor edita el anuncio clasificado.

3 ¿Te gusta la televisión? Contesta las siguientes preguntas con oraciones completas.

1. ¿Qué piensas de las teletones?

Answers will vary: **Pienso que las teletones son muy buenas para ayudar**

a las personas que más lo necesitan.

2. ¿Qué piensas de los dibujos animados?

Answers will vary: **Pienso que los dibujos animados son muy buenos para**

los niños pero no para los jóvenes.

3. ¿Qué piensas de los cortometrajes?

Answers will vary: **Pienso que algunos cortometrajes son muy divertidos.**

Gramática A *Pronouns with Commands*

> **¡AVANZA!** **Goal:** Use pronouns with commands to tell others what to do.

1 La fecha límite es en dos horas. Todos están nerviosos. Elige la forma correcta del verbo en la caja junto con un pronombre y completa las oraciones.

1. Ana, el director no llegó, ____llámalo____ por teléfono.

2. Señor director, ____explíquenos____ qué tenemos que hacer.

3. Luis y Alberto, llegó el actor, ____entrevístenlo____ .

4. Alicia y Tania, ¿los artículos tienen errores? ____Revísenlos____ ahora.

5. ____Escúchenme____ todos; tenemos dos horas para terminar.

> a. entrevistar
> b. revisar
> c. explicar
> d. escuchar
> e. llamar

2 Todos están muy ocupados antes de la fecha límite. Escribe una oración completa para decir qué tiene que hacer cada uno. Usa el imperativo y un pronombre personal.

1. Martín / explicar (la noticia al editor).

   Martín, explícasela.

2. Señora Martínez / patrocinar (el periódico).

   Señora Martínez, patrocínelo.

3. Martín y Javier / escribir (un artículo de opinión).

   Martín y Javier, escríbanlo.

4. Alicia / no explicar (la columna del editor) (a Javier).

   Alicia, no se la expliques.

5. Luis y Eduardo / leer (los artículos).

   Luis y Eduardo, léanlos.

3 Estás ayudando en una obra caritativa de la escuela. Contesta sí y no, según el modelo.

modelo: ¿Tenemos que buscar patrocinadores?
   Sí, búsquenlos. No, no los busquen.

1. ¿Tenemos que hacer debates?

   Sí, háganlos. No, no los hagan.

2. ¿Tenemos que escribir artículos?

   Sí, escríbanlos. No, no los escriban.

Gramática B *Pronouns with Commands*

> **¡AVANZA!** **Goal:** Use pronouns with commands to tell others what to do.

① Mañana hay que publicar la revista de la escuela. Escoge el verbo con el pronombre que mejor completa cada oración. Sigue el modelo.

modelo: Martín, necesitamos la reseña; ____no te olvides____ de terminarla. (tú / no olvidar)

1. Mira este artículo en inglés; ____tradúcelo____ al español. (tú / traducir el artículo)

2. Julián y Diego, díganle al señor Ortiz que terminamos. ____Díganselo____ ahora. (ustedes / decir a él)

3. Señor Ortiz, no ____nos delegue____ más cosas ahora. (a nosotros / no delegar)

4. ____Explícale____ tu opinión al editor. (tú / explicarle a él)

② Escribe tres oraciones sobre lo que tienen que hacer los periodistas y editores de una revista. Usa la información de las cajas. Usa el imperativo y reemplaza las palabras entre paréntesis por un pronombre personal.

Contar	(las noticias)	a nosotros
No dar	(información)	a ellas
Describir	(las gráficas)	a él

1. *Answers will vary:* **No dar (las gráficas) a ellas. No se las den.**

2. *Answers will vary:* **Describir (las gráficas) a él. Descríbanselas.**

3. *Answers will vary:* **Contar (las noticias) a nosotros. Cuéntenoslas.**

③ Eres el director de una teletón. Diles a los voluntarios qué deben hacer. Escribe dos oraciones completas. Usa el imperativo y los pronombres personales.

1. Organizar bien el evento.

Leandro, el evento tiene que salir muy bien; organízalo.

2. Explicar el evento (al canal local).

Tomás, el evento sale por un canal local; explícaselo.

Gramática C *Pronouns with Commands*

| ¡AVANZA! | **Goal:** Use pronouns with commands to tell others what to do. |

1 Mañana hay que publicar la revista que diriges. Diles a tus colaboradores qué tienen que hacer. Usa el imperativo y los pronombres personales.

1. Jacinto y Elena / llevar (la información) (al canal local)

   Jacinto y Elena, llévensela.

2. Jorge / contar (la reseña) (a mí)

   Jorge, cuéntamela.

3. Rubén y Maya / describir (unas gráficas) (a nosotros)

   Rubén y Maya, descríbannoslas.

4. Lucía / presentar (una periodista) (a los actores)

   Lucía, preséntasela.

2 Isabel está buscando un artículo. Escribe la forma correcta de los verbos entre paréntesis. Sigue el modelo.

   modelo: No, no lo vi. (describir) a Alicia. Creo que vi un papel así en su escritorio. **Descríbeselo.**

1. Hola, Ana. ¿ _____Leíste_____ (leer) el artículo de Jorge?

2. Hola, Isabel. No tengo ese artículo. _____Pregúntale_____ (preguntar) a Alicia.

3. _____Búscalo_____ (buscar) bien. Yo te lo di ayer.

4. No, _____descríbemelo_____ (describir), estoy segura de que no lo tengo. ¿Cómo es?

5. Mira, _____te lo describo_____ (describir): está en un papel amarillo con letra grande.

3 Van a preparar una entrevista para la radio de la escuela. Diles a otros estudiantes qué tienen que hacer, y qué no. Escribe tres oraciones con imperativo y pronombres personales.

1. *Answers will vary:* **Manuel, hay que investigar sobre el profesor que vamos a entrevistar; investígalo. No lo investigues.**

2. *Answers will vary:* **Hay que llamar al profesor; no lo llamen por teléfono.**

3. *Answers will vary:* **Hay que escribir las preguntas. No las escríbas.**

Gramática A *Impersonal Expressions + Infinitive*

¡AVANZA!	**Goal:** Use impersonal expressions with infinitive to state an opinion.

1 Un grupo de voluntarios organizó una teletón. Subraya la palabra que completa cada oración.

1. Es bueno (<u>juntar</u> / gastar) fondos para obras caritativas.

2. Es importante (investigar / <u>organizar</u>) programas de obras caritativas.

3. Es bueno (entrar / <u>colaborar</u>) con la gente sin hogar.

4. Es difícil (otorgar / <u>encontrar</u>) patrocinadores.

2 Completa las oraciones con la forma correcta de cada verbo.

1. (ser) _____Es_____ bueno para todos, (colaborar) _____colaborar_____ con los demás.

2. (ser) _____Es_____ difícil no (hacer) _____hacer_____ obras caritativas para los ancianos sin hogar.

3. (ser) _____Es_____ malo no (pensar) _____pensar_____ en los demás.

4. (ser) _____Es_____ interesante (ver) _____ver_____ entrevistas.

5. (ser) _____Es_____ interesante (leer) _____leer_____ los titulares.

3 ¿Cómo son las cosas? Escribe a la izquierda de cada frase cómo es esa actividad. Usa **Es + adjetivo**.

1. Servir la comida en un comedor para ancianos: *Answers will vary:* **Es importante.**

2. Organizar eventos para juntar fondos: *Answers will vary:* **Es muy bueno.**

3. Donar dinero: *Answers will vary:* **Es recomendable.**

UNIDAD 2
Lección 2 • Gramática A

Conversación simulada

Level 3, pp. 131-133
WB CD 01 tracks 31-32

You are going to participate in a simulated telephone conversation with your friend, Julio. First, read the outline of the whole conversation below. Next, listen to the audio. You will hear only what Julio says to you. Then, listen to the audio again and fill in the pauses with the appropriate responses, according to your cues. A tone will tell you when to start and stop speaking.

[phone rings]

Julio:	(Él saluda.)
Tú:	Saluda y di quién eres. Pregúntale a Julio qué hizo hoy.
Julio:	(Él contesta y te pide tu opinión.)
Tú:	Contesta.
Julio:	(Él habla de programas de televisión.)
Tú:	Dile cuáles te gustan más.
Julio:	(Él te invita.)
Tú:	Contesta y explica por qué.
Julio:	(Él se despide.)
Tú:	Despídete y cuelga.

Integración: Escribir

Hay un nuevo periódico en la ciudad en donde vive Cristian. Él trabajó en otro periódico antes y ahora quiere trabajar en el nuevo. Él entró al sitio web de este periódico para ver qué trabajos ofrecen.

Fuente 1 Leer

Lee la información que encontró Cristian en el sitio web del periódico.

> Hola, mi nombre es Armando Lúquez y soy el editor del periódico. Estamos buscando personas para trabajar en cinco proyectos. Queremos una persona para escribir los anuncios clasificados. También necesitamos otras dos personas para hacer entrevistas y para ayudar a Irma González a escribir los artículos educativos. No tenemos a nadie para hacer las gráficas, si sabes hacer diseños, llámanos. Además solicitamos a alguien para ayudar a Mabel Mendoza con las reseñas de cine y de arte. ¡Llámanos ya!

Fuente 2 Escuchar   *WB CD 01 track 34*

Escucha el mensaje que dejó Cristian en el teléfono del nuevo periódico. Toma notas.

_____

_____

_____

_____

Escribir

¿Qué trabajo puede hacer Cristian en el periódico? Explica.

Modelo: Cristian puede escribir... porque... Además, Cristian...

Answers will vary: **Cristian puede escribir los artículos educativos**

porque ya lo hizo antes y el periódico solicita profesionales para escribir

estos artículos. Además, Cristian sabe cómo trabajar en un

periódico.

_____

Escuchar A

Level 3, pp. 140-141
WB CD 01 tracks 35-36

> **¡AVANZA!** **Goal:** Listen to learn about a telethon.

1 Escucha lo que dice Jorge y toma notas. Luego, lee cada oración y contesta **cierto** o **falso**.

C (F) **1.** La mamá de Jorge es comerciante.

(C) F **2.** Las personas que quieren ayudar pueden enviar dinero.

(C) F **3.** En la teletón vemos la publicidad de los patrocinadores.

C (F) **4.** La teletón es a beneficio de un hogar de ancianos.

(C) F **5.** Todavía hay cosas que hacer para el programa del viernes.

2 Escucha lo que dice Berenice. Luego, responde a las siguientes preguntas con oraciones completas.

1. ¿Quién organiza la teletón? ¿Cuándo quieren emitir la teletón?

Un canal local de televisión organiza la teletón. Quieren emitirla cuando

mucha gente ve televisión.

2. ¿Quiénes trabajan también en la teletón?

Un amigo de Berenice que se llama Jorge trabaja con otros voluntarios en la

teletón. La mamá de Jorge también trabaja allí.

Escuchar B

> **¡AVANZA!** **Goal:** Listen to learn about a telethon.

1 Escucha lo que dice el señor López. Luego, empareja las personas con las actividades que hacen.

a. El señor López

b. El canal de televisión

c. Los comerciantes

d. La gente

e. Los voluntarios

_e_ buscan patrocinadores.

_d_ dona dinero.

_a_ va a la teletón todos los años.

_c_ patrocinan la teletón.

_b_ organiza la teletón.

2 Escucha lo que dice la señora Gutiérrez. Luego, contesta las siguientes preguntas con oraciones completas.

1. ¿Qué emite y qué no emite el canal de televisión esta noche?

El canal emite un programa educativo, la teletón y un largometraje.

No emite el noticiero.

_____

2. ¿Quiénes participan en el programa de hoy? ¿Qué programas se emiten antes y después del programa principal?

En el programa de hoy participan dos actores famosos. Antes del programa

principal se emite un programa educativo. Después del programa principal se

emite un largometraje.

_____

UNIDAD 2
Lección 2

Escuchar B

Escuchar C

Level 3, pp. 140-141
WB CD 01 tracks 39-40

> ¡AVANZA! **Goal:** Listen to learn about a telethon.

1 Escucha lo que dice Augusto y toma notas. Luego, completa las oraciones.

1. Augusto trabaja _____en un restaurante_____ .

2. Siempre reciben _____mucho dinero_____ .

3. En la noche le dan _ese dinero a nombre del público_ a la teletón.

2 Escucha lo que dice la señora Prado y toma notas. Luego, contesta las preguntas con oraciones completas.

1. ¿Cada cuánto tiempo hace la teletón el canal?

   El canal hace la teletón una vez por año.

   _____

2. ¿A beneficio de quién es la teletón?

   La teletón es a beneficio de la gente sin hogar, de los hogares de ancianos y

   de todas las personas que lo necesitan.

3. ¿Qué quiere decir la señora Prado con "este año es mejor de lo que esperábamos"?

   Quiere decir que están recibiendo más dinero que en los años anteriores.

   _____

4. ¿Por qué piensa la señora Prado que la gente hace más donaciones?

   Porque la gente entiende que todos podemos ayudarnos a vivir en un mundo

   mejor.

Leer A

> **¡AVANZA!** **Goal:** Read about the things that happen in a newspaper.

1 Hay nuevas cosas para hacer para las personas de este periódico. Ayer, les llegó esta carta del director con las nuevas actividades.

> Atención a todos. Aquí está la lista de las nuevas actividades. Por favor, léanla con atención y dénsela a sus compañeros.
>
> • Carmen: entrevistar a los famosos
>
> • Jorge: editar todos los artículos
>
> • Carlos: buscar información
>
> • Ana: escribir la reseña literaria
>
> • Luis y Martín: escribir artículos
>
> • Alicia, Irma y Sergio: escribir sus columnas de siempre

¿Comprendiste?

Lee la carta del director con las nuevas actividades. Luego, lee cada oración y contesta **cierto** o **falso**.

C ⓕ **1.** Ana y Carmen escriben la reseña literaria.

ⓒ F **2.** Jorge revisa los artículos.

ⓒ F **3.** Todos los artículos pasan a Jorge antes de publicarse.

C ⓕ **4.** Carlos hace lo mismo que Luis y Martín.

ⓒ F **5.** Alicia, Irma y Sergio hacen lo mismo.

¿Qué piensas?

1. ¿Piensas que es importante publicar artículos de opinión en un periódico? ¿Por qué?

Answers will vary: **Pienso que es importante publicar artículos de opinión**

porque la gente necesita expresar sus ideas.

Nombre _____ Clase _____ Fecha _____

Leer B

 Goal: Read about the things that happen in a newspaper.

Lee esta columna que escribe, todos los martes, la voluntaria Azucena Díaz en un periódico.

Es necesario pensar en los demás

Hay muchas personas en este mundo. Pero hay personas que tienen todo y otras que no tienen nada. Llámelos "los que necesitan ayuda" y piense en ellos como hombres, mujeres y niños que no tienen hogar. Y ésa es la cuestión en que quiero que estemos de acuerdo: necesitan ayuda porque, a veces, no tienen nada que comer o que vestir.

El próximo viernes hay un programa en la televisión a beneficio de todos ellos. Véalo y piense que esas personas, tal vez, hoy no comieron. ¿Usted tiene algo de dinero? Dóneselo a "los que necesitan ayuda".

¡Es maravilloso colaborar!

AZUCENA DÍAZ

¿Comprendiste?

Contesta las siguientes preguntas con oraciones completas.

1. ¿Cuándo es el programa a beneficio de las personas que necesitan ayuda?

   El evento es el próximo viernes.

2. ¿En qué cuestión quiere Azucena estar de acuerdo con todos?

   En que hay gente que necesita ayuda porque no tiene nada que comer o vestir.

3. ¿En qué te pide Azucena que pienses cuando ves el programa de televisión?

   Azucena quiere que piense en la gente sin hogar que, tal vez, hoy no comió.

¿Qué piensas?

1. ¿Piensas que es necesario colaborar con la gente sin hogar? ¿Por qué?

   Answers will vary: **Pienso que es necesario colaborar con la gente sin**

   hogar porque ellos no tienen qué comer ni qué vestir.

UNIDAD 2
Lección 2

Leer B

Leer C

> **¡AVANZA!** **Goal:** Read about the things that happen in a newspaper.

La señora Prado piensa que la gente está entendiendo que es posible hacer que este mundo sea un lugar mejor para todos. Ella pidió que la gente le envíe su opinión para publicarla el viernes en el periódico local.

Esto es lo que le contestaron:

Respuestas a la señora Prado

Señora Prado: No estoy de acuerdo con usted. Yo creo que la gente siempre entendió que podemos hacer un lugar mejor para todos. Pero antes no había tantos canales de televisión. Hoy es más fácil saber qué actividades hay porque los canales de televisión informan a la gente.

—*Señora Gómez*

Señora Prado: Estoy de acuerdo con usted. La gente ahora entiende que es muy importante ayudar a los demás. No sé por qué antes no lo hacía.

—*Santiago*

Señora Prado: Estoy de acuerdo con usted. Yo pienso que la gente antes no entendía que hay que ayudar a los demás, porque pensaba solamente en su mundo. Hoy, todos sabemos que es muy necesario hacer un mundo mejor.

—*Isabel*

¿Comprendiste?

Luego, completa los espacios en blanco.

1. Antes no había tantos _____canales de televisión_____ .

2. _____La señora Gómez_____ no está de acuerdo con la señora Prado.

3. Hoy, es más fácil tener _____información_____ .

4. Todos saben que es necesario hacer _____un mundo mejor_____ .

¿Qué piensas?

¿Estás de acuerdo con la señora Prado? ¿Por qué?

_____Answers will vary: **Sí, estoy de acuerdo con la señora Prado, porque pienso**_____

que la gente quiere vivir en un lugar mejor.

Escribir A

> **¡AVANZA!** **Goal:** Write about the activities at a TV network.

Step 1

Escribe una programación de televisión (*TV schedule*) para los sábados por la tarde y explica qué elijes. Usa las palabras de la caja.

Programación de los sábados por la tarde
3:00 p.m. *Answers will vary:* **Dibujos animados, porque es cuando los niños ven la televisión.**
4:00 p.m. **Largometraje, porque las personas que se quedan en casa quieren divertirse.**
6:00 p.m. **Noticiero, porque a esa hora llegan los adultos y quieren ver las noticias.**

cortometraje
dibujos animados
largometraje
programa de opinión o debate
noticiero

Step 2

Escríbeles a tus amigos sobre las cosas que hacen en el canal usando tu programación.

modelo: Es necesario tener un programa de noticias, por eso hacemos un noticiero.

1. *Answers will vary:* **Es divertido ver dibujos animados por la tarde.**

2. *Answers will vary:* **Es interesante escuchar un noticiero.**

3. *Answers will vary:* **Es imposible ver mucha publicidad.**

Step 3

Evaluate your writing using the information in the table.

Writing Criteria	Excellent	Good	Needs Work
Content	Your sentences include many details and new vocabulary.	Your sentences include some details and new vocabulary.	Your sentences include few details or new vocabulary.
Communication	Most of your sentences are clear.	Some of your sentences are clear.	Your sentences are not very clear.
Accuracy	Your sentences have few mistakes in grammar and vocabulary.	Your sentences have some mistakes in grammar and vocabulary.	Your sentences have many mistakes in grammar and vocabulary.

Copyright © by McDougal Littell, a division of Houghton Mifflin Company.

Escribir B

> **¡AVANZA!** **Goal:** Write about the activities at a TV network.

Step 1

Haz una lista sobre qué te gusta y qué no te gusta de la programación de la televisión que ves.

Las cosas que me gustan	Las cosas que no me gustan
Answers will vary: **los largometrajes**	los largometrajes malos
los dibujos animados	la publicidad
los programas educativos	el horario del noticiero

Step 2

Uno de los canales de televisión pregunta a la gente su opinión sobre los siguientes temas. Sigue el modelo para dar tu punto de vista.

modelo: la programación: La programación es aburrida. Es necesario cambiarla.

1. el horario del noticiero: *Answers will vary:* **El horario del noticiero es muy malo. Es necesario ponerlo más temprano.**

2. la calidad de los largometrajes: *Answers will vary:* **A veces, la calidad de los largometrajes es mala. Es importante revisarla.**

3. los anuncios publicitarios: *Answers will vary:* **Los anuncios publicitarios están en inglés. No es imposible traducirlos.**

Step 3

Evaluate your writing using the information in the table.

Writing Criteria	Excellent	Good	Needs Work
Content	Your opinions include many details and new vocabulary.	Your opinions include some details and new vocabulary.	Your opinions include few details or new vocabulary.
Communication	Most of your opinions are clear.	Some of your opinions are clear.	Your opinions are not very clear.
Accuracy	Your opinions have few mistakes in grammar and vocabulary.	Your opinions have some mistakes in grammar and vocabulary.	Your opinions have many mistakes in grammar and vocabulary.

Escribir C

> **¡AVANZA!** **Goal:** Write about the activities at a TV network.

Step 1

Piensa en las cosas que hay que hacer mejor en la programación (*TV schedule*). Sigue el modelo.

modelo: No buscaban muchos patrocinadores. Ahora, búsquenlos.

1. subtitulación para sordos: *Answers will vary:* **No ponían subtitulación para sordos. Ahora, pónganla.**

2. presentar cortometrajes locales: *Answers will vary:* **No presentaban cortometrajes locales. Ahora, preséntenlos.**

3. enviar la publicidad al cliente: *Answers will vary:* **No le enviaban la publicidad al cliente. Ahora, envíensela.**

Step 2

Escribe una nota a tus compañeros con recomendaciones para hacer una programación mejor.

> *Answers will vary:* **Hola chicos. Éstas son las recomendaciones que quiero hacerles: antes, no ponían subtitulación para sordos, pero ahora, pónganla. Tampoco presentaban cortometrajes locales, pero ahora, preséntenlos. Tuvimos problemas con unos clientes porque no les enviaban los anuncios. Ahora, envíenselos.**

Step 3

Evaluate your writing using the information in the table.

Writing Criteria	Excellent	Good	Needs Work
Content	Your note includes many details and new vocabulary.	Your note includes some details and new vocabulary.	Your note includes few details and or vocabulary.
Communication	Most of your note is clear.	Parts of your note are clear.	Your note is not very clear.
Accuracy	Your note has few mistakes in grammar and vocabulary.	Your note has some mistakes in grammar and vocabulary.	Your note has many mistakes in grammar and vocabulary.

Cultura A

Level 3, pp. 140-141

 Goal: Review the importance of the Hispanic community in the United States.

1 **La comunidad latina** Escoge una de las opciones y completa las siguientes oraciones.

1. En Estados Unidos, uno de los estados que tiene más hispanos es __b__

   a. Nuevo México   **b.** California   **c.** Massachusetts

2. En los estados de Nueva York y Nueva Jersey se concentran las comunidades __c__

   a. mexicana y argentina   **b.** cubana y ecuatoriana   **c.** puertorriqueña y dominicana

3. Las ciudades con periódicos en español más importantes son: __a__

   a. Los Ángeles, Chicago y Nueva York   **b.** Miami, Boston, y Nueva York   **c.** Los Ángeles, Miami y Nueva York

2 **Los artistas latinos y sus obras** Escoge de las palabras entre paréntesis y completa las oraciones.

1. La artista Sandra Cisneros es una (pintora / <u>escritora</u>) de origen mexicano.

2. En 1998, Carlos Santana creó la Fundación (Ayuda / <u>Milagro</u>)

3. Óscar de la Hoya es un (<u>boxeador</u> / actor) famoso de origen hispano.

4. El periódico en español más importante de Estados Unidos está en la ciudad de (<u>Los Ángeles</u> / Nueva York).

3 **Las noticias** Trabajas en un periódico en español de tu comunidad. Escribe dos noticias breves con dos cosas positivas que pasaron en tu comunidad.

Answers will vary: **Los estudiantes de la escuela local limpiaron el parque.**

Answers will vary: **El grupo de voluntarios pide ayuda para su campaña de**

ayuda.

UNIDAD 2 Lección 2 • Cultura A

Cultura B

| ¡AVANZA! | **Goal:** Review the importance of the Hispanic community in the United States. |

1 **Los latinos y su cultura** Responde **cierto** o **falso** a las siguientes oraciones.

C (F) **1.** El estado de Florida tiene más hispanos que California.

(C) F **2.** Los burritos son una comida de influencia mexicana en Estados Unidos.

C (F) **3.** En la ciudad de Nueva York está la industria del espectáculo más grande del mundo.

C (F) **4.** La escritora Sandra Cisneros nació en México.

(C) F **5.** El padre de Carlos Santana era un mariachi violinista.

2 **Periódicos estadounidenses en español** Completa las siguientes oraciones.

1. El periódico ____La Opinión____ es el de mayor distribución en Los Ángeles.

2. *La Raza* es el periódico más popular de ____Chicago____ .

3. El periódico más famoso en la ciudad de Nueva York es ____La Prensa____ .

4. De estos tres, ____La Opinión____ es el periódico en español más grande de Estados Unidos.

5. El público de estos tres diarios es de casi ____dos millones____ de lectores.

3 **Las canciones populares** Cuando los hispanos cumplen años, muchas veces sus amigos y familiares les cantan *Las mañanitas*. ¿Conoces esta canción? Escribe tu propia canción para celebrar el cumpleaños de un estudiante amigo tuyo, que tenga mínimo cuatro oraciones.

Answers will vary: **Feliz cumpleaños te deseo yo, con muchos abrazos**

y un apretón. ¿Cuántos cumples hoy? Yo pensé que eran cuatro, pero

ya veo que no. Cuantos sea que cumplas que lo pases de lo mejor. Feliz

cumpleaños con mucho amor.

_____

_____

_____

Copyright © by McDougal Littell, a division of Houghton Mifflin Company.

UNIDAD 2 Lección 2 · Cultura B

Cultura C

| ¡AVANZA! | **Goal:** Review the importance of the Hispanic community in the United States. |

1 **Una artista famosa** Contesta **cierto** o **falso** a las siguientes oraciones sobre la escritora Sandra Cisneros, pero si la respuesta es falsa, entonces escribe la respuesta verdadera.

1. La escritora Sandra Cisneros nació en Chicago. _Cierto_

2. Cisneros escribe poesía y ficción. _Cierto_

3. Su familia es de origen puertorriqueño. _Falso; Su familia es de origen mexicano._

4. Entre sus obras más famosas están *La casa en Mango Street y Caramelo*. _Cierto_

5. Ella ahora vive en Los Ángeles. _Falso; Ella ahora vive en San Antonio._

2 **La cultura latina** Responde a las siguientes preguntas con oraciones completas.

1. ¿Cuál es el periódico en español más grande de Estados Unidos? _El periódico en español más grande de Estados Unidos es La Opinión._

2. ¿A quién ayuda la fundación del artista Carlos Santana?
La fundación del artista Carlos Santana ayuda a los niños y jóvenes pobres.

3. ¿Cuál es una canción de cumpleaños muy famosa entre los mexicanos?
Las mañanitas es una canción de cumpleaños muy famosa entre los mexicanos.

3 **El artista y su fundación** Carlos Santana es uno de los artistas latinos más importantes de Estados Unidos y él utiliza su fama para ayudar a las personas que lo necesitan. Hazle una entrevista a Carlos Santana. Incluye toda la información que tengas sobre él para hacer tus preguntas y las respuestas que esperas. *Answers will vary:*

Tú:

¿A qué edad empezaste a tocar la guitarra? ¿Qué haces para mostrar tus

raíces latinas en tu música de rock? ¿Te consideras uno de los guitarrista

más grandes del rock?

Carlos Santana: Pues, empecé a tocar guitarra después de los 7 años.

Muestro mis raíces latinas en mi música cuando uso ritmo latino en

canciones de rock. No, no me considero el más grande guitarrista del

rock.

Comparación cultural: Culturas musicales

Level 3, pp. 142-143

Lectura y escritura

Después de leer los párrafos sobre la música que se escucha donde viven Rolando y Mariana, escribe un párrafo sobre la música que se escucha en la región donde tú vives. Usa la información que está en tu organigrama para escribir oraciones con ideas generales y luego escribe un párrafo sobre la música que se escucha en tu región.

Paso 1

Completa el organigrama con detalles sobre la música de tu región.

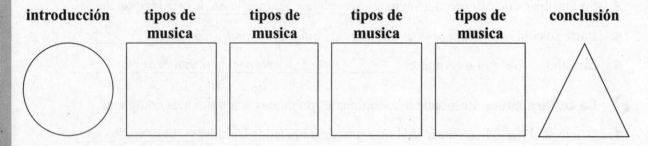

introducción | tipos de musica | tipos de musica | tipos de musica | tipos de musica | conclusión

Paso 2

Usa los detalles del organigrama y escribe unas oraciones generales para cada tema del organigrama.

_____

_____

_____

_____

_____

_____

Comparación cultural: Culturas musicales

Lectura y escritura (seguir)

Paso 3

Escribe un párrafo usando las oraciones que escribiste como guía. Incluye una oración introductoria. Escribe sobre la música de tu región utilizando las siguientes frases: **se hace, se encuentra**.

_____
_____
_____
_____
_____
_____

Checklist

Be sure that…

☐ all the details about the music from your region or city from your table are included in the paragraph;

☐ you use details to describe your regional music;

☐ you include impersonal **se** expressions.

Rubric

Evaluate your writing using the rubric below.

Writing criteria	Excellent	Good	Needs Work
Content	Your paragraph includes all of the details from your flow chart about your regional music.	Your paragraph includes some details about your regional music.	Your paragraph includes few details about your regional music.
Communication	Most of your paragraph is organized and easy to follow.	Parts of your paragraph are organized and easy to follow.	Your paragraph is disorganized and hard to follow.
Accuracy	Your paragraph has few mistakes in grammar and vocabulary.	Your paragraph has some mistakes in grammar and vocabulary.	Your paragraph has many mistakes in grammar and vocabulary.

UNIDAD 2 • Comparación cultural
Lección 2

Comparación cultural: Culturas musicales

Compara con tu mundo

Escribe una comparación sobre la música de la región donde vives y la de uno de los estudiantes de la página 143. Organiza la comparación por temas. Primero, compara el nombre de la música, luego las características de la música, y finaliza con tu opinión sobre la música regional.

Paso 1

Usa la tabla para organizar la comparación por temas. Escribe detalles para cada tema sobre la música de tu región y la del (de la) estudiante que has elegido.

	Mi música	La música de _____
Nombre de la música		
Características de la música		
Opiniones		

Paso 2

Usa los detalles que están en la tabla para escribir una comparación. Incluye una oración introductoria y escribe sobre cada tema, utilizando las siguientes frases: **se hace, se encuentra**.

_____

_____

_____

_____

_____

_____

_____

_____

Vocabulario A

> **¡AVANZA!** **Goal:** Discuss environmental issues and possible solutions.

1 Completa las siguientes palabras. Escribe las vocales que faltan. Utiliza las pistas. Sigue el modelo.

    modelo: **(capa que nos protege del sol) l__ c__p__ d__ __z__n__ :** **la capa de ozono**

1. (medio en el que vivimos) _e_ l m_e_d_i_ _o_ _a_mb_i_ _e_nt_e_ :

    el medio ambiente

2. (temperatura, viento en un lugar) _e_ l cl_i_ m_a_ : _el clima_

3. (amenaza para los bosques) l_a_ d_e_f_o_r_e_st_a_c_i_ _ó_n:

    la deforestación

4. (recurso no renovable) _e_ l p_e_tr_ó_l_e_ _o_ : _el petróleo_

2 Es muy importante cuidar la naturaleza. Completa las siguientes oraciones con las palabras de la caja.

el smog	los recursos naturales
el porvenir	las especies en peligro de extinción

1. Debemos mejorar el planeta para _el porvenir_ de nuestros hijos.

2. Debemos proteger a _las especies en peligro de extinción_ o esas especies se extinguirán.

3. Debemos informarnos sobre _los recursos naturales_ para reemplazar los recursos no renovables.

4. Uno de los efectos de la contaminación del aire es _el smog_ .

3 Contesta la siguiente pregunta con una oración completa.

¿Qué debemos hacer para proteger el medio ambiente?

Answers will vary: **Debemos eliminar la contaminación, el efecto**

invernadero y reutilizar los recursos no renovables.

UNIDAD 3 • Vocabulario A
Lección 1

Vocabulario B

> **¡AVANZA!** **Goal:** Discuss environmental issues and possible solutions.

1 Carlos es parte de un grupo que cuida la naturaleza. Escribe la tercera palabra relacionada.

1. el aire / sucio / _____la contaminación_____

2. defender / cuidar / _____proteger_____

3. los peligros / las cosas malas / _____los riesgos_____

4. la contaminación / el clima caliente / _____el efecto invernadero_____

2 Todos tenemos que cuidar la naturaleza. Completa el siguiente diálogo entre dos estudiantes:

Rodolfo: Tenemos que proteger **1.** _____el suelo_____ de la erosión.

Ana: Sí, y con la contaminación del **2.** _____planeta_____ no

podemos respirar **3.** _____el aire puro_____ .

Rodolfo: El petróleo es un recurso **4.** _____no renovable_____ .

Tenemos que **5.** _____desarrollar_____ tecnologías para

6. _____reutilizar_____ las bolsas de plástico.

Ana: Los problemas no son simples, son **7.** _____complejos_____ ,

pero podemos **8.** _____mejorar_____ la situación. Podemos

elegir, **9.** _____votar_____ por personas que apoyan la

innovación y los nuevos **10.** _____inventos_____ . Nuestro

11. _____planeta_____ tiene que estar limpio: no es

12. _____un basurero_____ .

3 Escribe una oración completa para describir dos cosas que podemos hacer para mejorar el planeta.

Answers will vary: **Podemos disminuir la contaminación del aire y**

proteger las especies en peligro de extinción.

_____

_____

Vocabulario C

> **¡AVANZA!** **Goal:** Discuss environmental issues and possible solutions.

1 Tenemos que proteger el planeta: el aire, el suelo y el agua. Coloca las palabras de la caja en la columna que corresponde.

el aire puro	el suelo	el efecto invernadero
un temblor	la inundación	el derrumbe
la erosión	la capa de ozono	el smog
respirar	la sequía	la deforestación

Aire	**Suelo**	**Agua**
1. el efecto invernadero	**1.** la erosión	**1.** la inundación
2. la capa de ozono	**2.** un temblor	**2.** la sequía
3. respirar	**3.** el suelo	
4. el aire puro	**4.** el derrumbe	
5. el smog	**5.** la deforestación	

2 ¿Cómo podemos cuidar (*take care of*) el medio ambiente? Completa estas oraciones para explicar qué quieren decir.

1. Reducir la contaminación significa: _____ disminuir _____ la contaminación.

2. Cuidar el medio ambiente significa: _____ proteger _____ el planeta.

3. Las especies en ____ peligro de extinción ____ tienen el riesgo de extinguirse.

4. No mejorar la vida del planeta puede _____ dañar _____ el medio ambiente.

3 Escribe tres oraciones sobre cuál es nuestra responsabilidad en la transformación del planeta.

Answers will vary: **Nuestra responsabilidad es proteger la capa de ozono**

y los recursos naturales. Tenemos que desarrollar inventos y fomentar la

investigación para proteger el medio ambiente.

_____

_____

UNIDAD 3 • Lección 1
Vocabulario C

Gramática A *Future Tense*

Level 3, pp. 157-161

> **¡AVANZA!** **Goal:** Use the future tense to talk about what will happen.

1 En el futuro protegeremos el medio ambiente. Completa las oraciones de la columna izquierda con las palabras de la columna derecha.

_c_ **1.** Nosotros

_a_ **2.** Tú

_b_ **3.** Los jóvenes

_d_ **4.** Yo

a. desarrollarás innovaciones.

b. reutilizarán los recursos naturales.

c. protegeremos la biodiversidad.

d. valoraré más el planeta.

2 En el futuro, muchas personas protegerán más y mejor el medio ambiente. Completa las oraciones con la forma correcta de los verbos entre paréntesis.

1. No _____morirán_____ tantos animales. (morir)

2. El hombre _____desarrollará_____ tecnologías para utilizar mejor los recursos naturales. (desarrollar)

3. La capa de ozono no _____disminuirá_____ . (disminuir)

4. Los hombres no _____amenazarán_____ la biodiversidad. (amenazar)

5. Nosotros _____pensaremos_____ diferente. (pensar)

6. Ustedes _____reutilizarán_____ las latas. (reutilizar)

7. Vosotros _____apreciaréis_____ la diferencia en el porvenir. (apreciar)

8. No _____habrá_____ contaminación. (haber)

9. Tú _____sabrás_____ sobre el medio ambiente. (saber)

10. Usted _____podrá_____ informarse mejor sobre la contaminación. (poder)

3 Contesta la siguiente pregunta con tus ideas. Escribe una oración completa.

¿Qué harán tú y tus amigos para mejorar el medio ambiente? Menciona dos cosas.

Answers will vary: **Reciclaremos las latas y votaremos sólo por líderes**

que se informan de estos problemas.

Gramática B *Future Tense*

Level 3, pp. 157-161

> ▶¡AVANZA! **Goal:** Use the future tense to talk about what will happen.

1 Un grupo de Panamá desarrolla innovaciones para proteger el planeta. Escoge el verbo en futuro que completa cada oración.

1. Primero, nosotros __c__ en algunas innovaciones.

   a. pensará   **b.** pensaré   **c.** pensaremos

2. Entonces __b__ más sobre los riesgos de la investigación.

   a. sabrá   **b.** sabremos   **c.** sabrás

3. Un equipo __b__ las investigaciones científicas.

   a. fomentarás   **b.** fomentará   **c.** fomentaré

4. Nuestras investigaciones científicas __a__ cómo vemos el futuro.

   a. cambiarán   **b.** cambiaremos   **c.** cambiarás

5. Las ciudades __c__ menos contaminación y respiraremos mejor.

   a. tendrá   **b.** tendré   **c.** tendrán

2 Escribe tres oraciones completas para describir qué haremos para disminuir la contaminación. Usa el futuro y la información de la tabla.

Yo	valorar	innovaciones
Los jóvenes	desarrollar	el medio ambiente
Todos	apreciar	la biodiversidad

1. *Answers will vary:* **Yo valoraré el medio ambiente.**

2. *Answers will vary:* **Los jóvenes apreciarán la biodiversidad.**

3. *Answers will vary:* **Todos desarrollaremos innovaciones.**

3 ¿Cómo ayudarás a mejorar la biodiversidad? Escribe tres oraciones completas.

Answers will vary: **En el futuro desarrollaré investigaciones para proteger a**

las especies en peligro de extinción. Esto será posible porque haré

investigaciones para mejorar el agua del mar y de los ríos.

Gramática C *Future Tense*

> **¡AVANZA!** **Goal:** Use the future tense to talk about what will happen.

1 Muchos jóvenes se informan de los problemas del medio ambiente. Completa las oraciones con la forma apropiada de los verbos de la caja.

1. Yo _____protegeré_____ el medio ambiente.

2. Nosotros _____mejoraremos_____ el porvenir del planeta.

3. Las personas del futuro _____respirarán_____ aire más puro.

4. Tú _____serás_____ más responsable con el medio ambiente.

5. Ustedes _____tendrán_____ un planeta sin contaminación.

mejorar
respirar
ser
proteger
tener

2 ¿Nos puedes ayudar a proteger el planeta? Escribe una oración completa en futuro.

1. Yo (disminuir) *Answers will vary*: **disminuiré la contaminación**.

2. Carla y yo (informarse) *Answers will vary*: **nos informaremos sobre cómo usar los recursos no renovables**.

3. Tú (votar) *Answers will vary*: **votarás por personas que protegen el medio ambiente**.

4. Los grupos de investigación (desarrollar) *Answers will vary*: **desarrollarán innovaciones**.

5. Mi grupo (fomentar) *Answers will vary*: **fomentará el estudio de la biodiversidad**.

6. Los jóvenes (no destruir) *Answers will vary*: **no destruirán el medio ambiente**.

3 Escribe tres oraciones sobre qué harán los científicos para proteger los recursos naturales. Usa el futuro.

Answers will vary: **Los científicos protegerán los recursos naturales con nuevos inventos e innovaciones. Desarrollarán investigaciones para mejorar el aire y el agua. También se informarán más sobre la tierra y la protegerán.**

UNIDAD 3 • Gramática C
Lección 1

Gramática A *Por and Para*

> ¡AVANZA! **Goal:** Use **por** and **para** to talk about the environment.

1 Nicolás sabe que se harán muchas cosas para cuidar el medio ambiente. Subraya la preposición **para** o **por** según corresponda.

1. Los estudios (<u>para</u> / por) disminuir la contaminación serán cada vez más importantes.

2. Todos ayudarán (<u>para</u> / por) disminuir la contaminación.

3. Pasaremos (para / <u>por</u>) muchos momentos difíciles pero podremos ayudar en muchas cosas.

4. (Por / <u>Para</u>) nosotros es importante votar (<u>por</u> / para) una persona inteligente.

2 Nicolás y su grupo viajan para buscar ayuda de las personas. Ellos harán un viaje la próxima semana por todo el país. Escribe en una columna por dónde pasarán y en la otra dónde irán. Sigue el modelo.

Viajaremos por la montaña.	Vamos para la montaña.
Iremos para la costa.	Volveremos para la ciudad.
Volveremos por la ciudad.	Iremos por la costa.

¿Por dónde pasarán?	¿Dónde irán?
1. **modelo:** **Viajaremos por la montaña.**	4. <u>Iremos para la costa.</u>
2. <u>Volveremos por la ciudad.</u>	5. <u>Vamos para la montaña.</u>
3. <u>Iremos por la costa.</u>	6. <u>Volveremos para la ciudad.</u>

3 La contaminación es un problema de todos. Completa las oraciones con **por** o **para**.

1. La sequía es un gran problema ____para____ el suelo.

2. El clima es peor ____por____ el efecto invernadero.

Gramática B *Por and Para*

| ¡AVANZA! | **Goal:** Use **por** and **para** to talk about the environment. |

1 ¿Cómo será el futuro? Utiliza **por** o **para** según corresponda.

1. Tendremos que informarnos _____para_____ saber cómo proteger el medio ambiente.

2. Habrá erosión _____por_____ el agua y el viento.

3. Los científicos desarrollarán investigaciones _____para_____ mejorar el aire y el agua.

4. La radiación será más peligrosa _____por_____ la capa de ozono.

5. La innovación será muy importante _____para_____ solucionar la contaminación.

2 La contaminación se puede disminuir. Completa el siguiente diálogo con **por** o **para**.

Nicolás: Hola, María. Estoy pensando mucho en la contaminación.

María: Hola, Nicolás. Yo también estoy triste _____por_____ la contaminación que hay en nuestro planeta.

Nicolás: Sí, la capa de ozono disminuye _____por_____ la contaminación.

María: Sí, eso es _____por_____ usar recursos no renovables.

Nicolás: Qué bien que los científicos hacen investigaciones _____para_____ utilizar los recursos naturales.

María: Y que la gente va a informarse _____para_____ conocerlas.

3 Escribe dos oraciones para describir los problemas de la contaminación en el planeta.

modelo: nosotros tener el efecto invernadero / la contaminación.
Tenemos el efecto invernadero por la contaminación.

1. la extinción de los animales / mala / biodiversidad.

   La extinción de animales es mala **para** *la biodiversidad.* _____

   _____

2. nosotros / trabajar / un aire más puro.

   Nosotros trabajamos por un aire más puro. _____

   _____

Gramática C *Por* and *Para*

> **¡AVANZA!** **Goal:** Use **por** and **para** to talk about the environment.

1 La contaminación es uno de los problemas de nuestro planeta. Completa el texto con **por** o **para**.

Proteger el medio ambiente es la responsabilidad de todos. Los daños

causados **1.** _____por_____ la contaminación amenazan la vida

de todos. Las investigaciones dicen que **2.** _____para_____

el año 2015, la capa de ozono será más pequeña. Tal vez, la gente

desarrollará invenciones **3.** _____para_____ disminuir la

contaminación. Tenemos que proteger el medio ambiente

4. _____por_____ el porvenir de nuestro planeta.

2 Todos podemos informarnos sobre qué trae la contaminación. Completa las oraciones. Usa **por** o **para**.

1. (por) la capa de ozono disminuye...

Answers will vary: **La capa de ozono disminuye por la contaminación.**

_____

2. (para) las especies en peligro de extinción son...

Answers will vary: **Las especies en peligro de extinción son importantes**

para la biodiversidad.

3. (por) tenemos el efecto invernadero...

Answers will vary: **Tenemos el efecto invernadero por la contaminación.**

_____

3 Escribe tres oraciones sobre el futuro del medio ambiente. Usa el futuro y **por** / **para**.

Answers will vary: **Los recursos naturales reemplazarán a los**

recursos no renovables. La innovación será la mejor solución

para los problemas de la contaminación. Para el año 2050 ya no habrá

contaminación.

Integración: Hablar

La maestra de ciencias les dio un trabajo a los estudiantes. Ellos tienen que investigar sobre la vida en los bosques tropicales y los peligros que hay para la vida que hay en ellos. Lee un sitio web, escucha la información de este sitio y di qué harán algunas personas.

Fuente 1 Leer

Lee el sitio web que vieron algunos chicos para su trabajo de ciencias.

- En esta página, podrás leer algunas *informaciones* sobre los bosques tropicales.

> Lo más importante de los bosques tropicales es la cantidad de vida que hay en ellos. La biodiversidad es muy grande. Además, dan oxígeno al planeta.

- También podrás leer *por qué* están en peligro de ser destruídos.

> La mayor parte de los bosques tropicales es destruida por la deforestación, que termina con toda la vida. Esto amenaza la biodiversidad y la vida de todo el planeta.

Fuente 2 Escuchar   *WB CD 02 track 02*

Luego, escucha lo que dicen Luisa y Jorge sobre el sitio web. Toma notas.

_____

_____

_____

_____

Hablar

A ti también te interesa mucho lo que pasa en los bosques tropicales. ¿Cuál es el mayor problema que tienen los bosques tropicales y qué puede hacer la gente para ayudar?

modelo: El mayor problema de los bosques tropicales... La gente puede...
También puede

Answers will vary: **El mayor problema de los bosques tropicales es la deforestación, que amenaza la biodiversidad. La gente puede montar tiendas de campaña para proteger los bosques de la mano del hombre. También puede colaborar con grupos que hacen nuevos bosques.**

Integración: Escribir

Level 3, pp. 165-167
WB CD 02 track 03

Javier y sus amigos son chicos muy responsables. Ellos piensan que proteger al planeta es responsabilidad de todos y que todos pueden ayudar. Lee el anuncio en el periódico, escucha una entrevista y escribe sobre las investigaciones sobre la basura.

Fuente 1 Leer

Lee el anuncio sobre unas clases que organiza un grupo de voluntarios el próximo sábado.

¡LA BASURA A SU LUGAR!

¿Sabías que la basura de las personas también contamina nuestro medio ambiente? Es muy importante informarte sobre ello.

Este sábado podrás hacerlo con la información que presentará la doctora Norma de la Fuente. La doctora Norma de la Fuente es una científica que hace investigaciones sobre el reciclaje de la basura.

Ella hablará sobre:

- Historia de las investigaciones sobre la basura
- La basura de nuestras casas
- Cómo mejorar el problema de contaminación producido por la basura

Fuente 2 Escuchar   *WB CD 02 track 04*

Luego, escucha lo que dice la persona que va a dar la clase en una entrevista en la televisión. Toma notas.

_____

_____

_____

Escribir

Tú también eres una persona muy responsable que quiere proteger el medio ambiente. Por eso, sabes que estar informado es muy importante para proteger el planeta. ¿Sobre qué habla Norma de la Fuente en la televisión? Explica por qué es importante saber sobre esto.

modelo: En la televisión hablan de... Es importante porque…

Answers will vary: **En la televisión hablan sobre la basura hecha en casa y**

sobre sus características. Es importante saber sobre ésto para no dañar el

medio ambiente ni contaminarlo con nuestra basura.

_____

Escuchar A

¡AVANZA! **Goal:** Listen to discussions of environmental issues.

1 Escucha al locutor de radio (*radio broadcaster*). Luego completa las siguientes oraciones:

el efecto invernadero y el smog	nuestro planeta
valorar más nuestro planeta	disminuir la contaminación
la sequía y las inundaciones	las especies en peligro de extinción

1. La contaminación daña nuestro planeta.

2. Por la contaminación tenemos el efecto invernadero y el smog.

3. La erosión del suelo es por la sequía y las inundaciones.

4. La erosión es mala para las especies en peligro de extinción.

5. Tenemos que informarnos para disminuir la contaminación

   y valorar más nuestro planeta.

2 Escucha la conversación entre Sofía y Ernesto. Luego, lee cada oración y contesta **cierto** o **falso**.

C (F) **1.** No habrá más smog el próximo año.

C (F) **2.** La contaminación será peor el próximo año.

(C) F **3.** Hace mucho que la contaminación es un problema para el hombre.

(C) F **4.** Se pueden hacer muchas cosas para disminuir la contaminación.

C (F) **5.** Informarse sobre los temblores ayuda a disminuir la contaminación del planeta.

UNIDAD 3
Lección 1

Escuchar A

Unidad 3, Lección 1
Escuchar A

110

¡Avancemos! 3
Cuaderno: Práctica por niveles

Escuchar B

> ¡AVANZA! **Goal:** Listen to discussions of environmental issues.

1 Escucha la conferencia de Rosana y toma notas. Luego, une las causas *(causes)* con sus consecuencias *(consequences)*.

a. las personas		_d_ **1.**	destruye la biodiversidad
b. los bosques disminuyen		_a_ **2.**	la deforestación
c. pocas plantas		_c_ **3.**	poco oxígeno
d. el efecto invernadero		_b_ **4.**	daña el planeta

2 Escucha al locutor *(radio broadcaster)*. Luego, contesta las siguientes preguntas con oraciones completas:

1. ¿Qué cosas hay para terminar con la deforestación?

Hay nuevos estudios y grupos de voluntarios.

_____

_____

2. ¿Qué hacen estos grupos?

Trabajan para proteger los bosques que están en peligro.

_____

_____

3. ¿Qué es importante para proteger el planeta?

Es importante desarrollar innovaciones.

_____

_____

4. ¿Qué hacen los grupos de voluntarios?

Se informan sobre los problemas del medio ambiente y ayudan a que

valoremos más el planeta donde vivimos.

_____

UNIDAD 3
Lección 1
Escuchar B

Escuchar C

> ¡AVANZA! **Goal:** Listen to discussions of environmental issues.

1 Escucha la conversación entre Graciela y Pedro. Toma notas. Luego, contesta las siguientes preguntas con oraciones completas:

1. ¿Qué inventó Graciela?

Graciela inventó algo (complejo) que mejora la contaminación del agua.

_____

2. ¿Cómo va a ayudar Pedro?

Pedro va a ayudar con la investigación y el desarrollo.

_____

3. ¿Qué va a hacer Graciela después?

Graciela va a inventar algo que reemplace el smog con aire puro.

_____

2 Escucha al locutor. Toma notas. Luego, contesta las siguientes preguntas con oraciones completas.

1. ¿Qué quiere el locutor?

Quiere que todos vayan a votar.

_____

2. ¿Por quién debemos votar?

Debemos votar por alguien que valora el medio ambiente.

_____

3. ¿Qué se debe hacer para pedir más información?

Se debe llamar al 555-VOTA para pedir información.

_____

UNIDAD 3 • Escuchar C
Lección 1

Leer A

> | ¡AVANZA! | **Goal:** Read about environmental issues.

Pablo y su grupo protegen el medio ambiente. Hoy dan estos volantes a todos los chicos de la escuela.

¡Ayúdanos a proteger el planeta!

El martes estaremos en el parque a las diez de la mañana. Tendremos una conversación sobre cómo desarrollar innovaciones para mejorar la biodiversidad y después llevaremos la basura al basurero (¡donde debe estar!). Hablaremos sobre todos los riesgos de la contaminación y nos informaremos para poder ayudar más. Tu ayuda es importante para nosotros. Necesitamos muchos chicos por la cantidad de trabajo que hay.

 ¿Nos veremos mañana?

¡Vamos a hacer algo por nuestro planeta!

¿Comprendiste?

Lee el volante. Luego, lee el texto y subraya las actividades que harán Pablo y su grupo el martes.

Todos podemos hacer muchas actividades para cuidar el medio

ambiente. Podemos aprender cómo <u>desarrollar innovaciones</u> para

<u>mejorar</u> la biodiversidad. También podemos no usar productos que le

hacen daño a la capa de ozono, <u>llevar la basura al basurero</u>, proteger

a los animales en peligro de extinción y fomentar la investigación

científica. Es muy importante <u>hablar sobre los riesgos de la</u>

<u>contaminación</u>.

¿Qué piensas?

¿Por qué crees que los chicos necesitarán mucha ayuda?

Answers will vary: **Los chicos necesitarán mucha ayuda porque hay muchas**

cosas por hacer para proteger el planeta.

_____

UNIDAD 3
Lección 1 • Leer A

Leer B

> **¡AVANZA!** **Goal:** Read about environmental issues.

Miriam le escribe a su amiga Ana para invitarla a un grupo que protege el medio ambiente.

> ¡Hola Ana!
>
> Me dijiste que estabas muy interesada en estar en un grupo para cuidar el medio ambiente. Pues conozco ese grupo. Mañana a las cuatro de la tarde nos veremos en casa de Matías, uno de los chicos del grupo. ¿Puedes venir a esa hora? El padre de Matías investigará para proteger el medio ambiente de los productos peligrosos. Matías le ayudará con las investigaciones y la creatividad. De verdad, tiene unas ideas muy buenas. Sé que vendrás mañana. Yo llegaré un poco antes.
>
> Besos,
>
> Miriam

¿Comprendiste?

Lee lo que escribió Miriam. Luego, completa las siguientes oraciones:

1. Ana está muy interesada en estar en <u>un grupo para proteger el medio ambiente.</u>

2. El grupo se reúne en <u>casa de Matías.</u>

3. Matías es <u>uno de los chicos del grupo.</u>

4. El padre de Matías <u>investigará para proteger el medio ambiente.</u>

5. Matías le ayuda con <u>las investigaciones y la creatividad.</u>

¿Qué piensas?

1. ¿Qué piensas de los grupos que se forman para proteger el medio ambiente?

   Answers will vary: **Pienso que su tarea es muy importante para proteger el planeta.**

2. ¿Cómo protegerás el medio ambiente? Da un ejemplo.

   Answers will vary: **Yo haré un grupo que protegerá a los animales en peligro de extinción.**

Leer C

> **¡AVANZA!** **Goal:** Read about environmental issues.

Este correo electrónico les llegó a todos los chicos de la escuela.

¿Sabes que nuestro planeta está en peligro?

Muchas personas que viven en nuestro planeta terminan con los recursos no renovables. Esto trae más contaminación para el planeta. Además, los productos peligrosos dañan la biodiversidad y la vida de todas las especies... ¡y también la de las personas!

Antes, nadie sabía el peligro por el que pasaba el planeta, pero desde los años setenta las personas se informaron sobre la capa de ozono. Hoy, el agujero (*the hole*) de la capa de ozono es más grande que Estados Unidos. Las investigaciones dicen que, para el año 2010, el daño a la capa de ozono será peor todavía para la vida en el planeta.

¿Comprendiste?

Lee el correo electrónico. Luego, contesta las siguientes preguntas con una oración completa.

1. ¿Por qué se terminan los recursos no renovables?

Porque muchas personas en nuestro planeta usan los recursos no renovables.

2. ¿Qué pasa cuando usamos muchos productos peligrosos?

Esto trae más contaminación y se daña la biodiversidad y

la vida en el planeta.

3. ¿Qué ocurrirá para el año 2010?

Para el año 2010 el daño a la capa de ozono será peor que ahora.

¿Qué piensas?

1. ¿Qué piensas que pasará en el año 2010 si no protegemos la capa de ozono?

Answers will vary: **Pienso que puede cambiar el clima y que habrá problemas**

de inundaciones y sequías.

2. ¿Por qué?

Answers will vary: **Porque la capa de ozono nos protege del sol y es muy**

importante para el clima de nuestro planeta.

Escribir A

> **¡AVANZA!** **Goal:** Write about environmental issues.

Step 1

Haz una lista de tres cosas que deberemos hacer en el futuro para proteger el medio ambiente.

1. *Answers will vary:* **no usar más los recursos no renovables**

2. **cuidar el planeta**

3. **proteger al agua de la contaminación**

Step 2

Con la información de arriba, escribe tres oraciones completas sobre cosas que haremos y cómo será nuestro planeta en el futuro.

Answers will vary: **En el futuro, podremos reutilizar la basura como recurso renovable. Las personas serán más responsables con el medio ambiente. No habrán especies en peligro de extinción y habrá agua pura para beber.**

Step 3

Evaluate your writing using the information in the table.

Writing Criteria	Excellent	Good	Needs Work
Content	Your sentences state three things about the future of the planet.	Your sentences state some things about the future of the planet.	Your sentences do not state things about the future of the planet.
Communication	Most of your sentences are clear.	Some of your sentences are clear.	Your sentences are not very clear.
Accuracy	Your sentences have few mistakes in grammar and vocabulary.	Your sentences have some mistakes in grammar and vocabulary.	Your sentences have many mistakes in grammar and vocabulary.

UNIDAD 3 • Escribir A
Lección 1

Escribir B

> **¡AVANZA!** **Goal:** Write about environmental issues.

Step 1

Vas a escribir sobre qué tenemos que hacer sobre los problemas del medio ambiente. Primero escribe una lista de los problemas que se producen en el medio ambiente.

1. *Answers will vary:* **sequía**

2. *Answers will vary:* **la capa de ozono disminuye**

3. *Answers will vary:* **inundaciones**

4. *Answers will vary:* **smog**

5. *Answers will vary:* **deforestación**

6. *Answers will vary:* **riesgos para la biodiversidad**

Step 2

Ahora escribe cuatro oraciones completas sobre qué tenemos que hacer para solucionar (*to solve*) los problemas que escribiste en la **Actividad 1**.

Answers will vary: **Debemos investigar para mejorar el problema de la contaminación. Entonces no disminuirá la capa de ozono y no se producirá smog. Tenemos que informarnos sobre cómo proteger la biodiversidad. Nuestra responsabilidad es eliminar la deforestación, las inundaciones y la sequía.**

Step 3

Evaluate your writing using the information in the table.

Writing Criteria	Excellent	Good	Needs Work
Content	Your sentences include all problems listed.	Your sentences include most of the problems listed.	Your sentences include few of the problems listed.
Communication	Most of your sentences are clear.	Some of your sentences are clear.	Your sentences are not very clear.
Accuracy	Your sentences have few mistakes in grammar and vocabulary.	Your sentences have some mistakes in grammar and vocabulary.	Your sentences have many mistakes in grammar and vocabulary.

Escribir C

> **¡AVANZA!** **Goal:** Write about environmental issues.

Step 1

Vas a escribir un artículo sobre los problemas de la contaminación y cómo mejorarán en el futuro. Primero completa esta tabla de problemas actuales.

Problema
la sequía
los cambios de clima
la contaminación
el efecto invernadero

Step 2

Con la información de arriba, escribe un párrafo de cinco oraciones para el periódico escolar. El tema es «Nuestro planeta en el año 2100». Usa el futuro, **por** y **para**.

Answers will vary: **«Nuestro planeta en el año 2100»: Para el año 2100, muchos**

problemas se acabarán si somos responsables y protegemos nuestro planeta.

La contaminación disminuirá. No habrá cambios en el clima o efecto invernadero.

La sequía no destruirá el suelo. Para conseguir un mundo sin contaminación en el

futuro, todos deberemos informarnos y trabajar por nuestro planeta.

Step 3

Evaluate your writing using the information in the table.

Writing Criteria	Excellent	Good	Needs Work
Content	Your article uses the future, **por** and **para**.	Your article mostly uses the future, **por** or **para**.	Your article does not use the future, **por** and **para**.
Communication	Most of your article is clear.	Parts of your article are clear.	Your article is not very clear.
Accuracy	Your article has few mistakes in grammar and vocabulary.	Your article has some mistakes in grammar and vocabulary.	Your article has many mistakes in grammar and vocabulary.

UNIDAD 3
Lección 1

Escribir C

Cultura A

> **¡AVANZA!** **Goal:** Review the importance of Central American culture.

1 **La cultura centroamericana** Responde **cierto** o **falso** a las siguientes oraciones.

C Ⓕ **1.** Guatemala adoptó al águila como símbolo nacional.

Ⓒ F **2.** De joven el escritor salvadoreño Carlos Balaguer empezó a escribir poemas.

Ⓒ F **3.** El garífuna y el quiché son algunos de los idiomas indígenas que se hablan en Centroamérica.

Ⓒ F **4.** La ciudad de Panamá tiene un puerto importante.

C Ⓕ **5.** Las artesanías indígenas de Centroamérica son de un solo color.

2 **Lagos de Centroamérica** Completa las siguientes oraciones con las palabras de la caja.

Caribe	peces	tiburones	Nicaragua	dulce

1. El Lago de ____Nicaragua____ es el lago más grande de Centroamérica.

2. Antes era parte del Mar _____Caribe_____ pero después se transformó en un lago.

3. Antes el lago tenía agua salada, pero ahora tiene agua _____dulce_____ .

4. Las especies de _____peces_____ que viven allí se adaptaron al nuevo ambiente.

5. En este lago se puede encontrar _____tiburones_____ .

3 **Países hermanos** Contesta las siguientes preguntas en oraciones completas.

1. ¿Qué significa: *especies en peligro de extinción*? ____Significa que una especie____

____desaparecerá para siempre.____

2. ¿Hay alguna especie en peligro de extinción en tu comunidad? ____No, en mi comunidad____

____no hay ninguna especie en peligro de extinción.____

3. ¿Qué puedes hacer para ayudar al ecosistema y a los animales que viven en él?

____Para ayudar al ecosistema y a los animales que viven en él, puedo reciclar y____

____no tirar basura en las calles para mejorar la contaminación.____

UNIDAD 3
Lección 1 • Cultura A

Cultura B

> ¡AVANZA! **Goal:** Review the importance of Central American culture.

1 **La flora y fauna Centroamericana** Los objetos de las dos columnas están relacionados. Escribe qué son: animales, idiomas o comidas.

pupusas	ceviche	= comidas
garífuna	xinca	= idiomas
tiburones	venados	= animales

2 **Centroamérica y su cultura** Responde a las siguientes preguntas sobre la cultura centroamericana.

1. ¿Qué tipo de agua hay en el lago Nicaragua? _agua dulce_ .

2. ¿Qué animales hay en el lago Nicaragua? _peces y tiburones_ .

3. ¿Qué civilización construyó un palacio que fue descubierto en Centroamérica por los arqueólogos en el año 2000? _la civilización maya_ .

4. ¿Qué tipo de edificios puedes encontrar en las ciudades capitales de Centroamérica?

   edificios modernos, rascacielos .

3 **Preservar el ecosistema** Es importante proteger a las especies en peligro de extinción, así como los bosques y los lagos. Escribe un párrafo, con un mínimo de cuatro líneas y explica por qué debemos cuidar nuestro planeta. Menciona ejemplos de la naturaleza y las especies de Centroamérica. Incluye las palabras **extinguir**, **apreciar**, **dañar** y **destruir**.

Answers will vary: **En nuestro planeta hay muchos animales que están en**

peligro de extinción, para que no se extingan debemos parar de destruir

los bosques y de dañar las selvas quemando los árboles. Porque si no

apreciamos lo que tenemos hoy, un día ya no lo vamos a tener. Por ejemplo

si desaparecen las tortugas las algas crecerán y contaminarán el agua

de los mares y lagos.

UNIDAD 3
Lección 1 • Cultura B

Cultura C

| ¡AVANZA! | **Goal:** Review the importance of Central American culture. |

1 **Centroamérica** Lee las siguientes oraciones sobre Centroamérica y encuentra las palabras ocultas.

1. Comida típica de uno de los países de Centroamérica.

2. Se formó en Nicaragua después de que subió el nivel de la tierra.

3. País con uno de los puertos más importantes de Latinoamérica.

4. Civilización indígena de Centroamérica.

```
W  D  Ñ  E  B  T  U  Q  Z
Z  M  C  S  I  A  V  H  J
B  A  R  V  P  M  L  P  S
Ñ  Y  N  B  F  A  H  Y  Ñ
L  A  G  O  X  N  L  E  D
U  S  P  Y  W  A  U  C  Z
G  N  E  P  U  P  U  S  A
```

2 **Centroamérica** Responde a las siguientes preguntas sobre Centroamérica en oraciones completas.

1. ¿Por qué es único el lago Nicaragua? _____ El lago Nicaragua es único

porque es el lago más grande de Centroamérica. Tiene agua dulce y tiburones.

2. ¿Qué descubrieron los arqueólogos en Centroamérica en el año 2000? ___ En el año

2000 los arqueólogos descubrieron un palacio maya en Centroamérica.

3. ¿Cómo son las ciudades capitales de Centroamérica? _____ Son modernas

y tienen edificios grandes. Son centros de industria y cultura.

3 **Un planeta que cuidar** En todos los países y comunidades hay especies y otras partes de la naturaleza que están en peligro. ¿Hay en tu comunidad o estado animales en peligro de extinción? ¿Qué piensas que pasaría si estos animales desaparecen para siempre? ¿Por qué?

Answers will vary: **No, en mi comunidad no hay animales en peligro de**

extinción. Pienso que sería muy peligroso para la naturaleza y los seres

humanos. Si esto pasa, desaparecerán más especies porque toda la

naturaleza funciona como una cadena.

UNIDAD 3
Lección 1 · Cultura C

Vocabulario A

> **¡AVANZA!** **Goal:** Discuss obligations and responsibilities in society.

1 Tú también eres parte de la sociedad. Lee cada oración y contesta **cierto** o **falso**.

Ⓒ F **1.** Para prosperar hay que persistir y emprender.

C Ⓕ **2.** La desconfianza ayuda a la sociedad a progresar.

Ⓒ F **3.** Los problemas son obstáculos.

C Ⓕ **4.** La conciencia social se encarga de criticar a los ciudadanos.

2 Completa las siguientes oraciones con las palabras de la caja.

1. Los productos que se comercializan deben

_____ satisfacer _____ a los ciudadanos y darles las cosas

que necesitan.

2. Los ciudadanos forman _____ una sociedad _____ .

3. En una sociedad hay que _____ respetar _____ las reglas

para prosperar.

4. Las personas en una sociedad de vez en cuando

_____ cometen errores _____ .

5. Las personas que votan _____ critican _____ a otros

ciudadanos que no solucionan los problemas.

6. Para solucionar los problemas, uno _____ supera _____

los obstáculos.

7. Cuando uno supera los obstáculos puede _____ seguir adelante _____ .

supera
una sociedad
critican
satisfacer
respetar
cometen errores
seguir adelante

3 Da tu opinión y contesta la siguiente pregunta con una oración completa.

¿Qué hay que hacer para vivir en una sociedad?

Answers will vary: **Hay que respetar a todos los ciudadanos.** _____

_____

_____

UNIDAD 3 • Vocabulario A
Lección 2

Vocabulario B

> **¡AVANZA!** **Goal:** Discuss obligations and responsibilities in society.

1 Todos formamos nuestra sociedad. Subraya la palabra que mejor completa cada oración.

1. (Progresar / Solucionar) quiere decir "seguir adelante".

2. (El compromiso / la conciencia social) es saber cómo nos relacionamos.

3. Una persona que nace en un país es (un producto novedoso / un ciudadano) de ese país.

4. Hay que (penalizar / encargarse / advertir) de solucionar los problemas.

5. (Luchar / Persistir / Emprender) es no dejar de intentar algo hasta seguir adelante.

2 Comercializar un producto nuevo es difícil. Completa el diálogo con las palabras de la caja.

novedoso	patente	prosperaremos
producto	invertir	un fracaso

Luis: Buenos días, señor. No vamos a tener problemas con el nuevo

1. _____producto_____ .

Señor Jiménez: ¿Ya registraron la **2.** _____patente_____ ?

Luis: Sí señor. Además lo comercializamos muy bien. Ganaremos dinero y

3. _____prosperaremos_____ . Además hay muchas personas que quieren

4. _____invertir_____ en el producto.

Señor Jiménez: Muy bien. No queremos perder dinero, no queremos

5. _____un fracaso_____ .

Luis: Claro, señor. Está todo bien. Es un producto que ofrece nuevas

posibilidades, es muy **6.** _____novedoso_____ .

3 Escribe dos oraciones completas sobre qué tenemos que hacer cuando encontramos un obstáculo.

Answers will vary: **Tenemos que superar los obstáculos y seguir**

adelante. Luchar y persistir para tener un mejor futuro.

UNIDAD 3 • Vocabulario B
Lección 2

Vocabulario C

| ¡AVANZA! | **Goal:** Discuss obligations and responsibilities in society. |

1 Para vivir en sociedad es necesario conocerla. Completa las oraciones sobre la sociedad. Usa expresiones impersonales si es necesario.

1. _____Es imprescindible que_____ las personas critiquen la irresponsabilidad de algunos ciudadanos.

2. _____Es raro que_____ una sociedad no tenga ningún problema, eso no pasa mucho.

3. A nadie le gusta ver sufrir a la gente, por eso hay muchos grupos que luchan contra _____el sufrimiento_____ en nuestra sociedad.

4. Los ciudadanos siempre _____emprenden_____ proyectos para progresar.

5. _Answers will vary:_ **Es raro que** una sociedad no tenga problemas; nunca ocurre.

2 Cada persona tiene responsabilidades en la sociedad. Escribe cuatro oraciones con los verbos y las expresiones de la caja.

solucionar	problemas
persistir	las reglas
satisfacer	seguir adelante
respetar	las necesidades de las personas

1. Todos tenemos que solucionar problemas.

2. La sociedad debe satisfacer las necesidades de las personas.

3. Debemos respetar las reglas.

4. Hay que persistir para seguir adelante.

3 Escribe tres oraciones completas sobre tus deberes como ciudadano.

Answers will vary: **Mis deberes como ciudadano son muchos. Primero, es imprescindible tener conciencia social para entender las relaciones con los demás. Después, tengo que respetar las leyes. Además, tengo que elegir mi gobierno.**

UNIDAD 3 • Vocabulario C
Lección 2

Unidad 3, Lección 2
Vocabulario C

124

¡Avancemos! 3
Cuaderno: Práctica por niveles

Gramática A   *Present Subjunctive of Regular Verbs*   *Level 3, pp. 183-187*

 ¡AVANZA!   **Goal:** Use the present subjunctive after impersonal expressions.

1 Las cosas que hacemos en la sociedad son muy importantes. Subraya el verbo que mejor completa la oración.

1. Es importante que nosotros (<u>respetemos</u> / respetamos) las reglas.

2. Ojalá que la política (resuelve / <u>resuelva</u>) los problemas.

3. Es probable que ellos (cometen / <u>cometan</u>) errores.

4. Es necesario que los ciudadanos (superan / <u>superen</u>) los obstáculos.

5. Es raro que alguien (<u>comercialice</u> / comercializa) un producto viejo.

2 Los ciudadanos hacen muchas actividades. Escribe oraciones con la forma apropiada de los verbos. Sigue el modelo.

modelo: es necesario / nosotros / respetarse.
   Es necesario que nosotros nos respetemos.

1. es malo / las personas / no respetar las reglas

   <u>Es malo que las personas no respeten las reglas.</u>

2. es posible / usted / no conseguir el producto

   <u>Es posible que usted no consiga el producto.</u>

3. es una buena idea / tú / persistir para prosperar

   <u>Es una buena idea que tú persistas para prosperar/ para que prosperes.</u>

4. es imprescindible / la sociedad / luchar por el medio ambiente

   <u>Es imprescindible que la sociedad luche por el medio ambiente.</u>

3 Contesta la siguiente pregunta con una oración completa.

¿Qué es necesario que haga nuestra sociedad para mejorar el medio ambiente?

<u>*Answers will vary:* **Es necesario que nuestra sociedad utilice más recursos**</u>

naturales como el viento y el sol.

_____

_____

Gramática B *Present Subjunctive of Regular Verbs*

> **¡AVANZA!** **Goal:** Use the present subjunctive after impersonal expressions.

1 Javier le cuenta un problema a Ernesto. Completa el diálogo con el subjuntivo de los verbos de la caja.

seguir	superar	tener	poder
decir	ser	encontrar	

Ernesto: Hola, Javier. ¿Qué te pasa?

Javier: Hola, Ernesto. No importa, no es nada.

Ernesto: Dime. Es importante que me lo _____ digas _____ . Eres mi amigo.

Javier: Es que mi papá tiene problemas con su tienda de ropa. Es probable que

este año _____ sea _____ un fracaso y _____ tenga _____

que cerrarla.

Ernesto: Es una lástima que no _____ pueda _____ solucionar eso. ¿Es imposible

que _____ encuentre _____ una salida?

Javier: No. Es muy difícil que _____ supere _____ este problema.

Ernesto: Es raro que no _____ siga _____ adelante, tu papá siempre sabe

cómo hacerlo.

2 Es importante que sepamos cómo tenemos que actuar con otras personas. Completa las oraciones con el verbo correcto.

1. Ojalá que tú _____ comprendas _____ bien a otras personas.

2. Es una lástima que nosotros no _____ superemos _____ los obstáculos.

3. Es bueno que las personas _____ critiquen _____ las cosas que están mal.

4. Es raro que tú no _____ inviertas _____ en un producto novedoso.

5. Es imprescindible que todos _____ luchemos _____ contra la irresponsabilidad.

3 Escribe una oración sobre qué es importante que tú hagas por la sociedad.

Answers will vary: **Es importante que yo cumpla las reglas.** _____

_____

UNIDAD 3 • Gramática B
Lección 2

Copyright © by McDougal Littell, a division of Houghton Mifflin Company.

Gramática C *Present Subjunctive of Regular Verbs*   **Level 3, pp. 183-187**

> **¡AVANZA!**
>
> **Goal:** Use the present subjunctive after impersonal expressions.

1 Todos sabemos cuáles son las cosas buenas y las cosas malas para la sociedad. Completa las listas de abajo: *Answers will vary:*

Es bueno que nosotros...	**Es malo que nosotros...**
1. respetemos las reglas.	**1.** no actuemos con respeto.
2. superemos los obstáculos.	**2.** critiquemos cuando no es necesario.
3. solucionemos los problemas.	**3.** no luchemos por nuestros principios.

2 Es importante tener una conciencia social. Completa las siguientes oraciones:

1. Es necesario que los ciudadanos *Answers will vary:* **cumplan sus compromisos.**

2. Es raro que las personas *Answers will vary:* **no conozcan sus responsabilidades.**

3. Ojalá que yo *Answers will vary:* **resuelva mis problemas.**

4. Es imprescindible que los principios *Answers will vary:* **se respeten.**

5. Es posible que un ciudadano *Answers will vary:* **cometa errores de vez en cuando.**

3 Escríbele un correo electrónico de cuatro oraciones a un amigo o una amiga para contarle tus opiniones sobre la sociedad. Usa las expresiones: **es imprescindible que**, **es mejor que** y **ojalá que**. *Answers will vary:*

Hola Claudia:

Hoy vi las noticias en la televisión. Creo que es imprescindible que

luchemos por la gente sin hogar. Es mejor que emprendamos un proyecto

para fomentar la conciencia social. Ojalá que Jaime se encargue del

proyecto con nosotros.

Besos,

Anita

UNIDAD 3 • Gramática C
Lección 2

Gramática A *More Subjunctive Verb Forms*

Level 3, pp. 188-190

> **¡AVANZA!** **Goal:** Use the present subjunctive of irregular verbs to discuss society.

1 Ojalá le ocurran cosas buenas a nuestra sociedad. Une a las personas con lo que esperamos de ellas.

__b__ **1.** Ojalá que la ciudad   **a.** no cometa errores.

__c__ **2.** Ojalá que nosotros   **b.** progrese mucho.

__a__ **3.** Ojalá que yo   **c.** seamos más responsables.

__d__ **4.** Ojalá que tú   **d.** hagas la campaña de acción social.

2 Todos esperamos cosas buenas para nuestra sociedad. Completa las oraciones con el verbo apropiado de la caja en subjuntivo.

1. Es importante que ustedes _____resuelvan_____ todos los problemas.

2. Ojalá que nosotros _____vayamos_____ a la reunión de ciudadanos mañana.

3. Es normal que tú _____hagas_____ todas las tareas.

4. Señor Canela, es mejor que usted _____siga_____ adelante con su proyecto para proteger el medio ambiente.

> hacer
> ir
> seguir
> resolver

3 Hay cosas que pasan todos los días y hay cosas que queremos que pasen en nuestra sociedad. Completa la columna de la derecha con las cosas que queremos. Sigue el modelo.

cosas que pasan	**cosas que queremos que pasen**
1. No siempre son responsables.	**1.** Ojalá que sean responsables.
2. No sabemos respetar a otras personas.	**2.** Ojalá que sepamos respetar a otras personas.
3. La sociedad a veces nos cierra las puertas al éxito.	**3.** Ojalá que la sociedad no nos cierre las puertas al éxito.
4. No siempre pedimos ayuda cuando es necesario.	**4.** Ojalá que siempre pidamos ayuda cuando sea necesario.

UNIDAD 3 • Gramática A
Lección 2

Gramática B *More Subjunctive Verb Forms*

> ¡AVANZA! **Goal:** Use the present subjunctive of irregular verbs to discuss society.

1 Pide algo bueno para tu sociedad. Marca la forma correcta del verbo para completar las oraciones.

1. Ojalá que __b__ todos los sufrimientos.

   a. se resuelven **b.** se resuelvan **c.** se resolvieron

2. Es raro que una sociedad __a__ rápidamente.

   a. progrese **b.** progresa **c.** progresó

3. Es importante que las personas __b__ las advertencias.

   a. escuchan **b.** escuchen **c.** escucha

4. Ojalá que yo __c__ más cosas buenas para la sociedad.

   a. hace **b.** hago **c.** haga

4. Es imprescindible que todos __b__ tiempo en ayudar a los demás.

   a. invertimos **b.** inviertan **c.** invirtieron

2 Todos queremos una sociedad mejor. Completa las oraciones con el verbo correcto.

1. Ojalá que _____ haya _____ ciudadanos muy responsables.

2. Ojalá que todos _____ cumplan _____ los compromisos.

3. Ojalá que las personas _____ den _____ su opinión con responsabilidad.

4. Ojalá que la sociedad _____ siga _____ adelante con cada mejora.

5. Ojalá que todas las personas _____ resuelvan _____ sus problemas.

3 Escribe dos oraciones completas con lo que tú quieres para tu sociedad y el mundo. Usa dos de estos verbos: **hacer, tener, ser.**

Answers will vary: **Ojalá que el mundo sea más limpio y las personas**

hagan más para cuidar el medio ambiente.

_____

_____

_____

Gramática C   *More Subjunctive Verb Forms*

Level 3, pp. 188-190

¡AVANZA!	**Goal:** Use the present subjunctive of irregular verbs to discuss society.

1 Escribe tres oraciones sobre las cosas que quieres. Usa **es importante que** y la información de la tabla. *Answers will vary:*

los ciudadanos	tener	los problemas
yo	hacer	principios
la sociedad	resolver	mejoras para la sociedad

1. Es importante que yo tenga principios.

2. Es importante que la sociedad resuelva los problemas.

3. Es importante que los ciudadanos hagan mejoras para la sociedad.

2 Puedes pedir cosas buenas para tu sociedad. Escríbelas en oraciones completas con las palabras de abajo. Usa **ojalá que**.

1. nosotros / luchar por

   Answers will vary: Ojalá que nosotros luchemos por una sociedad mejor.

2. las personas / criticar

   Answers will vary: Ojalá que las personas critiquen la irresponsabilidad.

3. los ciudadanos / elegir

   Answers will vary: Ojalá que los ciudadanos elijan a buenas personas.

4. tú / invertir en

   Answers will vary: Ojalá que tú inviertas en productos buenos para el medio

   ambiente.

3 Escribe tres oraciones que expresen lo que quieres para las personas de tu ciudad. Usa **ojalá que** y los verbos: **dar**, **ir**, **ser**, **estar** y **saber**.

1. *Answers will vary:* Ojalá que sean fuertes y superen los obstáculos.

2. *Answers will vary:* Ojalá que sean felices y no tengan sufrimiento.

3. *Answers will vary:* Ojalá que vayan adelante.

UNIDAD 3 • Gramática C
Lección 2

Conversación simulada

You are going to participate in a simulated telephone conversation with your friend, Camila. First, read the outline of the whole conversation below. Next, listen to the audio. You will hear only what Camila says to you. Then, listen to the audio again and fill in the pauses with the appropriate responses, according to your cues. A tone will tell you when to start and stop speaking.

[phone rings]

Tú:	Contesta el teléfono.
Camila:	(Ella te saluda y te pregunta cómo estás)
Tú:	Saluda y pregúntale a Camila qué hará esta semana.
Camila:	(Ella te contesta y te pide tu opinión)
Tú:	Contesta y explica por qué.
Camila:	(Ella te pregunta otra cosa)
Tú:	Dile lo que harás.
Camila:	(Ella te invita.)
Tú:	Contesta y explica por qué.
Camila:	(Ella se despide.)
Tú:	Despídete y cuelga.

UNIDAD 3 • Conversación simulada
Lección 2

Integración: Escribir

Level 3, pp. 191-193
WB CD 02 tracks 13-14

En la calle en que vive Víctor, hubo un problema y no recogieron la basura esta semana. Él sabe que, como ciudadano, puede hacer algo por su barrio. Lee el correo electrónico de Víctor, escucha un mensaje en el teléfono y escribe sobre los compromisos de los ciudadanos.

Fuente 1 Leer

Lee el correo electrónico que Víctor le escribió a un político de su comunidad.

> Sr. Acosta:
>
> Mi mamá y mi papá votaron por usted. Ellos dijeron que el compromiso que usted tenía con los ciudadanos era muy fuerte.
>
> Es necesario que usted venga a la calle de mi casa y vea la basura que hay aquí desde hace una semana.
>
> Mis padres me dicen que el gobierno tiene la obligación de solucionar los problemas de los ciudadanos. Entonces, yo creo que usted puede solucionar nuestro problema.
>
> Así, entre todos, saldremos adelante y tendremos una ciudad mejor.
>
> Ojalá escuche mis palabras.
>
> Atentamente,
>
> Víctor

Fuente 2 Escuchar   *WB CD 02 track 14*

Luego, escucha lo que dicen Víctor y su amiga Cecilia en esta conversación telefónica. Toma apuntes.

_____

_____

_____

_____

Escribir

Tú eres amigo de Víctor y sabes qué piensa él sobre los compromisos de los políticos y también el de los ciudadanos. ¿Cuáles son estos compromisos?

modelo: Los compromisos de los políticos son... Los compromisos de los ciudadanos son...

Answers will vary: **Los compromisos de los políticos son solucionar los problemas de los ciudadanos y escuchar a la gente. Los compromisos de los ciudadanos son decirles a los políticos qué problemas hay y colaborar con la comunidad.**

Escuchar A

> **¡AVANZA!** **Goal:** Listen to discussions about obligations and responsibilities.

1 Escucha a Carmen. Luego, marca con una cruz las cosas que piensa Carmen.

1. _____ Las personas de la ciudad son malos ciudadanos.

2. _×_ Las personas de la ciudad son buenos ciudadanos.

3. _×_ Las personas de la ciudad tienen conciencia social.

4. _____ Es imposible que todos podamos vivir tranquilos.

2 Escucha a Augusto. Luego, completa las siguientes oraciones:

1. La hermana de Augusto tiene una *gran conciencia social*. _____

_____

_____

2. En todas las ciudades hay personas responsables que *participan en la vida política*. _____

_____

_____

3. Es extraño que la hermana de Augusto no piense que *todos los obstáculos*

se superan. _____

_____

_____

UNIDAD 3
Lección 2 • Escuchar A

Escuchar B

> **¡AVANZA!** **Goal:** Listen to discussions about obligations and responsibilities.

1 Escucha a Antonio y toma notas. Luego, completa el texto de abajo con tus notas.

En la columna de _____ opinión _____ , los chicos

nunca escriben con _____ irresponsabilidad _____ . Ellos critican

_____ los errores _____ de _____ los políticos _____ , pero

hablan bien cuando cumplen _____ sus compromisos _____ .

2 Escucha la conversación entre Mónica y Miguel. Toma notas. Luego, contesta con oraciones completas las siguientes preguntas:

1. ¿Por qué a Miguel no le gusta ninguna clase de artículos de opinión?

Porque él piensa que muchas personas no escriben con responsabilidad.

_____

_____

2. ¿Por qué a Mónica sí le gustan?

Porque hay críticas muy interesantes.

_____

_____

3. ¿Cómo son los chicos que escriben en el periódico escolar?

Los chicos son muy responsables.

_____

_____

4. ¿Cómo son sus críticas?

Sus críticas son inteligentes.

_____

_____

Escuchar C

> ¡AVANZA! **Goal:** Listen to discussions about obligations and responsibilities.

1 Escucha la conversación entre el policía y Esteban. Toma notas. Luego, contesta las siguientes preguntas con oraciones completas:

1. ¿Por qué Esteban entra a un lugar al que no se puede entrar?

Porque él no vio la advertencia.

_____

2. ¿Qué piensa Esteban que se puede hacer con el cartel?

Se puede poner el cartel más cerca de la entrada.

_____

3. ¿Por qué al policía le parece raro que Esteban no vea el cartel?

Porque todas las personas lo ven.

_____

4. ¿Cuáles son las tareas del policía?

Sus tareas son mantener el orden y hacer respetar las reglas.

_____

2 Escucha lo que dice el policía. Luego, escribe un texto breve sobre las cuatro tareas de un policía.

Answers will vary: **El policía debe mantener el orden, cuidar la seguridad**

de las personas, luchar contra los que no respetan las reglas y penalizar

algunas acciones que no están de acuerdo con las leyes.

_____

_____

UNIDAD 3
Lección 2 • Escuchar C

Leer A

Level 3, pp. 200-201

 Goal: Read about social issues.

Los ciudadanos van a tener una conversación para hablar de las tareas que tienen que hacer. Todos reciben este volante.

¡Atención ciudadanos!

Es importante que todos sepamos qué hacer como ciudadanos.

Tenemos que conocer las reglas y respetarlas, por eso, el próximo sábado nos reuniremos para hablar sobre esto y muchas cosas más.

También es una buena idea que compartamos un rato juntos y hagamos nuevos amigos. Siempre es bueno que tengamos una mano amiga para poder superar nuestros problemas.

¡Ojalá que todos puedan venir!

¿Comprendiste?

Lee el volante. Luego, subraya las actividades que realizan estos ciudadanos.

critican la política

<u>conocen las reglas</u>

sus soluciones fracasan

<u>respetan las reglas</u>

<u>comparten un rato juntos</u>

cumplen compromisos

<u>hacen nuevos amigos</u>

¿Qué piensas?

¿Crees que es bueno que los ciudadanos se conozcan? ¿Por qué?

Answers will vary: **Sí, creo que es bueno que los ciudadanos se conozcan**

porque es mejor que todos solucionen los problemas.

_____

_____

Leer B

> **¡AVANZA!** **Goal:** Read about social issues.

Viviana le escribe un correo electrónico a una amiga para hablarle de un trabajo que tiene que hacer para la escuela.

Débora:

Es muy importante para mí que me ayudes con el trabajo de la escuela. ¡Ojalá que puedas ayudarme! Tengo que escribir sobre Abraham Lincoln y, como tu papá trabaja en política, me parece una buena idea que le preguntes. Es probable que él me pueda ayudar con mi tarea.

Tengo que hablar de los compromisos y las críticas de este presidente.

No está mal que me llames por la noche. Yo voy a estar esperándote.

Besos,

Viviana

¿Comprendiste?

Lee el correo electrónico de Viviana. Luego, contesta **cierto** o **falso**:

Ⓒ F **1.** Viviana tiene que hacer un trabajo sobre la vida de un hombre de la política.

Ⓒ F **2.** Viviana quiere hablar con el padre de Débora.

C Ⓕ **3.** Viviana sabe qué compromisos tiene el padre de Débora con los ciudadanos.

C Ⓕ **4.** Viviana dice que todos los ciudadanos criticaron a este presidente.

¿Qué piensas?

1. ¿Qué crees que es imprescindible que haga Viviana?

Answers will vary: **Es imprescindible que Viviana se informe sobre**

Abraham Lincoln para escribir su trabajo.

2. ¿Por qué piensas que Viviana le pide ayuda a su amiga?

Answers will vary: **Pienso que Viviana le pide ayuda a su amiga porque sabe**

que el padre de Débora le ayudará cuando se lo pida su hija.

UNIDAD 3
Lección 2

•

Leer B

Leer C

> ¡AVANZA! **Goal:** Read about social issues.

Lucas escribió un artículo sobre los productos que comercializó su grupo comercial.

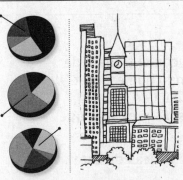

COMERCIALIZACIÓN DEL AÑO

Primero, es necesario que hablemos de los productos novedosos. Este año comercializamos diez productos. Son productos novedosos para la sociedad y muy fáciles de usar.

También es importante que todos sepan que tenemos la patente de estos productos para que otros negocios no puedan venderlos.

Los productos se venden mucho y nuestro grupo comercial gana mucho dinero. Entonces, es imposible que estos productos sean un fracaso, como muchos pensaron antes de que los comercializáramos ■

¿Comprendiste?

Lee el artículo de Lucas. Luego, escribe tres oraciones completas sobre los resultados de la comercialización de este año.

Answers will vary: **Este año, el negocio sacó diez productos nuevos que**

se comercializaron muy bien. También fue inteligente y sacó la patente

para que otros negocios no puedan vender esos productos. También les

ganó a los que decían que los productos iban a ser un fracaso.

¿Qué piensas?

1. ¿Piensas que comercializar un producto y tener éxito es difícil? ¿Por qué?

Answers will vary: **Sí, pienso que comercializar un producto y tener éxito es**

muy difícil porque tiene muchas reglas y hay mucha competencia.

2. ¿Te gustaría trabajar comercializando productos novedosos? ¿Por qué?

Answers will vary: **No, no me gustaría trabajar comercializando productos**

novedosos porque es aburrido y no me gusta que haya tanta competencia.

Leer C

UNIDAD 3
Lección 2

Escribir A

> **¡AVANZA!** **Goal:** Write about social issues.

Step 1

Escribe una lista de las funciones y las responsabilidades importantes de los ciudadanos y de las personas que trabajan en la política en tu ciudad.

1. *Answers will vary:* **respetar la política**   **2.** *Answers will vary:* **ser responsables**

3. *Answers will vary:* **hacer un compromiso**   **4.** *Answers will vary:* **hacer política.**

Clasifica tu lista en la tabla:

Ciudadanos(as)	Personas en la política
respetar la política	hacer política
ser responsables	hacer un compromiso

Step 2

Con la información de la actividad anterior, escribe dos oraciones con tres tareas importantes para tu ciudad. Sigue el modelo:

modelo: Es importante que los ciudadanos cumplan sus compromisos.
¡Ojalá los cumplan!

Answers will vary: **Es importante que nosotros respetemos la política.**

¡Ojalá que la respetemos! Es importante que las personas sean

responsables. ¡Ojalá que lo sean!

Step 3

Evaluate your writing using the information in the table below.

Writing Criteria	Excellent	Good	Needs Work
Content	You have stated three important things your city needs.	You have stated two important things your city needs.	You have not stated what your city needs.
Communication	Most of your response is clear.	Some of your response is clear.	Your message is not very clear.
Accuracy	You make few mistakes in grammar and vocabulary.	You make some mistakes in grammar and vocabulary.	You make many mistakes in grammar and vocabulary.

Escribir B

> **¡AVANZA!** **Goal:** Write about social issues.

Step 1

Escribe una lista de tres obligaciones que tienes para ser un buen ciudadano.

1. *Answers will vary:* **Respetar la política.** _____
2. *Answers will vary:* **Ayudar a la sociedad.** _____
3. *Answers will vary:* **Ser responsable.** _____

Step 2

Ahora, escribe cuatro oraciones y describe cómo eres un buen ciudadano. Usa palabras de la tabla que completaste y **ojalá que**.

Answers will vary: **Yo ayudo a la sociedad cuando respeto la política.**

También soy muy responsable. Muchas personas ayudan a la sociedad

como lo hago yo. ¡Ojalá que siempre sea así!

Step 3

Evaluate your writing using the information in the table.

Writing Criteria	Excellent	Good	Needs Work
Content	You have described why you are a good citizen.	You have partially described why you are a good citizen.	You have not described why you are a good citizen.
Communication	Most of your response is clear.	Some of your response is clear.	Your message is not very clear.
Accuracy	You make few mistakes in grammar and vocabulary.	You make some mistakes in grammar and vocabulary.	You make many mistakes in grammar and vocabulary.

Escribir C

> **¡AVANZA!** **Goal:** Write about social issues.

Step 1

¿Qué hacen las personas de la política y los ciudadanos en tu ciudad? Completa la tabla con sus tareas.

Personas en la política	Ciudadanos:
hacer política	respetar la política
hacer compromisos	persistir cuando el gobierno comete errores
encargarse de la irresponsabilidad	formar una sociedad
encargarse de hacer la mejora social	luchar por la unidad

Step 2

Ahora, escribe un párrafo donde felicitas a las personas en la política, y a los ciudadanos de tu ciudad, por su buen trabajo. Usa la lista de tareas que mencionaste en la tabla y **ojalá que**.

Answer will vary: **Quiero felicitar a las personas en la política de mi**

ciudad por los compromisos que hicieron este año. Y por la mejora social.

También quiero felicitar a los ciudadanos por respetar la política y por

persistir cuando la política comete errores. Todos formamos una buena

sociedad. ¡Ojalá que siempre sea así!

Step 3

Evaluate your writing using the information in the table.

Writing Criteria	Excellent	Good	Needs Work
Content	You have included all of the points in your paragraph.	You have included most of the points in your paragraph.	You have included fewer than five points in your paragraph.
Communication	Most of your response is clear.	Some of your response is clear.	Your message is not very clear.
Accuracy	You make few mistakes in grammar and vocabulary.	You make some mistakes in grammar and vocabulary.	You make many mistakes in grammar and vocabulary.

Cultura A

> **¡AVANZA!** **Goal:** Review the importance of Central American culture.

1 **La cultura en Centroamérica** Escoge una de las opciones y completa las siguientes oraciones.

1. El pintor José A. Velásquez pintó sus cuadros pensando en cómo pintan los niños y en cómo pintaban los ___c___

   a. hombres modernos   **b.** hombres mayas   **c.** hombres primitivos

2. Algunas de las contribuciones culturales de los mayas son: ___a___

   a. un calendario y un sistema de jeroglíficos   **b.** un viaducto y un calendario   **c.** un canal y una pirámide

3. Dos de los países más grandes de Centroamérica son ___b___ .

   a. Costa Rica y Panamá   **b.** Honduras y Nicaragua   **c.** El Salvador y Guatemala

2 **El Canal de Panamá** Completa las siguientes oraciones con las palabras de la caja.

ingeniería	Pacífico
chinos	Gran Muralla China

1. El Canal de Panamá conecta a los océanos Atlántico y _____Pacífico_____ .

2. Es uno de los logros más grandes de la _____ingeniería_____ mundial.

3. Las piedras excavadas eran suficientes para construir una réplica de la Gran Muralla China .

4. Los trabajadores _____chinos_____ formaron una de las minorías más importantes de la población de Panamá.

3 **Grandes inventos** El Canal de Panamá es uno de los trabajos más importantes de la ingeniería en todo el mundo. Describe por qué este canal es importante para Panamá y otros países. ¿Piensas que este canal cambió la vida de la gente de Panamá? ¿Por qué?

Answers will vary: El Canal de Panamá es importante para Panamá y otros

países porque ayuda a Panamá y a otros países a comercializar productos.

También ayuda a que la cultura de Panamá sea más conocida en todo el

mundo.

Cultura B

| ¡AVANZA! | **Goal:** Review the importance of Central American culture. |

1 **Cultura centroamericana** Une con una línea los nombres y frases de la izquierda con su explicación que está a la derecha.

La civilización maya   es un escritor centroamericano famoso.

El Canal de Panamá   pintó con muchos detalles.

José Antonio Velásquez   es un centro de tráfico de mercancías.

Octavio Paz   desarrolló un sistema de jeroglíficos.

2 **Informaciones sobre Centroamérica** Escoge una de las palabras entre paréntesis para completar las oraciones.

1. En el año 2000 los arqueólogos descubrieron un palacio (inca / <u>maya</u>) en Centroamérica.

2. Rubén Darío fue un (<u>poeta</u> / pintor) nicaragüense muy famoso.

3. En los cuadros de José Antonio Velásquez, las personas siempre están (escribiendo / <u>haciendo</u>) algo.

4. El quiché es un (plato típico/ <u>idioma indígena</u>) de Centroamérica.

3 **La cultura maya** Los mayas respetaban mucho el medio ambiente y todo lo relacionado con éste. ¿Piensas que el hombre en la actualidad también respeta, igual que los mayas, a la naturaleza? ¿Por qué? ¿Piensas que los mayas se relacionaban más con la naturaleza? ¿Y los hombres de la actualidad? ¿Por qué?

Answers will vary: **No pienso que los hombres en la actualidad respeten el medio**

ambiente igual que los mayas, porque no protegen los bosques, los animales

ni los ríos. Pienso que los mayas se relacionaban más con la naturaleza porque

no tenían muchas cosas modernas, como las que tenemos hoy en día.

No creo que los hombres de la actualidad se relacionen mucho con la

naturaleza porque tienen muchas cosas que hacer todos los días.

UNIDAD 3
Lección 2 • Cultura B

Cultura C

> ▶ ¡AVANZA! **Goal:** Review the importance of Central American culture.

1 **La civilización maya** Di si las siguientes oraciones sobre los mayas son **ciertas** o **falsas.** Si la respuesta es falsa, escribe la respuesta verdadera.

1. La civilización maya existió en lo que hoy son Guatemala, Honduras, El Salvador, Belice y la parte este de México. Cierta _____

2. La civilización maya no era avanzada. Falsa. Los mayas tenían una

civilización muy avanzada. _____

3. Los mayas hicieron un calendario y un sistema de jeroglíficos.

Cierta _____

4. Los científicos descifraron por completo todos los jeroglíficos mayas. Falsa.

Los científicos todavía no pueden descifrar todos los jeroglíficos mayas. ____

5. A los mayas les importaba mucho el respeto por el medio ambiente.

Cierta _____

2 **Un canal centroamericano** Responde a las siguientes preguntas en oraciones completas.

1. ¿Qué sucedió en Panamá como resultado de la construcción del canal? ___Después

de la construcción del canal, la historia y las costumbres de Panamá

cambiaron para siempre.

2. ¿Cómo era Panamá antes de la construcción del canal? _____Antes de la

construcción del canal, Panamá era un país pequeño y poco conocido.

3. ¿Qué océanos conecta el Canal de Panamá? _____El Canal de Panamá

conecta a los océanos Atlántico y Pacífico.

3 **La importancia del canal centroamericano** El Canal de Panamá es muy importante para el comercio mundial. ¿Sabes por qué? Escribe un párrafo sobre la construcción y la importancia de este canal. ¿Quiénes lo construyeron? ¿Para qué sirve? *Answers will vary:*

Es muy importante para el comercio mundial porque es más fácil para el

comercio y el transporte de los productos de todo el mundo. Ahora, Panamá es

conocido en todo el mundo. Lo construyeron trabajadores chinos que ahora

viven en Panamá.

Comparación cultural: Protejamos la naturaleza

Lectura y escritura

Después de leer los párrafos acerca de lo que hacen Manuela y Ruth para proteger la naturaleza, escribe un párrafo sobre la naturaleza de tu zona, cómo la protegen y quiénes participan. Primero, usa la información que está en tus gráficas circulares para escribir unas oraciones con ideas generales. Luego, escribe un párrafo sobre la naturaleza de tu país.

Paso 1

Completa las gráficas circulares con detalles sobre la naturaleza de dos lugares de tu región.

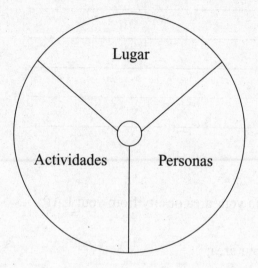
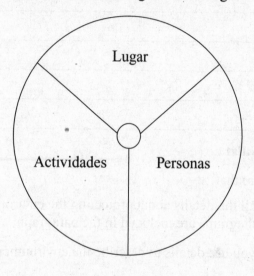

Paso 2

Usa los detalles de las gráficas circulares y escribe unas oraciones generales para cada uno.

_____

_____

_____

_____

_____

Comparación cultural: Protejamos la naturaleza

Lectura y escritura (seguir)

Paso 3

Escribe un párrafo usando las oraciones que escribiste como guía. Incluye una oración introductoria. Escribe sobre la naturaleza de tu región utilizando las siguientes frases: **es bueno que, es necesario que**.

_____
_____
_____
_____
_____

Checklist

Be sure that…

☐ all the details about protecting the environment in your area or city from your LAP diagrams are included in the paragraph;

☐ you use details to describe the environment in your area;

☐ you include impersonal expressions plus the subjunctive.

Rubric

Evaluate your writing using the rubric below.

Writing criteria	Excellent	Good	Needs Work
Content	Your paragraph includes all of the details about protecting the environment in your area.	Your paragraph includes some details about protecting the environment in your area.	Your paragraph includes few details about protecting the environment in your area.
Communication	Most of your paragraph is organized and easy to follow.	Parts of your paragraph are organized and easy to follow.	Your paragraph is disorganized and hard to follow.
Accuracy	Your paragraph has few mistakes in grammar and vocabulary.	Your paragraph has some mistakes in grammar and vocabulary.	Your paragraph has many mistakes in grammar and vocabulary.

Comparación cultural: Protejamos la naturaleza

Compara con tu mundo

Escribe una comparación sobre la naturaleza de tu región y la de una de las estudiantes que están en la página 203. Organiza la comparación por temas. Primero, compara el nombre del lugar, luego las actividades que se hacen para protegerlo, y al final escribe qué personas participan en su cuidado.

Paso 1

Usa la tabla para organizar la comparación por temas. Escribe detalles para cada tema sobre la naturaleza de tu región y la de la estudiante que has elegido.

	Mi región	**La región de _____**
Nombre del lugar		
Actividades		
Participantes		

Paso 2

Usa los detalles de la tabla para escribir una comparación. Incluye una oración introductoria y escribe sobre cada tema. Describe la naturaleza de la región donde vives y la de la estudiante que has elegido utilizando las siguientes frases: **es bueno que, es necesario que**.

_____

_____

_____

_____

_____

_____

_____

_____

Vocabulario A

> **¡AVANZA!** **Goal:** Talk about personal characteristics and ways to describe people.

1 En nuestra compañía (*company*), necesitamos personas con cualidades (*qualities*) positivas. Coloca las cualidades positivas a la izquierda y las negativas a la derecha.

impaciente	comprensivo	vanidoso	sobresaliente	orgulloso
presumido	sincero	generoso	desagradable	fiel

Cualidades positivas

1. sobresaliente
2. sincero
3. fiel
4. comprensivo
5. generoso

Cualidades negativas

6. desagradable
7. vanidoso
8. presumido
9. impaciente
10. orgulloso

2 Ariel y Jimena buscan trabajo. Completa las siguientes oraciones con las palabras de la caja.

mecánico	entrenadores	programadora	electricista

1. Ariel sabe reparar (*repair*) equipos eléctricos, puede trabajar como ___electricista___.
2. Ariel sabe reparar motores, puede trabajar como ___mecánico___.
3. Jimena sabe mucho de computadoras, puede trabajar como ___programadora___.
4. Ariel y Jimena saben de deportes y chicos, pueden trabajar como ___entrenadores___.

3 Escribe oraciones completas para describir a estas personas.

1. Inés trata de comprender a los otros. ¿Cómo es?

   Answers will vary. **Inés es razonable.**

2. Juan Carlos da lo mejor de sí en cualquier trabajo. ¿Cómo es?

   Answers will vary. **Juan Carlos es dedicado.**

3. Orlando no habla mucho de sus éxitos. ¿Cómo es?

   Answers will vary. **Orlando es modesto.**

Unidad 4, Lección 1
Vocabulario A

148

¡Avancemos! 3
Cuaderno: Práctica por niveles

UNIDAD 4 • Vocabulario A
Lección 1

Vocabulario B

| ¡AVANZA! | **Goal:** Talk about personal characteristics and ways to describe people. |

1 Nuestra compañía necesita más profesionales. Elimina la palabra que no se relaciona con las demás.

1. fiel / sincero / considerado / ingenioso / ~~astronauta~~

2. programador / piloto / mecánico / ~~atrevido~~ / científico

3. aconsejar / ~~imitar~~ / sugerir que/ representar / mandar que

4. desagradable / vanidosa / ~~generosa~~ / presumida / orgullosa

2 Nuestra compañía busca profesionales. Completa la oración con la palabra correcta. Elígela de las palabras entre paréntesis.

1. Nos gustan las personas que toman tiempo para escuchar a otras personas, por eso no

   queremos profesionales _____impacientes_____ . (ingeniosos / presumidos / impacientes / atrevidos / comprensivos)

2. Queremos personas que siempre dan lo mejor de sí mismas en el trabajo que hacen, por eso

   queremos profesionales _____dedicados_____ . (desagradables / dedicados / populares / vanidosos / modestos)

3. Nos gustan las personas que tratan de comprender todas las situaciones y a otras personas,

   por eso queremos profesionales _____razonables_____ . (sinceros / fieles / tímidos / razonables / generosos)

3 ¿Eres un buen trabajador o una buena trabajadora? Escribe tres oraciones completas. En la primera oración, da tres de tus cualidades positivas. En la segunda oración, da tres de tus cualidades negativas. En la tercera oración, di qué profesión te gustaría tener.

1. *Answers will vary:* **Yo soy inteligente, generoso y comprensivo.**

2. *Answers will vary:* **Yo soy tímido, impaciente y un poco orgulloso.**

3. *Answers will vary:* **Me gustaría ser científico.**

Vocabulario C

Level 3, pp. 212-216

> **¡AVANZA!** **Goal:** Talk about personal characteristics and ways to describe people.

1 Una compañía busca empleados (*employees*). Escribe la expresión que mejor completa cada oración. Sigue el modelo.

modelo: La compañía necesita personas que sean muy buenas, que **sean sobresalientes**.

1. A la compañía no le importa si son personas que tengan muchos amigos, que

   _____ sean populares _____ .

2. La compañía no necesita una persona que piense que es la mejor, que

   _____ sea orgullosa _____ .

3. La compañía necesita personas que comprendan a los demás, que

   _____ sean comprensivas _____ .

4. La compañía necesita una persona que tome tiempo para explicar las cosas a otros, que

   _____ sea paciente _____ .

2 Encontrar un buen trabajo puede ser complicado. Completa las oraciones con tu opinión.

1. Un banco busca una persona fiel porque *Answers will vary:* **es importante que una**

   persona sea sincera.

2. La policía busca una persona atrevida porque *Answers will vary:* **necesitan un**

   detective.

3. Buscamos una persona que no sea orgullosa porque *Answers will vary:* **es importante**

   que las personas den valor a los éxitos de otros y no a los propios.

3 ¿Qué piensas tú sobre el trabajo? Contesta las preguntas con oraciones completas.

1. ¿Cuáles son las cualidades positivas que debe tener una persona que trabaje contigo?

   Answers will vary: **Una persona que trabaje conmigo debe ser ingeniosa,**

   sincera, considerada y paciente.

2. ¿Cuáles son las cualidades que no puede tener una persona que trabaje contigo?

   Answers will vary: **Una persona que trabaje conmigo no puede ser**

   presumida, impaciente, orgullosa ni vanidosa.

UNIDAD 4 • Vocabulario C
Lección 1

150

Unidad 4, Lección 1
Vocabulario C

¡Avancemos! 3
Cuaderno: Práctica por niveles

Gramática A Subjunctive with **Ojalá** and Verbs of Hope

Level 3, pp. 217-221

¡AVANZA! **Goal:** Use the subjunctive with verbs that express wishes.

1 La compañía donde trabaja Luis tiene sus reglas. Escoge el verbo correcto que completa la oración.

1. El director desea que los trabajadores (se comportan / <u>se comporten</u>) bien.

2. La compañía espera que las personas no (<u>coman</u> / comen) en los escritorios.

3. Queremos que no (imitan / <u>imiten</u>) a nadie.

4. Esperamos que (<u>tengas</u> / tienes) paciencia.

5. La compañía quiere que los trabajadores no (llegan / <u>lleguen</u>) tarde.

2 Completa las oraciones sobre qué quieren estas personas. Usa el verbo entre paréntesis.

1. Mi mamá espera que yo no _____imite_____ a nadie. (imitar)

2. El señor Márquez desea que tú y yo no _____dejemos_____ de practicar durante las vacaciones. (dejar)

3. El jefe de Carlos quiere que _____trabaje_____ todos los sábados. (trabajar)

4. Esperamos que tú _____te comportes_____ bien. (comportarse)

3 Completa las siguientes oraciones sobre qué esperan las personas. Sigue el modelo.

modelo: Los científicos desean que nosotros **no tomemos mucho sol**.

1. Los médicos quieren que la gente *Answers will vary*: **siga una dieta balanceada**.

2. Los padres esperan que los hijos *Answers will vary*: **no lleguen tarde**.

3. El maestro de matemáticas quiere que tú *Answers will vary*: **estudies mucho**.

4. Los entrenadores desean que ustedes *Answers will vary*: **hagan mucho ejercicio**.

¡Avancemos! 3
Cuaderno: Práctica por niveles

UNIDAD 4 • Gramática A
Lección 1

Unidad 4, Lección 1
Gramática A **151**

Gramática B Subjunctive with **Ojalá** and Verbs of Hope

¡AVANZA! **Goal:** Use the subjunctive with verbs that express wishes.

1 Lee las reglas de esta compañía. Completa las oraciones con el verbo correspondiente.

1. El señor Pérez espera que todos __a__ buenas relaciones.

   a. mantengan   **b.** mantienen   **c.** mantenemos   **d.** mantengas

2. Quiere que hoy nosotros __a__ el trabajo temprano.

   a. terminemos   **b.** terminamos   **c.** terminen   **d.** terminan

3. La empresa desea que tú __c__ a los demás.

   a. comprendo   **b.** comprenda   **c.** comprendas   **d.** comprendemos

2 Hay una persona nueva en la compañía y un compañero le cuenta las reglas. Completa el diálogo con la forma correcta de los verbos de la caja.

comportarse	ser	terminar	descansar	trabajar

Jaime: ¡Bienvenido a la compañía! Ojalá que **1.** ___termines___ todo tu trabajo temprano.

Raúl: ¡Claro! Los empresarios no quieren que nadie **2.** ___trabaje___ hasta tarde. Esperan que nosotros **3.** ___descansemos___ bien.

Jaime: Sí. Además, quieren que todos **4.** ___sean___ amables con los demás.

Raúl: Bueno. Eso está muy bien. Nadie quiere que su compañero de trabajo

     5. ___se comporte___ mal.

3 Escribe algunas cosas que quieres hacer. Completa las oraciones.

1. Yo quiero *Answers will vary*: **viajar mucho**.

2. Yo quiero *Answers will vary*: **elegir una buena profesión** para mí.

3. Yo quiero *Answers will vary*: **tener a mis amigos siempre**.

UNIDAD 4
Lección 1
Gramática B

152

Unidad 4, Lección 1
Gramática B

¡Avancemos! 3
Cuaderno: Práctica por niveles

Gramática C *Subjunctive with **Ojalá** and Verbs of Hope*

Level 3, pp. 217-221

> **¡AVANZA!** **Goal:** Use the subjunctive with verbs that express wishes.

1 Aquí hay algunas reglas para los empleados nuevos. Completa las oraciones con el verbo entre paréntesis.

1. El director de la compañía espera que todos _____ *se comporten* _____ correctamente. (comportarse)

2. Deseamos que tú y tus compañeros _____ *tengan* _____ paciencia, nos gustan las personas pacientes. (tener)

3. La compañía quiere que tú _____ *hagas* _____ una prueba antes de comenzar a trabajar. (hacer)

4. El señor Prado espera que nosotros _____ *seamos* _____ considerados con los demás, es importante tener consideración. (ser)

5. La compañía quiere que el empleado nuevo _____ *se interese* _____ en destacarse en su trabajo. (interesarse)

2 Escribe tres oraciones sobre las reglas de la compañía. Usa la información de la tabla.

La compañía	esperar	(tú)	comportarse
Los directores	desear	(nosotros)	tener
Nosotros	querer	las personas	comprender

1. *Answers will vary.* **La compañía quiere que comprendamos el trabajo de los demás.**

2. *Answers will vary.* **Los directores desean que las personas tengan buenas relaciones**.

3. *Answers will vary.* **Nosotros esperamos que te comportes bien**.

3 Escribe tres oraciones sobre lo que quieres para ti y para tus amigos.

1. A tus amigos: *Answers will vary:* **Yo quiero que mis amigos encuentren un buen trabajo.**

2. A ti: *Answers will vary:* **Yo deseo elegir la profesión correcta**.

3. A tus amigos y a ti: *Answers will vary:* **Yo no quiero que mis amigos y yo no nos veamos en el futuro**.

UNIDAD 4
Lección 1 • Gramática C

Nombre _____ Clase _____ Fecha _____

Gramática A *Subjunctive with Verbs of Influence*

Level 3, pp. 222-224

¡AVANZA! **Goal:** Use the subjunctive with verbs of influence to discuss actions or behaviors.

1 Éstas son algunas de nuestras recomendaciones. Encierra en un círculo el verbo que completa mejor cada oración.

1. La señora Jiménez insiste en que tú (**hagas**/ haces) la prueba antes de empezar con tus labores.

2. La señora Jiménez quiere que yo te (aconsejo /**aconseje**) sobre cómo comportarte con los demás.

3. Yo no te (**prohíbo**/ prohíba) una conducta vanidosa, pero no nos gusta la vanidad.

4. El director nos pide que (mantenemos /**mantengamos**) nuestros escritorios muy limpios.

5. Tú no esperes que te (**exijan**/ exigen) algo más que sinceridad, dedicación y amabilidad.

2 El director de la compañía habla con los trabajadores. Completa el siguiente texto con la forma correcta de los verbos de la caja.

Esta compañía cumple veinticinco años. Por eso, esperamos que

todos **1.** _____compartan_____ con nosotros este cumpleaños.

Queremos que ustedes **2.** _____hagan_____ una fiesta para

los nuevos trabajadores. Hoy no **3.** _____hablamos_____ de cosas

negativas, porque este día nos pone muy felices. Sugerimos que los

trabajadores **4.** _____elijan_____ la decoración. Nosotros

5. _____invitamos_____ a todos los demás.

| compartir |
| hacer |
| invitar |
| elegir |
| hablar |

3 Contesta las siguientes preguntas con una oración completa.

1. ¿Qué esperas hacer para cumplir bien con tu trabajo?

   Answers will vary: **Yo espero aprender mucho.**

2. ¿Qué quieres hacer el fin de semana?

   Answers will vary: **Yo quiero ir al cine.**

3. ¿Qué cosas te exiges a ti mismo?

   Answers will vary: **Yo me exijo hacer ejercicios todas las mañanas.**

UNIDAD 4 • Gramática A
Lección 1

Copyright © by McDougal Littell, a division of Houghton Mifflin Company.

154 Unidad 4, Lección 1
Gramática A

¡Avancemos! 3
Cuaderno: Práctica por niveles

Gramática B Subjunctive with Verbs of Influence

Level 3, pp. 222-224

 ¡AVANZA! **Goal:** Use the subjunctive with verbs of influence to discuss actions or behaviors.

1 Aquí hay otras recomendaciones de la compañía. Une las recomendaciones con las personas correspondientes.

1. Aconsejamos que tú
2. Insistimos
3. Recomendamos que nadie
4. Sugerimos que todos
5. Esperamos

a. lleguen temprano.
b. compartir nuestros logros con todos.
c. superes tu timidez.
d. en que tomes una prueba antes de trabajar con nosotros.
e. sea impaciente.

2 Es muy importante escuchar las recomendaciones de los compañeros de trabajo. Completa las oraciones con los verbos entre paréntesis.

1. Mis compañeros me _____aconsejan_____ que yo _____me destaque_____ por mi amabilidad. (aconsejar / destacarse)

2. El director no _____deja_____ que nosotros _____seamos_____ vanidosos, dice que la vanidad no nos lleva a ningún lugar. (dejar / ser)

3. El director _____quiere_____ _____dar_____ un premio a los más destacados. (querer / dar)

4. La empresa _____prohíbe_____ que los trabajadores _____tengan_____ una conducta negativa con los demás. (prohibir / tener)

5. Nosotros _____preferimos_____ _____comportarnos_____ con modestia antes que con orgullo, por eso todos somos modestos. (preferir / comportarse)

3 Escríbele a un amigo tres oraciones completas con tres cosas que le sugieres que haga.

1. _Answers will vary:_ **Yo te sugiero que no estudies por la noche, estudia por la mañana.**

2. _Answers will vary:_ **Yo te sugiero que hagas deporte.**

3. _Answers will vary:_ **Yo te sugiero que comas verduras y frutas frescas.**

UNIDAD 4
Lección 1
Gramática B

Gramática C *Subjunctive with Verbs of Influence*

 Goal: Use the subjunctive with verbs of influence to discuss actions or behaviors.

1 La segunda parte de las oraciones está desordenada y no podemos entender lo que dice el señor Flores. Escribe las oraciones en el orden correcto.

1. Les sugiero que		tener los informes listos para esta tarde.
2. No quiero		muestren impaciencia, no sean impacientes.
3. Espero		se comporten con consideración, sean
4. No les aconsejo que		considerados.
		idealizar a nadie.

1. Les sugiero que se comporten con consideración, sean considerados. _____

2. No quiero idealizar a nadie. _____

3. Espero tener los informes listos para esta tarde. _____

4. No les aconsejo que muestren impaciencia, no sean impacientes. _____

2 Las siguientes recomendaciones mejoran el trabajo. Completa estas oraciones.

1. La compañía recomienda que (nosotros) *Answers will vary:* **intentemos mejorar todos los días.**

2. El director insiste en que (tú) *Answers will vary:* **trabajes en computación.**

3. Nosotros no queremos (nosotros) *Answers will vary:* **trabajar con personas desagradables.**

4. La empresa aconseja que (los trabajadores) *Answers will vary:* **intenten mantener una conducta correcta.**

5. Nosotros queremos que (la empresa) *Answers will vary:* **planifique la fiesta de fin de año.**

3 Escribe un texto de tres oraciones con tres cosas que le recomiendas a un amigo o a una amiga que busca trabajo.

Answers will vary: **Primero, te recomiendo que no seas tímida. Después, te sugiero que intentes hablar de tus éxitos. Finalmente, te aconsejo que no seas impaciente, en algún momento vas a encontrar el trabajo ideal.**

UNIDAD 4 · Gramática C
Lección 1

Integración: Hablar

El señor Armando Ortiz trabajó por muchos años en una compañía. Hoy es su último día de trabajo y la compañía quiere hacer una cena en su honor. Lee la invitación, escucha al presidente de la compañía y di cuáles son las cualidades de un buen profesional.

Fuente 1 Leer

Lee la invitación que les hace la compañía a todos los trabajadores.

NUESTRA COMPAÑÍA ESPERA QUE USTED NOS ACOMPAÑE EN LA CENA PARA NUESTRO COMPAÑERO ARMANDO ORTIZ.

El Sr. Armando Ortiz trabajó treinta años en nuestra compañía. Fue un compañero fiel y dedicado, y ahora tiene que descansar después de tantos años de trabajo sobresaliente.

Armando dedicó gran parte de su vida a esta empresa y queremos que todos estén presentes para decirle adiós.

LO ESPERAMOS A LAS SEIS EN EL SALÓN PRINCIPAL.

Fuente 2 Escuchar   *WB CD 02 track 22*

Luego, escucha lo que dice el presidente de la compañía durante la cena. Toma notas.

_____

_____

_____

_____

Hablar

Hace poco tiempo, tú empezaste a trabajar en la compañía y no conociste a Armando Ortiz. De acuerdo con lo que leíste y con lo que escuchaste, ¿cuáles son las cualidades de Armando y por qué la compañía hace una reunión para él?

modelo: Armando Ortiz es... La compañía hace una reunión para él porque...

Answers will vary: **Armando Ortiz es un gran profesional; es fiel, paciente,**

considerado y comprensivo con todos. La compañía hace una reunión para él

porque, después de treinta años de trabajo, Armando se va a descansar.

UNIDAD 4
Lección 1

Integración:
Hablar

Integración: Escribir

Level 3, pp. 225-227
WB CD 02 track 23

La compañía en la que trabaja el padre de Joaquín organizó un día especial en la oficina. Todos los trabajadores pueden llevar a sus hijos y pasar el día de trabajo con ellos. Lee el correo electrónico de la empresa, escucha el mensaje de Joaquín y escribe sobre las diferentes cualidades profesionales.

Fuente 1 Leer

Lee el correo que les envió la compañía a todos los trabajadores.

Día de padres e hijos

Nuestra compañía celebra el «Día de padres e hijos».

Somos una gran familia y queremos compartir un día especial con todos los trabajadores de esta compañía.

Esperamos que todos traigan a sus hijos para pasar juntos el día en la oficina, para aprender más de nuestro trabajo.

Los esperamos a todos el próximo viernes.

▶ *Recomendamos que los niños pequeños vengan sólo medio día.*

Fuente 2 Escuchar   *WB CD 02 track 24*

Luego, escucha el mensaje que le dejó Joaquín a su papá en su teléfono celular. Toma notas.

_____

_____

_____

_____

Escribir

Tú eres amigo de Joaquín y tenías que verlo temprano en la mañana del viernes pero llegó tarde. ¿Adónde fue Joaquín y qué opinión tiene de las personas que conoció?

modelo: El viernes, Joaquín... porque... Él piensa... También cree que...

Answers will vary: **El viernes, Joaquín fue a la oficina de su padre porque**

era el «Día de padres e hijos» en la compañía donde trabaja. Él piensa que

la directora de computación es muy amable. También cree que Ernesto, un

programador, es modesto y paciente.

_____

_____

UNIDAD 4 • Integración:
Lección 1   Escribir

Unidad 4, Lección 1
Integración: Escribir

158

¡Avancemos! 3
Cuaderno: Práctica por niveles

Escuchar A

¡AVANZA! **Goal:** Listen to discussions about professions.

1 Escucha a Ana. Luego, lee cada oración y contesta **cierto** o **falso**.

C (F) **1.** A Ana no le gusta su trabajo.

C (F) **2.** A Ana le dan miedo las aventuras.

(C) F **3.** Ana tiene que llegar temprano.

(C) F **4.** El detective quiere que Ana sea amable.

C (F) **5.** Ser amable es un problema para Ana.

2 Escucha al detective. Luego, completa las oraciones con las palabras de la caja.

paciencia	amable	las aventuras	agradable

1. Hoy, el detective encontró una chica _____amable_____.

2. El comportamiento de la chica es _____agradable_____.

3. Para el detective, lo más importante es la _____paciencia_____.

4. El detective espera que la chica no le tenga miedo a _____las aventuras_____.

Escuchar B

Level 3, pp. 234-235
WB CD 02 tracks 27-28

> ¡AVANZA! **Goal:** Listen to discussions about professions.

1 Escucha a Miguel y toma notas. Luego, marca con una X las cualidades y la profesión de Miguel.

1. Miguel es mecánico. ____

2. Miguel es electricista. _x_

3. Miguel es un profesional destacado. _x_

4. Miguel es un profesional ingenioso. ____

5. Miguel es una persona atrevida. ____

6. Miguel es una persona razonable. _x_

7. Miguel ha trabajado mucho tiempo. ____

8. Miguel quiere aprender. _x_

2 Escucha la conversación de Enrique y Marina. Toma notas. Luego, completa las oraciones.

1. La persona que habló con Marina fue _____ muy considerada _____.

2. Enrique le aconseja a Marina que sea _____ paciente _____.

3. La empresa quiere que Marina esté preparada para _ empezar en cualquier momento _.

4. Enrique le desea que _____ la llamen _____ hoy.

Unidad 4, Lección 1
Escuchar B
160

¡Avancemos! 3
Cuaderno: Práctica por niveles

UNIDAD 4 • Escuchar B
Lección 1

Escuchar C

Level 3, pp. 234-235
WB CD 02 tracks 29-30

> ¡AVANZA! **Goal:** Listen to discussions about professions.

1 Escucha la conversación del director y la presidenta de la compañía. Toma notas. Luego, coloca en una columna las personas que van a llamar y sus cualidades *(qualities)*. En otra columna coloca las personas que no van a llamar y sus cualidades.

No van a llamar	Sí van a llamar
1. A la chica que es sobresaliente pero muy orgullosa.	**3.** Al muchacho que es tímido pero muy razonable.
2. Al chico que es popular pero desagradable.	**4.** A la joven que es comprensiva, modesta y amable.

2 Escucha a Julieta y toma notas. Luego, contesta las siguientes preguntas con oraciones completas.

1. ¿Julieta piensa que el director va a llamarla?

Sí, ella piensa que va a llamarla pronto.

2. ¿Por qué piensa Julieta que van a llamarla?

Ella piensa que van a llamarla porque cree que es la mejor profesional

de los que estaban allí.

3. ¿Qué quiere Julieta que vean los demás?

Julieta quiere que los demás vean que ella es sobresaliente.

4. ¿Julieta quiere ayudar a los demás?

No, Julieta no quiere ayudar a nadie.

5. Según Julieta, ¿qué deben hacer los que quieren aprender?

Julieta cree que cada uno tiene que estudiar y aprender solo, sin la ayuda

de nadie.

6. ¿Qué cualidades negativas piensas que tiene Julieta?

Answers will vary: **Ella es orgullosa, presumida, desagradable y vanidosa.**

¡Avancemos! 3
Cuaderno: Práctica por niveles

Unidad 4, Lección 1
Escuchar C **161**

UNIDAD 4
Lección 1 • Escuchar C

Leer A

> **¡AVANZA!** **Goal:** Read about professions.

Lorena fue a buscar trabajo por primera vez. Ella le escribe a su mejor amiga las cosas que le ocurrieron.

Hola Carolina:

Te escribo rápidamente para contarte qué me pasó hoy. Tú sabes que yo quiero encontrar el trabajo ideal, pero empiezo a pensar que ese trabajo no existe. Ahora te explico por qué.

Primero, yo quiero que mis compañeros de trabajo sean amables, razonables y comprensivos. No quiero trabajar con personas desagradables. Pero hoy, todos estaban muy ocupados y me hicieron esperar durante horas.

Otra cosa, yo espero que mi trabajo me enseñe muchas cosas sobre mi profesión. Quiero aprender más. Pero en esta compañía todos me piden que les diga cómo hacer las cosas.

Tengo que buscar más. Mañana te escribo.

Besos,

Lorena

¿Comprendiste?

Lee el correo electrónico de Lorena. En las oraciones de abajo, subraya las cosas que ella quiere.

1. <u>Lorena quiere que sus compañeros de trabajo sean amables.</u>

2. Lorena no quiere que sus compañeros de trabajo sean razonables.

3. <u>Lorena quiere que sus compañeros de trabajo sean comprensivos.</u>

4. Lorena quiere trabajar con personas desagradables.

5. <u>Lorena quiere un trabajo que le enseñe cosas sobre su profesión.</u>

¿Qué piensas?

¿Piensas que Lorena puede encontrar un trabajo como el que ella quiere? ¿Por qué?

Answers will vary: **Sí, pienso que ella puede encontrar un trabajo que ella**

quiere porque parece una chica inteligente y razonable.

Leer B

> **¡AVANZA!** **Goal:** Read about professions.

Este correo electrónico les llegó a todos los chicos de la escuela.

¡Atención programadores!

Buscamos programadores que conozcan todo tipo de software.

Necesitamos profesionales:

- que quieran viajar dentro y fuera del país.
- que puedan trabajar en un horario flexible.
- que sean atrevidos.
- que estén listos para trabajar inmediatamente.

Preferimos personas:

- que tengan una conducta correcta.
- que sean razonables.
- que puedan comprender a los demás.
- que sean ingeniosas.

No queremos que:

- no les guste trabajar en equipo.
- sean impacientes, no tengan paciencia para escuchar a los demás.
- sean orgullosos, siempre hay cosas por aprender.
- no sepan relacionarse con los demás.

¿Comprendiste?

Lee el anuncio clasificado. Luego, encierra en un círculo las características de Juan que sirven para este trabajo.

1. (Juan es comprensivo.)

2. Juan es modesto.

3. Juan es sincero.

4. (Juan es atrevido.)

5. (A Juan le gusta trabajar en equipo.)

6. (Juan es paciente.)

7. Juan es tímido.

8. Juan no puede trabajar de inmediato.

¿Qué piensas?

¿Piensas que tú eres la mejor persona para este trabajo? ¿Por qué?

Answers will vary: **No, pienso que yo no soy la mejor persona para este**

trabajo porque a veces soy muy impaciente.

Leer C

> ¡AVANZA! **Goal:** Read about professions.

Pablo Sandoval ganó un premio por ser el mejor trabajador del mes. La revista de la compañía publicó un artículo sobre él.

El trabajador del mes

Todos los meses, nuestra compañía quiere dar un premio al profesional que más se destaque en su trabajo. Este mes el premio es para Pablo Sandoval, electricista desde hace tres años en nuestra compañía.

Pablo es un profesional sobresaliente. El premio no es solamente por su trabajo profesional. La compañía también insiste en darle un premio por sus cualidades personales. Pablo siempre es amable con todos y comprende a sus compañeros. La sinceridad es otra de sus cualidades. Es modesto y nunca lo escuchamos hablar «más de dos palabras» sobre sus éxitos.

Nosotros le recomendamos que conozca a Pablo y descubra a un gran ser humano.

¿Comprendiste?

Lee el artículo de la revista de la compañía. Luego, contesta las preguntas con oraciones completas.

1. ¿Qué quiere la compañía todos los meses?

La compañía quiere dar un premio a un profesional destacado.

2. ¿Por qué no habla Pablo «más de dos palabras» sobre sus éxitos?

Porque Pablo es modesto.

3. ¿Cómo es Pablo?

Pablo es amable, sincero, modesto, comprensivo y un trabajador excelente.

¿Qué piensas?

¿Es bueno que la compañía quiera premiar el buen trabajo de sus profesionales? ¿Por qué?

Answers will vary: **Sí, es muy bueno que la compañía quiera premiar el buen trabajo de sus profesionales porque a todas las personas les gusta que valoren su trabajo.**

UNIDAD 4 • Lección 1

Leer C

Unidad 4, Lección 1
Leer C

164

¡Avancemos! 3
Cuaderno: Práctica por niveles

Escribir A

> **¡AVANZA!** **Goal:** Write about professional traits.

Step 1

Haz una lista de las cosas que esperas o deseas que pasen en el futuro.

cambiar de casa _____

sacar buenas notas _____

jugar al béisbol profesional _____

Step 2

Ahora escribe tres oraciones con la información de arriba. Usa los verbos **desear**, **esperar** y **querer** con el subjuntivo. Sigue el modelo.

modelo: Yo deseo que mi hermana tenga un bebé.

1. _Answers will vary_: **Yo espero que mi familia se cambie de casa.**

2. _Answers will vary_: **Yo quiero que mis amigos y yo saquemos buenas notas.**

3. _Answers will vary_: **Yo deseo que pueda jugar al béisbol profesional.**

Step 3

Evaluate your writing using the information in the table.

Writing Criteria	Excellent	Good	Needs Work
Content	Your sentences include all the details and the subjunctive.	Your sentences include some details and the subjunctive.	Your sentences do not include enough details or the subjunctive.
Communicationv	Most of your sentences are clear.	Some of your sentences are clear.	Your sentences are not very clear.
Accuracy	Your sentences have few mistakes in grammar and vocabulary.	Your sentences have some mistakes in grammar and vocabulary.	Your sentences have many mistakes in grammar and vocabulary.

Escribir B

Level 3, pp. 234-235

> **¡AVANZA!** **Goal:** Write about professional traits.

Step 1

Completa la columna con las cualidades sinónimas o relacionadas.

Cualidades	Cualidades relacionadas
razonable	comprensivo
dedicado	sobresaliente
impaciente	atrevido
vanidoso	presumido
fiel	sincero

Step 2

En cuatro oraciones, di si tienes las cualidades de la tabla de arriba y por qué. Escribe otras cualidades que te describen. Puedes empezar con **Pienso que soy...**

Answers will vary: **Pienso que soy razonable y comprensivo, pero soy modesto y**

no puedo decir que sea sobresaliente. Soy bastante impaciente y atrevido,

porque me gustan las aventuras. No soy nada vanidoso o presumido. Creo que

soy sincero y muy fiel a mis amigos.

Step 3

Evaluate your writing using the information in the table below.

Writing Criteria	Excellent	Good	Needs Work
Content	Your sentences include many details and new vocabulary.	Your sentences include some details and new vocabulary.	Your sentences include few details or new vocabulary.
Communication	Most of your sentences are clear.	Some of your sentences are clear.	Your sentences are not very clear.
Accuracy	Your sentences have few mistakes in grammar and vocabulary.	Your sentences have some mistakes in grammar and vocabulary.	Your sentences have many mistakes in grammar and vocabulary.

UNIDAD 4 • Escribir B
Lección 1

Unidad 4, Lección 1
Escribir B

166

¡Avancemos! 3
Cuaderno: Práctica por niveles

Escribir C

> **¡AVANZA!** **Goal:** Write about professional traits.

Step 1

Haz una lista de las cualidades positivas que necesitas para conseguir un buen trabajo.

ser amable

tener una buena conducta

ser trabajador

tener paciencia

ser sincero

Step 2

Una compañía te quiere dar un trabajo. Describe en cuatro oraciones por qué eres el candidato perfecto para este trabajo. Incluye dos cosas que quieres que pasen en el futuro o en el trabajo.

Answers will vary: **Yo soy una persona modesta, pero soy muy trabajador y tengo una buena conducta. Creo que estas dos cualidades son las más importantes en un trabajo. También tengo mucha paciencia, soy sincero y amable con mis compañeros. Ojalá que pueda trabajar con ustedes pronto.**

Step 3

Evaluate your writing using the information in the table.

Writing Criteria	Excellent	Good	Needs Work
Content	Your sentences include many details and new vocabulary.	Your sentences include some details and new vocabulary.	Your sentences include few details or new vocabulary.
Communication	Most of your sentences are clear.	Some of your sentences are clear.	Your sentences are not very clear.
Accuracy	Your sentences have few mistakes in grammar and vocabulary.	Your sentences have some mistakes in grammar and vocabulary.	Your sentences have many mistakes in grammar and vocabulary.

Cultura A

Level 3, pp. 234-235

┌───┐
│ ¡AVANZA! **Goal:** Review cultural information about the Caribbean. │
└───┘

1 **Celebridades caribeñas** Une con una línea a los caribeños famosos con sus profesiones.

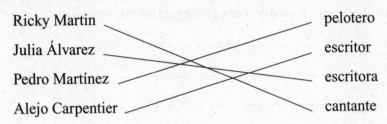

Ricky Martin   pelotero

Julia Álvarez   escritor

Pedro Martínez   escritora

Alejo Carpentier   cantante

2 **La vida en el Caribe** Completa las siguientes oraciones con las palabras de la caja.

┌───┐
│ máscaras   plátanos   calles   lluviosa   frutas │
└───┘

1. En el Caribe hay dos estaciones: la seca y la _____lluviosa_____ .

2. Los _____plátanos_____ maduros fritos son parte de la comida típica de los caribeños.

3. En el Caribe es muy común ver festivales de _____máscaras_____ gigantes.

4. El Caribe tiene una producción muy importante de _____frutas_____ tropicales.

5. Los fines de semana, los jóvenes caribeños se juntan y pasean por las _____calles_____ de sus ciudades.

3 **Gente famosa del Caribe** Muchos hispanos famosos nacieron en el Caribe. Contesta las siguientes preguntas sobre Juan Luis Guerra y Roberto Clemente.

1. ¿Dónde y en qué año nacieron Roberto Clemente y Juan Luis Guerra? _____

Roberto Clemente nació en Carolina, Puerto Rico en 1934. Juan Luis Guerra

nació en Santo Domingo el 7 de julio de 1956.

2. ¿En qué año fue Roberto Clemente nombrado el jugador más valioso del béisbol?

Roberto Clemente fue nombrado el jugador más valioso del béisbol en 1966.

3. ¿Cómo Juan Luis Guerra se hizo famoso? _____Se hizo famoso por su música._____

4. ¿Qué tienen en común Juan Luis Guerra y Roberto Clemente? _____Answers will vary:_____

Roberto Clemente y Juan Luis Guerra tienen en común que son personas

famosas del Caribe y que ayudan a las personas que lo necesitan.

UNIDAD 4 • Cultura A
Lección 1

Unidad 4, Lección 1
Cultura A

168

¡Avancemos! 3
Cuaderno: Práctica por niveles

Cultura B

> ¡AVANZA! **Goal:** Review cultural information about the Caribbean.

1 **Caribeños famosos** Escribe las profesiones de los siguientes caribeños famosos.

Roberto Clemente	beisbolista
Gloria Estefan	cantante
Julia Álvarez	escritora
Ricky Martin	cantante

2 **Músico y filósofo** Completa las siguientes oraciones sobre el cantante Juan Luis Guerra.

1. Juan Luis Guerra Seijas es un cantante de _____merengue_____ que nació en Santo Domingo.

2. Estudió __Filosofía y Letras__ en la Universidad de Santo Domingo.

3. Obtuvo una _____beca_____ para estudiar música en Berklee College of Music en Boston.

4. Juan Luis Guerra es considerado un _____poeta_____ por muchas personas.

5. Junto con su amigo Herbert Stern creó la __Fundación 4.40__ que ayuda a gente que necesita ayuda médica.

3 **El clima en el Caribe** Contesta las siguientes preguntas sobre el clima del Caribe.

1. ¿Cómo son las estaciones y el clima en el Caribe? __El clima del Caribe es tropical.__ Tiene dos estaciones: una seca con poca humedad y mucho calor, y otra lluviosa con temperatura menos caliente, y humedad menos fuerte.

2. ¿Quién era Roberto Clemente y qué hizo? __Roberto Clemente era un beisbolista__ puertorriqueño. Fue el líder de bateo cuatro veces y fue el jugador más valioso del 1966.

3. ¿Qué frutas son populares en el Caribe y cómo son? Las frutas populares del Caribe son la piña, la guayaba, el mango y el coco. Estas son frutas tropicales que tienen mucho jugo.

4. ¿Dónde compitió el atleta dominicano Félix Sánchez? __El atleta dominicano Félix__ Sánchez compitió en los Juegos Olímpicos.

Cultura C

> **¡AVANZA!** **Goal:** Review cultural information about the Caribbean.

1 **El clima en el Caribe** Escribe cómo es el clima en el Caribe durante las dos estaciones.

Estación Seca	Hay poca humedad y mucho calor
Estación Lluviosa	Hay humedad y temperaturas más frescas

2 **Caribeños famosos** Responde a las siguientes preguntas sobre los siguientes personajes famosos en oraciones completas.

1. ¿Qué carrera estudió el cantante dominicano Juan Luis Guerra? _____El cantante_____

dominicano Juan Luis Guerra estudió Filosofía y Letras._____

2. ¿Qué obra de la escritora puertorriqueña Esmeralda Santiago fue seleccionada por Literary Guild? _____La obra «El Sueño de América» de la escritora_____

puertorriqueña Esmeralda Santiago fue seleccionada por Literary Guild._____

3. ¿En cuál equipo de béisbol jugó el beisbolista puertorriqueño Roberto Clemente?

El beisbolista puertorriqueño Roberto Clemente jugó con los Piratas de Pittsburgh._____

3 **La ayuda humanitaria** Describe cómo ayudaron y ayudan Roberto Clemente y Juan Luis Guerra a las personas necesitadas. Luego, compara sus actividades con actividades para ayudar que has hecho o que quieres hacer en tu ciudad. *Answers will vary:*

Roberto Clemente llevaba donaciones para las víctimas del terremoto de

Nicaragua. Juan Luis Guerra tiene una fundación que ayuda a las

personas que necesitan servicios médicos. El año pasado yo ayudé a mi

escuela a buscar dinero, ropa y comida para las víctimas del huracán

Katrina.

_____

_____

_____

Vocabulario A

> **¡AVANZA!** **Goal:** Discuss qualities people need for their professions.

1 Jorge está buscando trabajo y sus amigos lo ayudan. Subraya la palabra que mejor completa la oración.

1. Me gusta dibujar imágenes; por eso quiero un trabajo de (carpintero / <u>artista</u>).

2. También soy valiente y arriesgado. Por lo tanto puedo convertirme en (<u>policía</u> / músico).

3. Mis dibujos son de cosas auténticas. Son murales (<u>realistas</u> / prácticos).

4. Los animales me encantan; por eso quiero ser (secretario / <u>veterinario</u>).

5. Quiero aparecer en la televisión y escribir cosas verdaderas. Voy a ser (cartero / <u>periodista</u>).

2 Esta compañía tiene su propia manera de trabajar. Completa las oraciones con las palabras de la caja.

1. Ser la compañía más importante del país es nuestro

   _____ propósito _____ .

2. Nos alegramos por nuestros _____ logros _____ .

3. Cuidar a los trabajadores es uno de nuestros _____ objetivos _____ .

4. Nuestra relación con los trabajadores es principalmente de

   _____ amistad _____ .

5. Figurar en la revista de las compañías más importantes no es

   _____ sorprendente _____ .

amistad
sorprendente
propósito
logros
objetivos

3 Contesta las siguientes preguntas sobre tu vida con una oración completa.

1. ¿Quién es tu vecino más amable?

   Answers will vary: **Mi vecino de al lado es el vecino más amable.**

2. ¿Quién es tu amigo más valiente?

   Answers will vary: **Miguel es mi amigo más valiente.**

3. ¿Quién es el músico más famoso?

   Answers will vary: **El músico más famoso es Ricky Martin.**

UNIDAD 4 • Vocabulario A
Lección 2

Vocabulario B

Level 3, pp. 238-242

> ¡AVANZA! **Goal:** Discuss qualities people need for their professions.

1 Cada persona es diferente. Une con flechas las palabras relacionadas. Una palabra puede estar relacionada con más de una de la otra columna.

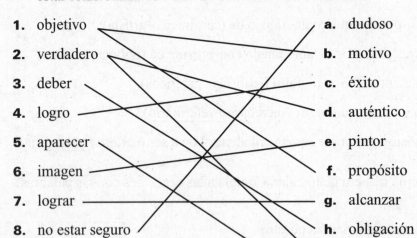

1. objetivo
2. verdadero
3. deber
4. logro
5. aparecer
6. imagen
7. lograr
8. no estar seguro

a. dudoso
b. motivo
c. éxito
d. auténtico
e. pintor
f. propósito
g. alcanzar
h. obligación
i. realista
j. figurar

2 Julio y sus amigos tienen trabajos diferentes. Completa las siguientes oraciones.

1. A Julio le encanta cuidar a los animales heridos, él es _____ veterinario _____.

2. Carolina escribe noticias en el periódico, ella es _____ periodista _____.

3. Norma hace respetar las leyes, ella es _____ policía _____.

4. Armando es un artista que canta canciones de amor, él es _____ músico _____.

5. Para Pedro es un honor rescatar a las personas en peligro, él es una persona con mucha

   _____ valentía _____.

3 Completa las siguientes oraciones con lo que piensas tú:

modelo: Las personas más sorprendentes son las que hacen cosas que no esperan los demás.

1. Las personas más amables son *Answers will vary:* **las que tratan bien a**

   los demás.

2. Las personas más prácticas son *Answers will vary:* **las que tienen objetivos claros.**

3. Las personas más felices son *Answers will vary:* **las que se sienten bien.**

Vocabulario C

Level 3, pp. 238-242

> **¡AVANZA!** **Goal:** Discuss qualities people need for their professions.

1 Todos somos diferentes. Coloca las palabras que se relacionan en las columnas correctas.

verdadero	el mural	auténtico	el artista
la meta	el objetivo	el propósito	los logros
alcanzar	la imagen	lograr	realista

1. verdadero

2. auténtico

3. realista

4. la meta

5. el objetivo

6. el propósito

7. lograr

8. alcanzar

9. los logros

10. el mural

11. la imagen

12. el artista

2 Encontrar el trabajo ideal es muy importante. Escoge la palabra correcta entre paréntesis y escribe una oración completa. Sigue el modelo.

modelo: Artista (<u>músico</u> / político) **Mi primo es un artista famoso; él es músico.**

1. Compañía (honor / <u>secretaria</u>)

Answers will vary: **La secretaria de la compañía está de vacaciones.**

2. Improbable (<u>dudas</u> / policía)

Answers will vary: **Es improbable que el técnico llegue temprano. Yo**

tengo mis dudas.

3 Da tu opinión. Responde a las preguntas con oraciones completas.

1. ¿Cómo son las personas más alegres?

Answers will vary: **Son personas que muestran a los demás que están**

muy bien.

2. ¿Cómo son las personas más prácticas?

Answers will vary: **Las personas más prácticas son las que siempre**

hacen todo ordenadamente.

3. ¿Cómo son las personas más realistas?

Answers will vary: **Las personas más realistas son las que nunca piensan**

en fantasías.

¡Avancemos! 3
Cuaderno: Práctica por niveles

Unidad 4, Lección 2
Vocabulario C **173**

UNIDAD 4 • Vocabulario C
Lección 2

Gramática A *Subjunctive with Doubt*

> **¡AVANZA!** **Goal:** Use the subjunctive with expressions of doubt.

1 Los profesionales tienen muchas responsabilidades. De los dos verbos entre paréntesis, encierra en un círculo el que mejor completa la oración.

1. Es improbable que la secretaria (**vuelva**/ vuelve) esta semana.

2. No es cierto que los músicos más sorprendentes (son /**sean**) los de este siglo.

3. No estoy seguro de que el artista (pinta /**pinte**) los murales más realistas del barrio.

4. No creo que el veterinario (**diga**/ dice) que el perro está enfermo.

5. Es dudoso que los bomberos (**lleguen**/ llegan) tan rápido.

2 Todos tenemos dudas. Completa las oraciones con la conjugación correcta del verbo entre paréntesis.

1. Es imposible que los músicos _____lleguen_____ a tiempo. (llegar)

2. Es improbable que yo _____pueda_____ comprarte lo que quieres. (poder)

3. No es verdad que los periodistas más importantes _____sepan_____ diez idiomas. (saber)

4. No estamos seguros de que nosotros _____viajemos_____ a Centroamérica. (viajar)

5. Dudo que las personas más prácticas _____piensen_____ en fantasías. (pensar)

3 Completa las siguientes oraciones. Sigue el modelo.

modelo: Es imposible que yo tenga tiempo esta semana.

1. Es difícil que tú *Answers will vary:* **puedas llegar a tiempo.** _____

   _____

2. Es improbable que nosotros *Answers will vary:* **nos levantemos temprano.** ____

   _____

3. No creo que mis amigos *Answers will vary:* **vengan a mi cumpleaños.** _____

   _____

UNIDAD 4 • Gramática A
Lección 2

Unidad 4, Lección 2
Gramática A

174

¡Avancemos! 3
Cuaderno: Práctica por niveles

Gramática B *Subjunctive with Doubt*

¡AVANZA! **Goal:** Use the subjunctive with expressions of doubt.

1 A los profesionales les pasan muchas cosas. Escoge el verbo que completa mejor cada oración.

1. No es probable que los técnicos __b__ este equipo.

    a. arreglan   **b.** arreglen   **c.** arregle   **d.** arregla

2. Es imposible que una secretaria __b__ todo ese trabajo.

    a. hago   **b.** haga   **c.** hace   **d.** hacen

3. No creo que yo __d__ a tu fiesta.

    a. voy   **b.** vas   **c.** vayas   **d.** vaya

4. No creo que todos los pintores __c__ murales realistas.

    a. pintes   **b.** pintan   **c.** pinten   **d.** pintas

2 Los bomberos ayudaron a una familia. Completa el texto con los verbos de la caja. Conjúgalos en el subjuntivo según la persona.

En la planta baja de la casa de mi vecina hay un incendio (*fire*).

Es sorprendente que ningún vecino **1.** _____llame_____ a

los bomberos, pero lo más sorprendente es que ellos

| sentirse |
| llegar |
| llamar |
| arriesgarse |

2. _____lleguen_____ sin que nadie les diga nada. Dudo que alguien

3. ____se arriesgue____ tanto como los bomberos, ellos son las

personas más valientes del mundo. Por ahora, es imposible que mi

vecina **4.** _____se sienta_____ alegre, pero todos vamos a ayudarla.

3 Escribe dos oraciones completas con las siguientes palabras.

1. No creo que tú / poder ir a la playa.

    No creo que tú puedas ir a la playa. _____

    _____

2. Es imposible que tú / terminar todo el trabajo hoy.

    Es imposible que tú termines todo el trabajo hoy. _____

    _____

UNIDAD 4
Lección 2
• Gramática B

Gramática C *Subjunctive with Doubt*

> ¡AVANZA! **Goal:** Use the subjunctive with expressions of doubt.

1 Hay cosas que son casi imposibles. Escoge el verbo correcto y escribe una oración completa con la forma apropiada del verbo.

1. No es verdad que todos los artistas (ser / tener) famosos.

No es verdad que todos los artistas sean famosos.

2. Es imposible que tú me (actuar / decir) algo así.

Es imposible que tú me digas algo así.

3. Es dudoso que un músico (tocar / hacer) la guitarra en este hotel.

Es dudoso que un músico toque la guitarra en este hotel.

4. Dudo que nosotros (conocer / ir) a la playa.

Dudo que nosotros vayamos a la playa.

5. No es probable que yo (trabajar / venir) en esta compañía.

No es probable que yo trabaje en esta compañía.

2 Escribe tres oraciones sobre cosas improbables. Usa la información de la tabla.

Es improbable	los músicos	convertirse
No es verdad	nosotros	actuar
Es imposible	mi amigo	figurar

1. *Answers will vary:* **Es improbable que los músicos actúen en mi fiesta.**

2. *Answers will vary:* **No es verdad que nosotros nos convirtamos en artistas.**

3. *Answers will vary:* **Es imposible que mi amigo figure en la lista de los peor vestidos.**

3 Escribe tres oraciones sobre cosas sorprendentes. Comienza las oraciones con **es sorprendente que**.

1. *Answers will vary:* **Es sorprendente que mis amigos no puedan venir a mi fiesta.**

2. *Answers will vary:* **Es sorprendente que mi hermana termine tan rápido.**

3. *Answers will vary:* **Es sorprendente que mi equipo de fútbol no gane este año.**

UNIDAD 4 • Gramática C
Lección 2

Unidad 4, Lección 2
Gramática C

176

¡Avancemos! 3
Cuaderno: Práctica por niveles

Gramática A *Subjunctive with Emotion*

Level 3, pp. 248-250

> **¡AVANZA!** **Goal:** Use the subjunctive to talk about emotions.

1 Es muy importante hablar de nuestras emociones. Une con flechas las expresiones de emoción con la oración correspondiente.

1. Me alegra que tus amigos   a. seamos amigos.

2. Es una lástima que tú   b. esté mejor.

3. Esperamos que tu mamá   c. vuelvan esta semana.

4. Siento que ustedes   d. no conozcas a Camila.

5. Es excelente que nosotros   e. no puedan venir.

2 Luis y Andrea tienen las mismas emociones. Completa la segunda oración.

1. Luis se alegra de que su hermana le regale libros.

   Andrea se alegra de que sus padres le _____*regalen*_____ libros.

2. Luis se alegra de que yo lo visite.

   Andrea se alegra de que nosotros la _____*visitemos*_____.

3. A Luis le sorprende que muchas personas lo conozcan.

   A Andrea le sorprende que mi amigo la _____*conozca*_____

4. Luis dijo: ¡qué lástima que las personas no cuiden el medio ambiente!

   Andrea dijo, ¡qué lástima que nadie _____*cuide*_____ el medio ambiente!

5. Luis espera que tú y yo lleguemos temprano.

   Andrea espera que tú _____*llegues*_____ temprano.

3 Completa las siguientes oraciones con el verbo **venir**.

1. Me encanta que tú _____*vengas*_____ a mi casa.

2. Es triste que mis amigos no _____*vengan*_____ esta noche.

3. Me alegra que nosotros _____*vengamos*_____ a bailar.

¡Avancemos! 3
Cuaderno: Práctica por niveles

UNIDAD 4
Lección 2
Gramática A

Unidad 4, Lección 2
Gramática A   **177**

Gramática B *Subjunctive with Emotion*

| ¡AVANZA! | **Goal:** Use the subjunctive to talk about emotions. |

1 Éstas son algunas de mis emociones. Completa las oraciones con la forma correcta del verbo en paréntesis.

1. Nos alegra que _____traigas_____ a tu familia. (traer)

2. Siento mucho que tú no _____estés_____ aquí para mi cumpleaños. (estar)

3. Es una lástima que no nos _____veamos_____ más. (ver)

4. Es lamentable que las personas más malas _____destruyan_____ el planeta. (destruir)

2 Completa las oraciones con tus emociones. Usa los tiempos verbales correspondientes.

1. Es una lástima que muchas personas *Answers will vary*: **no entiendan sus deberes como ciudadanos.**

2. Me alegra que tú *Answers will vary*: **seas mi amigo.**

3. Siento mucho que mis amigos *Answers will vary*: **no estén conmigo en este momento.**

4. Espero que nosotros *Answers will vary*: **seamos amigos para siempre.**

5. Me sorprende que mi amigo *Answers will vary*: **no conteste mis llamadas telefónicas.**

3 Contesta las siguientes preguntas con oraciones completas.

1. ¿Qué cosas te dan más tristeza?

   Answers will vary: **Me da tristeza que los niños no tengan qué comer.**

2. ¿Qué cosas te dan más alegría?

   Answers will vary: **Me da alegría que la gente se quiera.**

3. ¿Qué cosas te sorprenden más?

   Answers will vary: **Me sorprende que no cuidemos el planeta.**

UNIDAD 4
Lección 2
Gramática B

Gramática C *Subjunctive with Emotion*

> **¡AVANZA!** **Goal:** Use the subjunctive to talk about emotions.

1 ¿Así piensas de mí? Completa el siguiente diálogo.

Carmen: ¡Hola, Santiago! Me alegra mucho que ____vengas____ hoy.

Te esperé toda la tarde.

Santiago: ¡Hola, Carmen! A mí me gusta que tú me ____esperes____ .

Carmen: ¡Eres el chico más presumido de todos! Es una lástima que

____seas____ tan guapo pero tan presumido a la vez.

Santiago: Espero que no ____pienses____ eso de mí.

Carmen: ¡Claro! Me sorprende que ____pienses____ que es verdad.

No eres nada presumido.

2 Escribe oraciones completas con las cosas que te alegran y las cosas que te ponen triste. Usa la información entre paréntesis.

1. Las personas (cuidar) *Answers will vary:* **Me alegra que las personas cuiden**

el medio ambiente.

2. Mis amigos (no venir) *Answers will vary:* **Es una lástima que mis amigos no**

vengan a mi fiesta.

3. Nosotros (verse) *Answers will vary:* **Espero que nos veamos pronto**.

3 Escribe un correo a un(a) amigo(a) para contarle qué cosas te ponen contento(a). Usa expresiones como **me alegra que**. *Answers will vary.*

Hola, Maribel:

Me dijo Laura que este viernes vienes de vacaciones a la ciudad. Me

alegra mucho que vengas a visitarnos, todos te queremos ver pronto.

También me pone contenta que no te olvides de nosotros, tus amigos de

toda la vida. Espero que nos veamos el viernes.

Muchos besos,

Carina

**UNIDAD 4 • Gramática C
Lección 2**

Conversación simulada

Level 3, pp 252-253
WB CD 02 tracks 31-32

You are going to participate in a simulated telephone conversation with your friend, Miguel. First, read the outline of the whole conversation below. Next, listen to the audio. You will hear only Miguel's side of the conversation. Then, listen to the audio again and fill in the pauses with the appropriate responses, according to your cues. A tone will tell you when to start and stop speaking.

[phone rings]

Tú: Contesta el teléfono.

Miguel: (Él te saluda y te pregunta cómo estás.)

Tú: Saluda y pregúntale a Miguel si podrá venir a tu casa hoy.

Miguel: (Él te contesta y te pide otra cosa.)

Tú: Contesta y explica por qué.

Miguel: (Él te pregunta qué piensas hacer.)

Tú: Dile lo que deseas hacer.

Miguel: (Él te habla de un lugar para ir.)

Tú: Contesta y explica por qué.

Miguel: (Él se despide.)

Tú: Despídete y cuelga.

UNIDAD 4 • Conversación
Lección 2 simulada

Unidad 4, Lección 2
Conversación simulada

180

¡Avancemos! 3
Cuaderno: Práctica por niveles

Integración: Escribir

Level 3, pp 252-253
WB CD 02 track 33

Hay muchas personas que ayudan a la comunidad. Hoy, los ciudadanos quieren decirles «muchas gracias» a estas personas. Lee el artículo del periódico, escucha a un periodista en la radio y escribe sobre las profesiones que ayudan a los demás.

Fuente 1 Leer

Lee el artículo que salió en el periódico de hoy.

Las personas más valientes

Es imposible que usted no conozca a los hombres y a las mujeres más valientes que tiene esta ciudad. Para ellos, cumplir con su labor es un honor. Para nosotros, contar con su valentía es un orgullo.

Es lamentable que algunas personas sufran accidentes. Sin embargo, es bueno que ellos estén allí para ayudarlas.

Por eso, queremos darles las gracias y decirles que siempre están en nuestros corazones.

Hoy, los ciudadanos queremos entregarles un premio. Haremos una fiesta en el parque a las siete de la noche.

Fuente 2 Escuchar   WB CD 02 track 34

Luego, escucha lo que dice un periodista en un programa de radio. Toma notas.

_____

_____

_____

_____

Escribir

Hoy irás a la reunión de la que habla el artículo del periódico porque estás de acuerdo con lo que dijeron en la radio. ¿Quiénes son las personas más valientes que mencionó el periodista? ¿Qué harán los ciudadanos? Explica.

modelo: Hoy, los ciudadanos... Ellos lo hacen porque… Además,…

Answers will vary: **Hoy, los ciudadanos les entregarán un premio a los**

bomberos de la ciudad. Ellos hacen esto porque se alegran de que los

bomberos estén con ellos. Además, quieren decirles gracias por su

valentía, su honor y por arriesgar sus vidas.

UNIDAD 4 • Lección 2
Integración: Escribir

Escuchar C

Level 3, pp 260-261
WB CD 02 tracks 39-40

┌───┐
│ **¡AVANZA!** **Goal:** Listen to people talking about beliefs and feelings. │
└───┘

1 Escucha la conversación de Natalia y Ricardo. Toma apuntes. Luego, completa las siguientes oraciones.

1. Natalia está nerviosa porque *tiene que escoger su profesión.*

2. Si no escoge, Natalia puede *perder un año.*

3. Saber qué va a estudiar es *una de sus metas.*

4. Algo que puede ayudarle a escoger es *leer sobre muchas profesiones.*

2 Escucha al señor García y toma apuntes. Luego, contesta las siguientes preguntas con oraciones completas.

1. ¿Cuál es el trabajo del señor García?

   Él ayuda a los chicos a elegir una profesión.

2. ¿Qué profesiones estudian los chicos más prácticos?

   Ellos estudian profesiones como programador o técnico.

3. ¿Qué profesiones estudian los chicos más realistas?

   Ellos estudian profesiones como periodista o científico.

4. ¿Qué profesiones estudian los chicos más artísticos?

   Ellos estudian profesiones como músico o pintor.

5. ¿Por qué crees que es improbable que los chicos más realistas escojan ser pintores?

   Answers will vary: **Porque los pintores necesitan de algunas cualidades que**

   no prefieren los chicos realistas, como la creatividad y la fantasía.

UNIDAD 4 • Escuchar C
Lección 2

184

Unidad 4, Lección 2
Escuchar C

¡Avancemos! 3
Cuaderno: Práctica por niveles

Leer A

¡AVANZA! **Goal:** Read about needs, wishes, and feelings.

Claudia está reparando *(repairing)* su casa y necesita un carpintero. Por eso, ella publica este anuncio clasificado.

Se necesita carpintero.

Necesito al carpintero más artístico de la ciudad. No es probable que tenga que trabajar en un horario difícil: el horario es muy flexible. Tengo un mes de vacaciones en la compañía y puedo estar en casa todo el tiempo.

Estoy reparando mi casa y quiero hacer una mesa, un sofá y un sillón de madera, totalmente hechos a mano. Espero que haya alguien que pueda hacer este trabajo en un mes.

Si es así, por favor llame al 555-1234.

¿Comprendiste?

Lee el anuncio de Claudia. Luego, encierra en un círculo la palabra que completa mejor las siguientes oraciones.

1. Claudia necesita un carpintero para trabajar (en su casa / en la oficina / en la compañía).

2. No es probable que el carpintero tenga problemas con (el material / el horario / los muebles).

3. Claudia quiere que el carpintero haga (un viaje / esculturas hechas a mano / muebles).

4. Claudia espera que haya algún carpintero que pueda hacer el trabajo (en su tiempo libre / en treinta días / en la sala).

¿Qué piensas?

1. ¿Por qué necesita Claudia que el trabajo esté listo en un mes?

   Answers will vary: **Ella necesita que el trabajo esté listo en un mes**

   porque tiene un mes de vacaciones y es el tiempo en que puede estar

   en su casa.

UNIDAD 4
Lección 2

Leer A

Leer B

> **¡AVANZA!** **Goal:** Read about needs, wishes, and feelings.

El entrenador del equipo de béisbol les manda esta nota a los jugadores.

> ¡Hola, campeones!
>
> No creo que yo pueda estar en el partido de esta tarde, pero quiero decirles que yo sé que van a jugar muy bien. Tengo algunos problemas de salud que no me dejan estar hoy con ustedes. ¡Qué lástima que no los vea jugar! Pero voy a pensar en ustedes.
>
> Estoy muy contento de que ustedes sean mi equipo. Ustedes son los jugadores más destacados del año. ¡Son los campeones!
>
> ¡Mucha suerte!

¿Comprendiste?

Lee la nota del entrenador. Luego, completa las siguientes oraciones:

1. No es probable que el entrenador vaya al partido de la tarde.

2. El entrenador no va porque está enfermo.

3. El entrenador dice que es una lástima no ver a los chicos en el partido.

4. El entrenador está contento porque los chicos son su equipo.

¿Qué piensas?

1. ¿Crees que los chicos van a jugar mal porque no está el entrenador? ¿Por qué?

   Answers will vary: **No, creo que los chicos van a jugar muy bien porque ellos son jugadores destacados y el entrenador cuenta con ellos.**

2. ¿Crees que hay que hacer sacrificios para practicar deportes? ¿Por qué?

   Answers will vary: **Sí, creo que hay que hacer sacrificios para practicar deportes porque se necesita tener mucho tiempo para entrenar.**

UNIDAD 4
Lección 2

Leer B

Leer C

| ¡AVANZA! | **Goal:** Read about needs, wishes, and feelings. |

Una periodista publica un anuncio porque en el periódico de ayer salió un artículo con su nombre.

Periodista cuenta la verdad

En la edición del periódico de ayer, salió un artículo sobre política internacional con mi nombre. No es cierto que ese artículo sea mío.

Es lamentable que exista gente que tiene tiempo para hacer cosas como ésta. Además, es imposible que lo que dice ese artículo se corresponda con lo que yo pienso. Todos conocen mi opinión, que es contraria a la publicada ayer.

Siento mucho que ocurran estas cosas y que las personas gasten su tiempo actuando de esta manera.

Me alegro de que las personas me crean y apoyen. Gracias.

—*Olga Díaz*

¿Comprendiste?

Lee el anuncio de Olga. Luego, contesta las siguientes preguntas con oraciones completas:

1. ¿Cuál es el problema que tiene Olga con ese artículo?

   El artículo salió publicado con su nombre, pero ella no lo escribió.

2. ¿Qué cree Olga que es lamentable?

   Olga cree que es lamentable que exista gente con el tiempo para

   escribir cosas no verdaderas.

3. ¿Por qué es imposible que ese artículo sea de Olga?

   Porque las ideas que expresa son contrarias a lo que Olga piensa.

4. ¿Qué le alegra a Olga?

   A Olga le alegra que las personas le crean y le apoyen.

¿Qué piensas?

¿Crees que lo que le pasó a Olga es sorprendente? ¿Por qué?

   Answers will vary: **Sí, creo que lo que le pasó es sorprendente porque nadie**

¡Avancemos! 3
Cuaderno: Práctica por niveles

UNIDAD 4
Lección 2

Leer C

Unidad 4, Lección 2
Leer C **187**

Escribir A

> **¡AVANZA!** **Goal:** Write about emotions and beliefs.

Step 1

Completa la siguiente tabla con las profesiones definidas en la segunda columna.

Profesión	Descripción
músico	canta canciones y toca música
artista	hace pinturas
veterinario	cuida a los animales enfermos
bombero	se arriesga para ayudar a la gente en inundaciones e incendios
cartero	lleva las cartas

Step 2

Con la información de arriba, escribe tres oraciones para explicar qué profesiones prefieres y por qué. Describe las cualidades necesarias para las profesiones que te gustan.

Answers will vary: **Prefiero las profesiones de veterinario y bombero.**

Me gusta la profesión de veterinario porque su deber es cuidar de los

animales y creo que los animales son muy importantes. Los bomberos

necesitan valentía, hacer muchos sacrificios y creo que se arriesgan

mucho, pero es un honor para ellos ayudar a las personas.

Step 3

Evaluate your writing using the information in the table.

Writing Criteria	Excellent	Good	Needs Work
Content	Your sentences include many details and new vocabulary.	Your sentences include some details and new vocabulary.	Your sentences include few details or new vocabulary.
Communication	Most of your sentences are clear.	Some of your sentences are clear.	Your sentences are not very clear.
Accuracy	Your sentences have few mistakes in grammar and vocabulary.	Your sentences have some mistakes in grammar and vocabulary.	Your sentences have many mistakes in grammar and vocabulary.

UNIDAD 4 • Escribir A
Lección 2

Escribir B

> **¡AVANZA!** **Goal:** Write about emotions and beliefs.

Step 1

Muchos chicos no saben qué profesión quieren. Describe qué hacen los siguientes profesionales. *Answers will vary.*

1.	político:	Trabaja para solucionar los problemas de la sociedad.
2.	carpintero:	Hace muebles de madera.
3.	policía:	Hace respetar las leyes.
4.	periodista:	Escribe y cuenta noticias.

Step 2

Escribe cuatro oraciones usando la información de arriba. Usa expresiones que describen emociones como **alegrarse de que**, **no creer que** o **dudar que**.

Answers will vary: Me alegro de que los políticos trabajen para solucionar

los problemas de la sociedad. No creo que la profesión de policía sea

menos importante, sólo diferente. No es cierto que los muebles de metal

sean mejores que los de madera, creo que la profesión de carpintero

es muy importante. Dudo que pueda haber un mundo sin periodistas

porque todos queremos leer las noticias y saber qué pasa en el mundo.

Step 3

Evaluate your writing using the information in the table.

Writing Criteria	Excellent	Good	Needs Work
Content	Your sentences include many details and expressions of emotion.	Your sentences include some details and expressions of emotion.	Your sentences include few details or expressions of emotion.
Communication	Most of your sentences are clear.	Some of your sentences are clear.	Your sentences are not very clear.
Accuracy	Your sentences have few mistakes in grammar and vocabulary.	Your sentences have some mistakes in grammar and vocabulary.	Your sentences have many mistakes in grammar and vocabulary.

UNIDAD 4 Lección 2

•

Escribir B

Escribir C

> **¡AVANZA!** **Goal:** Write about emotions and beliefs.

Step 1

Completa la siguiente tabla. *Answers will vary.*

1. Escribe dos de tus propósitos para el próximo año.	a. **Sacar muy buenas notas en los exámenes.**	b. **Ganar el campeonato de béisbol de la escuela**
2. Escribe dos de tus obligaciones.	a. **Estudiar.**	b. **Cuidar el medio ambiente**
3. Escribe dos de tus logros de este año.	a. **Gané un premio en ciencias.**	b. **Terminé la escuela con notas muy altas**

Step 2

Con la información de arriba, escribe cinco oraciones sobre el año próximo. Usa el vocabulario que aprendiste en esta lección.

Answers will vary: **El próximo año espero que saque buenas notas. Me alegra que este año tenga buenas notas, es uno de mis logros. También quiero ganar el campeonato de béisbol de la escuela. No creo que lo gane, porque necesito entrenarme más. Además, tengo obligaciones muy importantes como estudiar y cuidar el medio ambiente.**

Step 3

Evaluate your writing using the information in the table.

Writing Criteria	Excellent	Good	Needs Work
Content	Your sentences include many details about your plans.	Your sentences include some details about your plans.	Your sentences include few details about your plans.
Communication	Most of your sentences are clear.	Some of your sentences are clear.	Your sentences are not very clear.
Accuracy	You make few mistakes in grammar and vocabulary.	You make some mistakes in grammar and vocabulary.	You make many mistakes in grammar and vocabulary.

UNIDAD 4
Lección 2

Escribir C

Unidad 4, Lección 2
Escribir C

190

¡Avancemos! 3
Cuaderno: Práctica por niveles

Cultura A

> **¡AVANZA!** **Goal:** Review cultural information about the Caribbean.

1 **Las islas caribeñas** Escoge la opción correcta que corresponde con cada descripción.

1. En el Caribe hay dos estaciones, __c__

    a. primavera y verano   **b.** invierno y otoño   **c.** seca y lluviosa

2. Un producto importante del Caribe son __a__

    a. las frutas tropicales   **b.** los carros   **c.** las manzanas

3. Tres países que forman el área del Caribe son __b.__

    a. México, Guatemala y El Salvador   **b.** Cuba, República Dominicana y Puerto Rico   **c.** Honduras, Costa Rica y Panamá

2 **Los caribeños y su cultura** Responde **cierto** o **falso** a las siguientes oraciones.

C (F) **1.** Amelia Peláez sólo pintó obras en blanco y negro.

(C) F **2.** En el Caribe es muy común ver festivales de máscaras gigantes.

(C) F **3.** La palabra **ñapa** viene de la palabra quechua **yapay**.

C (F) **4.** La palabra *ñapa* significa «perder algo».

(C) F **5.** Julia Álvarez es una escritora dominicana.

3 **Actividades del Caribe** La gente joven del Caribe hace diferentes actividades para divertirse el fin de semana. ¿Qué haces tú para divertirte el fin de semana? Compara lo que haces para divertirte el fin de semana con lo que hacen los jóvenes en el Caribe. Completa la tabla. *Answers will vary:*

Mis actividades	Actividades de los jóvenes caribeños
clase de karate	salir a comer un helado
ir a la tienda de ropa	salir a caminar por las calles
ver televisión	salir a bailar

UNIDAD 4
Lección 2

•

Cultura A

Cultura B

┌──┐
│ ¡AVANZA! **Goal:** Review cultural information about the Caribbean. │
└──┘

1 **Caribeñas famosas** Indica con una X qué persona corresponde a cada descripción.

Características	Julia Álvarez	Amelia Peláez
1. Era una pintora modernista con un estilo muy original.		X
2. Nació en Nueva York.	X	
3. Dibujaba con una línea negra el perímetro de los objetos.		X
4. Se mudó a la República Dominicana.	X	
5. Sus pinturas tienen un efecto similar a los vitrales.		X
6. Nació en Cuba.		X

2 **El Caribe** Responde a las siguientes preguntas sobre la vida en el Caribe.

1. ¿Qué significa la palabra ñapa? ___significa «dar más»___

2. ¿Dónde nació el famoso cantante caribeño Ricky Martin? ___en Puerto Rico___

3. ¿Cuáles son las dos estaciones climáticas del Caribe? ___la seca y la lluviosa___

4. ¿Qué tipo de comida es un producto importante del Caribe? ___las frutas tropicales___

3 **La vida en el Caribe** Describe lo que hacen los jóvenes caribeños los fines de semana. Después, describe tus actividades en un fin de semana típico. ¿Hay alguna semejanza entre las actividades que hacen los chicos caribeños y las tuyas? *Answers will vary:*

Los jóvenes caribeños en un fin de semana se juntan y pasean por las calles

de la ciudad donde viven. También salen a bailar y a tomar un refresco. Yo

los fines de semana siempre salgo con mi mamá a la tienda de ropa, voy a la

clase de Karate y veo televisión. No hay ninguna semejanza entre las

actividades que hago y las que hacen los jóvenes caribeños.

UNIDAD 4 • Cultura B
Lección 2

Cultura C

> ¡AVANZA! **Goal:** Review cultural information about the Caribbean.

1 **La vida en el Caribe** Completa las siguientes oraciones con las palabras de la caja.

artista	jugo	grupo	cantante	máscaras

1. Gloria Estefan es una _____cantante_____ famosa que nació en Cuba.

2. Cojuelos, cabezones y vejigantes son ejemplos de personajes que se disfrazan con _____máscaras_____ gigantes en los carnavales.

3. Amelia Peláez es una _____artista_____ cubana.

4. Las frutas tropicales se venden en las calles del Caribe y tienen mucho _____jugo_____.

5. Salir en _____grupo_____ es parte de la cultura caribeña.

2 **La cultura caribeña** Responde a las siguientes preguntas sobre la cultura caribeña en oraciones completas.

1. ¿Qué escritora caribeña vivía en la República Dominicana cuando era niña, pero nació en Nueva York?

    Julia Álvarez. nació en Nueva York, pero vivió en República Dominicana cuando era niña.

2. ¿Cómo es la obra de Amelia Peláez? _____Las pinturas de Amelia Peláez_____

    son muy originales porque tienen un efecto parecido a los vitrales.

3 **La ñapa** Describe la costumbre de la ñapa. Después, da tu opinión sobre esta costumbre. ¿Te gusta esta costumbre? Explica por qué. ¿Crees que la ñapa es necesaria?

Answers will vary: **La costumbre de la ñapa es una manera que tiene el vendedor**

de agradecerle al comprador por comprar. Siempre se le da un poco más al

comprador por lo que ha pagado. Yo pienso que es una costumbre muy

buena, porque así el cliente se siente especial. Sí, me gusta esta

costumbre, porque hace que el comprador se sienta especial.

Comparación cultural: Héroes del Caribe

Level 3, pp 262-263

Lectura y escritura

Después de leer los párrafos sobre los datos históricos que mencionan Inés y Fernando, escribe un párrafo sobre un héroe o heroína de tu comunidad. Usa la información que está en el organigrama para escribir oraciones con ideas generales y luego escribe un párrafo sobre un héroe o heroína de tu comunidad.

Paso 1

Completa el organigrama con detalles sobre un héroe o heroína de tu comunidad.

- Introducción
- Nombre del héroe
- ¿Qué hizo?

Ideales y cualidades

Fechas y hechos

Conclusión

Paso 2

Usa los detalles del organigrama y escribe unas oraciones generales para cada tema.

_____
_____
_____
_____
_____
_____

194 Unidad 4
Comparación cultural: Héroes del Caribe
¡Avancemos! 3
Cuaderno: Práctica por niveles

Comparación cultural: Héroes del Caribe

Lectura y escritura (seguir)

Paso 3

Escribe un párrafo usando las oraciones que escribiste como guía. Incluye una oración introductoria. Escribe sobre un héroe o heroína de tu comunidad utilizando las siguientes frases: **por eso, por lo tanto, sin embargo**.

_____

_____

_____

_____

_____

_____

_____

Checklist

Be sure that…

☐ all the details about a hero in your community from your flow chart are included in the paragraph;

☐ you use details to describe a hero in your community;

☐ you include connector words.

Rubric

Evaluate your writing using the rubric below.

Writing criteria	Excellent	Good	Needs Work
Content	Your paragraph includes all of the details about a hero in your community.	Your paragraph includes some details about a hero in your community.	Your paragraph includes few details about a hero in your community.
Communication	Most of your paragraph is organized and easy to follow.	Parts of your paragraph are organized and easy to follow.	Your paragraph is disorganized and hard to follow.
Accuracy	Your paragraph has few mistakes in grammar and vocabulary.	Your paragraph has some mistakes in grammar and vocabulary.	Your paragraph has many mistakes in grammar and vocabulary.

UNIDAD 4 • Comparación cultural
Lección 2

Comparación cultural: Héroes del Caribe

Level 3, pp 262-263

Compara con tu mundo

Escribe una comparación sobre un héroe o heroína de tu comunidad y el de uno de los estudiantes que están en la página 263. Organiza la comparación por temas. Primero, compara el nombre del héroe y qué hizo, luego sus cualidades, las fechas y los eventos importantes, y al final escribe detalles sobre esa persona.

Paso 1

Usa la tabla para organizar la comparación por temas. Escribe detalles para cada tema sobre un héroe o heroína de tu comunidad y el del (de la) estudiante que has elegido.

Nombre de el héroe o la heroína	Mi héroe o heroína	El héroe o la heroína de _____
Cualidades		
Fechas y eventos		
Detalles		

Paso 2

Usa la información de la tabla para escribir una comparación. Incluye una oración introductoria y escribe sobre cada tema. Describe a un héroe o heroína de tu comunidad y el del (de la) estudiante que has elegido utilizando las siguientes frases: **por eso, por lo tanto, sin embargo**.

_____

_____

_____

_____

_____

Vocabulario A

> ¡AVANZA! **Goal:** Discuss personal items.

1 Norma lleva muchas cosas en su bolsa. Marca con una X las cosas que puedes llevar en una bolsa.

1. ____ el escáner   **6.** __x__ las gafas de sol

2. __x__ el monedero   **7.** ____ el sitio web

3. __x__ la agenda electrónica   **8.** __x__ los documentos de identidad

4, ____ la computadora portátil   **9.** ____ el salón de charlas

5. ____ el enlace   **10.** __x__ el paraguas

2 Completa las oraciones con las palabras de la caja.

precioso	hacer una sugerencia	valioso
sospechar que	distintas	

1. Puedes darme de regalo algo barato, no tiene que ser algo _____valioso_____ .

2. Tu casa está en un lugar _____precioso_____ .

3. Éstas no me gustan porque son demasiado grandes, tráigame unas gafas de sol

_____distintas_____ por favor.

4. Mi novia escogió un collar muy lindo, sin _____sospechar que_____ iba a hacerle

un regalo.

5. ¿Le puedo _____hacer una sugerencia_____ ? Lleve siempre el paraguas cuando amenace

un ciclón.

3 Completa las siguientes oraciones con la palabra correcta:

1. Pongo _____los ahorros_____ en el banco para cuando necesite el dinero.

2. Para entrar en mi cuenta de correo electrónico, tengo que escribir mi _____contraseña_____ .

3. Para llevar mi dinero y documentos en la bolsa, yo uso una _____cartera_____ .

Vocabulario B

 Goal: Discuss personal items.

1 Javier tiene que hacer un viaje y lleva muchas cosas. Elimina la palabra que no puede completar cada oración. Sigue el modelo.

1. **modelo:** En mi bolsa, llevo cosas valiosas para mí: (los documentos / el monedero / ~~el sitio web~~).

2. Me conecto a Internet para (descargar / ~~esconder~~ / enviar) información.

3. Tengo que imprimir algunas páginas, necesito mi (~~cartera~~ / computadora portátil / impresora).

4. Voy a la playa, llevo (unas gafas de sol / ~~un enlace~~ / una bolsa).

5. Te doy un consejo: no le des a nadie tu (contraseña / agenda electrónica / ~~sugerencia~~).

2 Luisa necesita hacer algunas cosas. Completa su diálogo con Miriam para ver qué cosas necesita. Usa las palabras de caja.

computadora portátil	conectarte a Internet	temer que
ponerse de acuerdo	descargar	

Luisa: Hola, Miriam. Necesito **1.** _____descargar_____ información para el trabajo de mañana y mi **2.** _____computadora portátil_____ no funciona. ¿Puedo ir a tu casa?

Miriam: ¡Claro que sí! Aquí puedes **3.** ___conectarte a Internet___ . Y no tienes que **4.** _____temer que_____ haya un virus, mi computadora está limpia.

Luisa: Gracias, Miriam. Entonces sólo hay que **5.** ___ponerse de acuerdo___ en la hora.

3 Contesta las siguientes preguntas con una oración completa:

1. ¿Qué cosas llevas en tu mochila que no lleva tu compañero?

Answers will vary: **Yo llevo un monedero en la mochila y él no lo lleva.**

2. ¿Qué sugerencia puedes hacerle a tu amigo cuando entra en Internet?

Answers will vary: **Yo le sugiero que lea las noticias.**

Vocabulario C

 Goal: Discuss personal items.

1 Usamos varios artículos todos los días. Empareja los artículos con las cosas para las que sirven.

Artículo	**Sirve para...**
1. __f__ las gafas del sol	**a.** hablar con otras personas sobre
2. __j__ el paraguas	muchas cosas.
3. __h__ la agenda electrónica	**b.** buscar y descargar información.
4. __b__ el sitio web	**c.** copiar documentos o fotos.
5. __a__ el salón de charlas	**d.** conectarse a Internet, hacer trabajos,
6. __g__ la contraseña	descargar información...
7. __e__ la cartera	**e.** llevar dinero y documentos.
8. __i__ la bolsa	**f.** proteger nuestros ojos del sol.
9. __c__ el escáner	**g.** tener acceso a tu computadora.
10. __d__ la computadora portátil	**h.** escribir números de teléfonos, direcciones
	y saber qué tenemos que hacer cada día.
	i. llevar artículos personales y valiosos.
	j. protegernos de la lluvia.

2 Lucas hace las cosas como quiere. Completa las siguientes oraciones:

1. Lucas puede _____*Answers will vary:* **conectarse a Internet**_____ por las tardes.

2. Lucas lleva _____*Answers will vary:* **su agenda electrónica**_____ a todas partes.

3. Lucas juega _____*Answers will vary:* **juegos de computadora**_____ con sus amigos.

4. Lucas sigue _____*Answers will vary:* **las sugerencias de su madre**_____ en todo momento.

5. Lucas entra _____*Answers will vary:* **en el salón de charlas**_____ a conversar.

3 Escribe tres oraciones completas para describir las cosas que haces con tu computadora.

1. *Answers will vary:* **Yo descargo información para los trabajos de la escuela.**

2. *Answers will vary:* **Yo conozco nuevos amigos en el salón de charlas.**

3. *Answers will vary:* **Yo envío y recibo correos electrónicos de mis amigos.**

Gramática A *Subjunctive with Conjunctions*

¡AVANZA!	**Goal:** Discuss actions that may happen in the future.

1 Julio tiene que hacer un trabajo para la escuela. Encierra en un círculo el verbo que mejor completa la oración.

1. Julio tiene que hacer un buen trabajo para que el maestro le (da /(de)) una buena nota.

2. Julio lleva su computadora portátil en caso de que las de la biblioteca ((estén)/ están) ocupadas.

3. Julio volverá temprano a menos que no (encuentra /(encuentre)) toda la información.

4. Julio descarga lo que sea con tal de que la información ((sea)/ es) valiosa para el trabajo.

5. Julio se va antes de que la biblioteca ((cierre)/ cierra).

2 Mi hermana Mónica tiene que preparar la cena para la familia. Completa las siguientes oraciones con las conjunciones de la caja.

para que	a menos que	con tal de que
en caso de que	antes de que	

1. Mónica no va al supermercado _____ a menos que _____ yo vaya por ella.

2. Mónica tiene la cena preparada _____ antes de que _____ sus padres vuelvan del trabajo.

3. Mónica cocina rápido _____ para que _____ nosotros comamos cuando lleguemos.

4. Mónica pide una pizza _____ en caso de que _____ a mi hermano no le guste su comida.

5. Mónica hace muchas cosas _____ con tal de que _____ tú comas algo que te guste.

3 Completa las siguientes oraciones con lo que haces todos los días:

1. Me levanto temprano a menos que *Answers will vary:* **no tenga clases**.

2. Vuelvo a casa antes de que *Answers will vary:* **mi mamá sirva la cena**.

3. Voy al cine cuando sea, con tal de que *Answers will vary:* **me guste la película**.

Gramática B *Subjunctive with Conjunctions*

Level 3, pp. 277-281

> **¡AVANZA!** **Goal:** Discuss actions that may happen in the future.

1 Mariano y Patricia van a pasar un día en la playa. Escoge el verbo correcto.

1. Para que el sol no nos __b__ los ojos, llevamos las gafas de sol.

    a. daña   **b.** dañe   **c.** daño   **d.** dañemos

2. En caso de que __a__ más personas, llevamos otra sombrilla.

    a. vengan   **b.** vienes   **c.** vengas   **d.** vienen

3. Con tal de que todos lo __b__ bien, jugamos a lo que sea.

    a. pasan   **b.** pasen   **c.** pasas   **d.** pases

4. Antes de que ustedes __b__, limpiamos todo, a la hora que sea.

    a. volvemos   **b.** vuelvan   **c.** volvamos   **d.** vuelvas

5. Pasamos todo el día en la playa a menos que nos __d__ mucho.

    a. cansen   **b.** cansas   **c.** cansamos   **d.** cansemos

2 Andrés me invita al cine. Completa las oraciones con la palabra correcta.

1. Voy al cine, ____a menos que____ mi mamá no me deje ir. (a menos que / a fin de que)

2. Andrés me llama de sorpresa, ____sin que____ yo sepa nada. (para que / sin que)

3. Vuelvo del cine ____antes de que____ sea de noche. (antes de que / a fin de que)

4. Me voy temprano ____para que____ no lleguemos tarde. (para que / sin que)

5. Llevo el paraguas ____en caso de que____ sea necesario. (en caso de que / para que)

3 Contesta las siguientes preguntas con una oración completa:

1. ¿En qué caso usas Internet?

Answers will vary: **Uso Internet en caso de que necesite información.**

2. ¿En qué caso llegas tarde a clases?

Answers will vary: **Llego tarde a clases en caso de que me quede dormido.**

3. ¿En qué caso te acuestas a la hora que sea?

Answers will vary: **Me acuesto a la hora que sea en caso de que no tenga**

que levantarme temprano al día siguiente.

Gramática C *Subjunctive with Conjunctions*

Level 3, pp. 277-281

> **¡AVANZA!** **Goal:** Discuss actions that may happen in the future.

1 Ernesto y Amanda van a acampar. Completa el texto de abajo con la forma correcta de los verbos de la caja.

Para que nosotros **1.** ____podamos____ ir a acampar, primero

necesitamos hacer algunas cosas. No nos importa el lugar, podemos

acampar donde sea con tal de que **2.** ____sea____ bonito y

tranquilo. Pero sí tenemos que ver las cosas que necesitamos llevar.

Antes de que **3.** ____pongamos____ nuestras cosas en la mochila,

tenemos que ordenarlas. En caso de que **4.** ____olvidemos____ las

gafas de sol, podemos solucionarlo como sea, pero no podemos dejar

la comida.

ser
olvidar
poder
poner

2 El equipo de Lucio juega hoy el campeonato de béisbol. Completa las siguientes oraciones con el verbo entre paréntesis: *Answers will vary:*

1. Los equipos se entrenan para que **puedan ganar el partido.** (poder)

2. Hay un segundo premio en caso de que **pierdan este partido.** (perder)

3. El entrenador habla con los chicos antes de que **empiecen el partido.** (empezar)

4. Los chicos usarán el uniforme azul a menos que **prefieran usar el uniforme gris.** (preferir)

5. Puede pasar lo que sea con tal de que **los chicos estén contentos.** (estar)

3 Escribe un texto de tres oraciones completas para hablar de cosas que pueden pasar. Usa **a menos que**, **con tal de que** y **en caso de que**.

Answers will vary: **Esta noche voy a un concierto de música de rock a menos que mis amigos quieran ir al cine. Podemos ir donde sea con tal de que vayamos todos. En caso de que prefieran ir al cine, me voy a divertir igual.**

Gramática A *Subjunctive with the Unknown*

> **¡AVANZA!** **Goal:** Discuss the unknown.

1 Jaime busca a unos amigos en el salón de charlas. Subraya el verbo correcto.

1. ¿Hay alguien que (conoce / <u>conozca</u>) a Emilio?

2. No hay nadie que (va / <u>vaya</u>) al cine.

3. Necesito encontrar a una persona que (<u>sepa</u> / sabe) de computadoras.

4. Busco una persona que (<u>hable</u> / habla) de lo que sea, pero que (<u>escriba</u> / escribe) rápido.

5. No conozco a ningún chico que (está / <u>esté</u>) de acuerdo conmigo.

2 Marta va a comprar ropa de verano. Completa las oraciones con la forma correcta de los verbos de la caja. Sigue el modelo.

estar	ser	costar	quedar

1. **modelo:** ¿Hay una camisa que **tenga** un dibujo de un barco?

2. ¿Hay algunos pantalones cortos que _____ sean _____ de color negro?

3. No quiero ninguna falda que no _____ esté _____ de moda.

4. ¿Tienes algunas sandalias que _____ cuesten _____ poco dinero?

5. Necesito unos pantalones que me _____ queden _____ bien.

3 Camila le hace preguntas a un amigo. Completa las preguntas con el subjuntivo del verbo entre paréntesis. Sigue el modelo.

modelo: ¿Tienen una computadora portátil que (tener) juegos de computadora?:
¿Tienen una computadora portátil que **tenga** juegos de computadora?

1. ¿Hay personas que (no darse cuenta) de la importancia de usar una contraseña?

no se den cuenta

2. ¿Conoces a alguien que (estar ilusionado) de poder descargar música de Internet?

esté ilusionado

3. ¿No hay personas que no (conectarse) a Internet?

se conecten

Gramática B *Subjunctive with the Unknown*

Level 3, pp. 282-284

 Goal: Discuss the unknown.

1 Laura quiere encontrar un trabajo. Escribe oraciones con las siguientes palabras:

1. Ella quiere / unos compañeros / ser amables.

Ella quiere unos compañeros que sean amables.

2. Ella necesita / un trabajo / dejarla destacarse.

Ella necesita un trabajo que la deje destacarse.

3. Ella busca / una oficina / ser grande.

Ella busca una oficina que sea grande.

2 Santiago y Pedro quieren ir de viaje. Completa el diálogo.

Pedro: Hola, Santiago. ¿Pensaste en algún lugar al que ___quieras___ ir?

Santiago: Hola, Pedro. Todavía no. Me gustaría ir a un lugar que ___tenga___ campo y playa. ¿Conoces alguno?

Pedro: No, no conozco ninguno que ___tenga___ las dos cosas. Pero podemos preguntarles a los chicos.

Santiago: No hay nadie que ___sepa___ eso. Pero hay un sitio web sobre lugares para viajar.

Pedro: Bueno, vamos donde ___sea___ , pero no quiero perder las vacaciones buscando lugares en Internet. No hay nadie que ___quiera___ eso.

3 Susana necesita algunas cosas. Observa los dibujos de abajo y completa las oraciones.

1.    **2.**    **3.**

1. Necesito un *Answers will vary:* **paraguas que sea grande**. (ser)

2. Necesito una *Answers will vary:* **agenda electrónica que guarde mucha información** (guardar)

3. Necesito unas *Answers will vary:* **gafas del sol que me protejan bien los ojos.** (proteger)

Gramática C *Subjunctive with the Unknown*

Level 3, pp. 282-284

 Goal: Discuss the unknown.

1 Verónica va de compras. Usa el subjuntivo y completa las oraciones correctamente.

1. ¿Hay alguien que *sepa dónde venden paraguas?*

   (saber / vender paraguas)

2. Busco *una bolsa que sea buena para llevar a la escuela.*

   (bolsa / buena para la escuela)

3. Necesito *una computadora portátil que tenga juegos.*

   (computadora portátil / tener juegos)

4. Aquí no hay *agendas electrónicas que pueda usar.*

   (agendas electrónicas / yo poder usar)

5. ¿Hay algún *sitio donde vendan gafas de sol?*

   (sitio donde / vender gafas de sol)

2 María quiere comprar una casa. Escribe oraciones con las características de esta casa. Usa la forma **María quiere** más el verbo entre paréntesis.

modelo   (tener) **María quiere una casa que tenga dos pisos.**

1. (estar) *Answers will vary:* **María quiere una casa que esté cerca de la escuela de sus hijos.**

2. (poder) *Answers will vary:* **María quiere una casa que pueda limpiarse fácilmente.**

3. (ser) *Answers will vary:* **María quiere una casa que sea preciosa.**

4. (parecer) *Answers will vary:* **María quiere una casa que parezca de los años setenta.**

3 A Claudia le gusta leer. Ella quiere conocer amigos en el salón de charlas. Escribe tres oraciones que describan las características de los amigos que Claudia quiere tener. Usa el subjuntivo.

Answers will vary: **Claudia quiere conocer personas que lean cuentos y leyendas. Ella quiere encontrar amigos que sean inteligentes y estudiosos. También, a ella le gustan las personas que sepan sobre libros antiguos.**

Integración: Hablar

Level 3, pp. 285-287
WB CD 03 track 01

Un grupo de amigos hizo un sitio web para conocer y hacer amigos en todo el mundo. Ellos les mandan correos electrónicos a muchos chicos para hacer un grupo cada vez más grande. Lee el correo electrónico que ellos mandan, escucha el mensaje de Raquel y di cuál es su experiencia en este grupo.

Fuente 1 Leer

Lee el correo electrónico que un grupo de chicos mandó a muchas direcciones electrónicas.

¡Hola a todos!

Estamos buscando chicos y chicas para que sean parte de un gran grupo de amigos.

Hicimos un sitio web que tiene información interesante de otros países y un salón de charlas abierto a todos. Tenemos ganas de hablar de lo que nos gusta, de lo que sabemos o de lo que sea, con tal de que lo hagamos con amistad y respeto.

Puedes conectarte desde tu casa o desde tu computadora portátil. Anota nuestra dirección en tu agenda electrónica: www.amigosamigosamigos.com

Fuente 2 Escuchar   WB CD 03 track 02

Luego, escucha la conversación de Raquel con su amigo Claudio. Toma notas.

_____

_____

_____

Hablar

Tú también recibiste el correo electrónico del grupo de amigos y Raquel te contó sus experiencias. ¿Te interesa conocer a este grupo de amigos? Explica.

modelo: A mí (no) me interesa... porque… Además,…

Answers will vary: **A mí me interesa conocer a estos chicos y ser su amigo(a) porque me gustan las actividades que hacen, como hablar en un salón de charlas. Además, creo que es interesante leer información y ver fotos de otros lugares del mundo.**

Integración: Escribir

Level 3, pp. 285-287
WB CD 03 track 03

Laura trabaja en una agencia de turismo local. A ella le encanta su trabajo porque puede conocer gente interesante y aprender más sobre su ciudad. Lee el anuncio en el periódico, escucha lo que dice Laura y escribe sobre las cosas que las personas pueden hacer en el viaje.

Fuente 1 Leer

Lee el anuncio de la agencia de turismo en una revista.

¡VAMOS A CONOCER LA CIUDAD!

Muchos de nosotros creemos que conocemos nuestra ciudad.

Pero, ¿hay alguien que conozca toda su historia y todos sus lugares? A fin de que usted aprenda más sobre su ciudad, los sábados visitamos los principales lugares y le contamos la historia de cada uno de ellos.

> **Puede venir solo o con amigos. Llámenos al 555-5555.**

En caso de que usted conozca a muchas personas que quieran hacer este paseo, pregunte por los precios especiales para grupos.

Fuente 2 Escuchar   *WB CD 03 track 04*

Luego, escucha lo que dice Laura por el altoparlante del autobús que lleva a las personas por la ciudad. Toma notas.

_____

_____

_____

_____

Escribir

Tú vas en el autobús que va por la ciudad y escuchas lo que dice Laura. Explica por qué estás en ese autobús y qué consejos te da Laura.

modelo: Yo estoy en el autobús porque… Laura nos sugiere…

Answers will vary: **Yo estoy en el autobús porque quiero conocer algunos**

lugares de la ciudad que no conozco, visitar lugares importantes y saber

más de historia. Laura nos sugiere que nos quedemos cerca del grupo y

que guardemos las cosas de valor.

_____

Escuchar A

Level 3, pp. 294-295
WB CD 03 tracks 05-06

> ¡AVANZA! **Goal:** Listen to discussions about what people do and why.

1 Escucha a Javier. Lee cada oración y contesta **cierto** o **falso**.

C Ⓕ **1.** Los amigos de Javier se encuentran a las cuatro.

Ⓒ F **2.** Hay gente del salón de charlas que lee.

Ⓒ F **3.** Javier es el que más sabe de cine en el salón de charlas.

C Ⓕ **4.** Javier sabe más de cine que Víctor.

Ⓒ F **5.** Víctor sabe más de cine que nadie.

2 Escucha a Silvia. Luego, completa las oraciones con la mejor expresión entre paréntesis.

1. Víctor y Silvia van al cine si pueden ___comprar las entradas___ . (llegar temprano / comprar las entradas).

2. Es una película famosa, por eso las entradas ___se terminan temprano___ . (se terminan temprano / son caras).

3. A Víctor no le importa ___cuál sea la película___ . (cuál sea la película / cuánto cuesta la entrada).

4. Víctor ve las películas para ___escribir una crítica___ . (aprender de cine / escribir una crítica).

Escuchar B

¡AVANZA! **Goal:** Listen to discussions about what people do and why.

1 Escucha la conversación de Pedro y Rosana. Luego, encierra en un círculo las cosas que lleva Rosana en su bolsa.

(los documentos)   el monedero   (la agenda electrónica)

el paraguas   (el dinero)   (el teléfono celular)

(las gafas de sol)   el libro   la cartera

2 Escucha a Sonia. Luego, completa las siguientes oraciones:

1. No hay nadie tan organizado como _____ el hijo _____ de Sonia.

2. Sonia se parece a _____ su hija _____ .

3. Sonia puso _____ la bolsa _____ detrás del sillón.

4. Sonia le enseña algunas cosas a su hija para que aprenda a ser _____ organizada _____ .

UNIDAD 5
Lección 1

Escuchar C

Escuchar C

| ¡AVANZA! | **Goal:** Listen to discussions about what people do and why. |

1 Escucha la conversación entre Jorge y Camila. Toma apuntes. Luego, completa las oraciones.

1. Los chicos van a ____acampar____ el fin de semana.

2. Cecilia tiene que llamar __antes del viernes__ para poder ir.

3. Jorge va a escribir una lista con ____las cosas que lleva cada uno.____

4. Si Cecilia no llama, Camila ____lleva las cosas que tiene que llevar Cecilia.____

5. Camila puede llevar ____la guitarra____ y ____la pelota____ .

2 Escucha lo que dice Cecilia y toma apuntes. Luego, contesta las preguntas.

1. ¿Por qué Cecilia no puede ir a acampar?

Porque tiene que estudiar.

2. ¿Cuál es la solución para que Cecilia pueda ir?

Que ella lleve los libros y estudie allá.

3. ¿Qué puede hacer Cecilia con sólo tener ganas?

Cecilia puede estudiar donde sea.

4. ¿Cuándo va a llamar Cecilia a sus amigos?

Antes de que se vayan sin ella.

Leer A

 Goal: Read about suggestions and advice.

Irma va a casa de su tía a pasar una semana. La tía de Irma vive en otra ciudad y le escribe un correo electrónico para hacerle algunas sugerencias para el viaje.

> Hola Irma:
>
> Estoy muy contenta de que vengas a visitarme la próxima semana. Tú sabes que puedes venir cuando sea. Ésta también es tu casa.
>
> Pensaba en tu viaje. Sé que viajas sola en autobús y quiero darte algunos consejos para el viaje. En caso de que alguien que no conozcas te pida información personal, no le contestes nada, a menos que trabaje en los autobuses. Guarda bien la cartera y el monedero para que nadie vea el dinero que tienes y así evitar problemas. Aquí el sol de verano es muy fuerte. A fin de que no te dañes los ojos, trae gafas de sol. Recuerda estos consejos.
>
> Tu tía que te quiere.

¿Comprendiste?

Lee el correo electrónico de la tía de Irma. Luego, subraya las cosas que no debe hacer Irma.

1. <u>Hablar con personas que no conoce.</u>

2. Usar gafas de sol en verano.

3. <u>Dejar que otros vean el dinero que lleva.</u>

4. <u>Dejar que otros vean sus documentos.</u>

5. Usar un paraguas.

6. Esperar a que su tía vaya a buscarla.

¿Qué piensas?

1. ¿Crees que los consejos de la tía de Irma son valiosos?

Answers will vary: **Sí, creo que son consejos muy valiosos.**

2. ¿Por qué?

Answers will vary: **Porque es importante cuidar nuestra seguridad personal.**

Leer B

Level 3, pp. 294-295

¡AVANZA! **Goal:** Read about suggestions and advice.

Este artículo sale en una revista que da sugerencias para la casa.

Cinco sugerencias para tener una casa preciosa

1. En caso de que tenga perro, gato, o el animal que sea, cuide que esté siempre limpio.

2. Antes de que sus hijos se vayan a la escuela, tienen que dejar sus cuartos ordenados.

3. Sus hijos pueden dar todas las fiestas que quieran, invitar a todos sus amigos o lo que sea, con tal de que después limpien y ordenen.

4. Todos los fines de semana, usen dos horas para ordenar la casa. Además, esto le sirve a la familia para que hablen y pasen un rato juntos.

¿Comprendiste?

Lee el artículo de la revista. Luego, escoge la letra de la selección a la derecha que complete cada oración según lo que leíste.

1. Este artículo da sugerencias para __c__

2. Si hay animales en casa, es mejor __d__

3. Los chicos de la casa __a__

4. Mantener la casa es un trabajo __b__

a. tienen que hacer los quehaceres también.

b. que se puede hacer cuando termine la semana.

c. mantener la casa preciosa.

d. que los bañen regularmente.

¿Qué piensas?

1. ¿Qué piensas sobre los consejos que da esta revista?

   Answers will vary: **Pienso que algunos son interesantes y otros no lo son.**

2. ¿Por qué?

   Answers will vary: **Porque a cada persona le importan o le sirven cosas**

   diferentes.

Leer C

¡AVANZA! **Goal:** Read about suggestions and advice.

Gastón tiene un grupo de amigos que se reúnen a hablar en un salón de charlas.

> **Gastón dice:** Hola chicos, estoy buscando a alguien que sepa de computadoras. Me hablaron de algo que quiero descargar pero necesito saber más. En caso de que conozcan a alguien, preséntenmelo.
>
> **Sandra dice:** Hola, Gastón. Sí, yo conozco a un chico que sabe mucho, pero ahora no está en el salón de charlas. Pero yo se lo digo hoy, mañana o cuando sea. A menos que quieras su dirección de correo electrónico.
>
> **Emiliano dice:** Hola, Gastón. Yo también sé de computadoras. Si quieres, yo puedo ayudarte para que puedas saber más sobre lo que sea. Dime qué necesitas.

¿Comprendiste?

Lee qué dicen los chicos en el salón de charlas. Completa la tabla de abajo.

Nombre	¿Qué hace?	¿Qué cosa?
Gastón	busca	a alguien que sepa de computadoras.
Sandra	conoce	a un chico que sabe mucho.
Emiliano	puede	ayudar para que Gastón pueda saber más sobre lo que sea.

¿Qué piensas?

1. ¿Piensas que el salón de charlas es un buen lugar para aprender cosas?

   Answers will vary: **Sí, pienso que el salón de charlas es un buen**

   lugar para aprender cosas.

2. ¿Por qué?

   Answers will vary: **Porque allí hay personas que saben muchas cosas y**

   comparten la información con los amigos del salón.

Escribir A

Level 3, pp. 294-295

> **¡AVANZA!** **Goal:** Write about what may or may not happen in the future.

Step 1

Escribe una lista con las cosas que puedes hacer con la computadora.

1. *Answers will vary:* **buscar información**
2. *Answers will vary:* **descargar música**
3. *Answers will vary:* **visitar sitios web**
4. *Answers will vary:* **jugar a juegos de computadora**

Step 2

Usa la lista de arriba y escribe tres oraciones completas para describir las cosas que vas a hacer. Usa **antes de que**, **con tal (de) que**, **sin que**, o **en caso de que**. Usa el subjuntivo.

1. *Answers will vary:* **Voy a jugar a juegos de computadora el sábado, con tal de que tenga tiempo.**

2. *Answers will vary:* **Voy a buscar información sobre lugares de fiesta sin que mi hermana se dé cuenta.**

3. *Answers will vary:* **Voy a visitar sitios web en caso de que necesite aprender más para la clase de ciencias.**

Step 3

Evaluate your writing using the information in the table.

Writing Criteria	Excellent	Good	Needs Work
Content	Your sentences include many details and vocabulary.	Your sentences include some details and vocabulary.	Your sentences include few details and vocabulary.
Communication	Most of your sentences are clear.	Some of your sentences are clear.	Your sentences are not very clear.
Accuracy	Your sentences have few mistakes in grammar and vocabulary.	Your sentences have some mistakes in grammar and vocabulary.	Your sentences have many mistakes in grammar and vocabulary.

UNIDAD 5
Lección 1

Escribir A

Escribir B

Level 3, pp. 294-295

> **¡AVANZA!** **Goal:** Write about what may or may not happen in the future.

Step 1

¿Para qué se usan? Completa la tabla con las definiciones de las palabras. *Answers will vary:*

la cartera	Artículo para llevar dinero y documentos.
la escáner	Equipo para copiar documentos o imágenes.
las gafas de sol	Artículo que sirve para proteger a los ojos del sol.
la contraseña	Palabra para poder entrar en nuestro correo electrónico.

Step 2

Escribe cuatro oraciones completas con la información de arriba y las expresiones.

1. (a fin de que) *Answers will vary:* Juan, ponte las gafas de sol a fin de que el sol

   no te dañe los ojos.

2. (A menos que) *Answers will vary:* Voy a llevar mi cartera a menos que tú nos invites.

3. (antes de que) *Answers will vary:* Quiero usar el escáner para mi trabajo de ciencias

   antes de que tenga que volver a clase.

4. (sin que) *Answers will vary:* Escribe tu contraseña sin que nadie la vea.

Step 3

Evaluate your writing using the information in the table.

Writing Criteria	Excellent	Good	Needs Work
Content	Your sentences include the information and expressions.	Your sentences include some of the information and expressions.	Your sentences include little information or expressions.
Communication	Most of your sentences are clear.	Some of your sentences are clear.	Your sentences are not very clear.
Accuracy	You make few mistakes in grammar and vocabulary.	You make some mistakes in grammar and vocabulary.	You make many mistakes in grammar and vocabulary.

Escribir C

Level 3, pp. 294-295

 Goal: Write about what may or may not happen in the future.

Step 1

Haz una lista de las cosas que llevas en la bolsa cuando sales con amigos.

Answers will vary: **la cartera**
Answers will vary: **las gafas de sol**
Answers will vary: **los documentos**
Answers will vary: **el paraguas**

Step 2

Con la información de arriba, escribe, en cinco oraciones, una nota para decirle a tu amigo(a) qué cosas tiene que llevar en la bolsa para salir con los amigos. Usa el subjuntivo, **en caso de que**, **antes de que** y **para que**.

> *Answers will vary:* **Hola Francisco.**
>
> **Te escribo para decirte que vamos a salir antes de que se haga tarde.**
>
> **Tienes que llevar tus gafas de sol en caso de que haga mucho sol. Lleva**
>
> **también los documentos y la cartera porque necesitamos que pagues**
>
> **tú en el restaurante. Mete el paraguas en la bolsa antes de que salgas**
>
> **de casa. Llama a Fernando para que venga también con nosotros.**

Step 3

Evaluate your writing using the information in the table.

Writing Criteria	Excellent	Good	Needs Work
Content	Your note includes all items listed and new grammar.	Your note includes some items listed and new grammar.	Your note includes few items listed or new grammar.
Communication	Most of your note is clear.	Parts of your note are clear.	Your note is not very clear.
Accuracy	Your note has few mistakes in grammar and vocabulary.	Your note has some mistakes in grammar and vocabulary.	Your note has many mistakes in grammar and vocabulary.

Copyright © by McDougal Littell, a division of Houghton Mifflin Company.

Cultura A

| ¡AVANZA! | **Goal:** Review cultural information about the Andean countries. |

1 **Los países andinos** Escribe el nombre de los países, las capitales y el nombre de una persona famosa de los países andinos que conoces.

Países	Capitales	Persona famosa
Bolivia	La Paz	Edmundo Paz Soldán
Perú	Lima	Mario Vargas Llosa
Ecuador	Quito	Franklin Briones

2 **Antiguos pueblos andinos** Lee las siguientes oraciones sobre los países andinos y escribe la respuesta en el espacio en blanco.

1. Nombre de uno de los países andinos. _____Perú_____

2. Lengua indígena del área andina. _____Aymara_____

3. Antiguo imperio indígena que habitó entre Bolivia y Perú. _____Inca_____

4. Pueblo en el centro de Ecuador cuyas pinturas reflejan su historia. _____Tigua_____

3 **Una visita** Escribe un párrafo para describir una visita al Museo de Metales Preciosos. Escribe dónde está y los objetos que muestra.

Answers will vary: **El Museo de Metales Preciosos está en una casa colonial**

del siglo XV, en La Paz, capital de Bolivia...

_____

_____

_____

Cultura B

Level 3, pp. 294-295

> **¡AVANZA!** **Goal:** Review cultural information about the Andean countries.

1 **La cultura andina** Responde **cierto** o **falso** a las siguientes oraciones.

C (F) **1.** Costa Rica es un país andino.

C (F) **2.** Mario Vargas Llosa es un famoso pintor peruano.

C (F) **3.** La capital de Ecuador es Lima.

(C) F **4.** Edmundo Paz Soldán nació en Cochabamba, Bolivia.

(C) F **5.** Los países andinos están en Sudamérica.

2 **Un museo andino** Completa las siguientes oraciones con las palabras correctas.

1. El Museo de Metales Preciosos de La Paz, está en (una casa colonial / un palacio inca).

2. La casa donde está el museo es del siglo (XV / XVII).

3. La joyería y otros objetos del museo fueron hechos por los varios grupos (incas / indígenas) del territorio que ahora es Bolivia.

4. Los objetos de (tierra / oro) son muy valiosos y se guardan en una sección especial.

5. Otros objetos de un gran valor histórico son las (estufas / cerámicas) incaicas y pre-incaicas.

3 **Datos andinos** Contesta las preguntas sobre los países andinos con oraciones completas.

1. ¿Qué tiene de especial la comunidad de Tigua-Chimbacucho, en Ecuador?

El pueblo de Tigua es especial porque muestra las costumbres de su gente en

su arte.

2. ¿Qué actividades podemos ver en las pinturas de Tigua?

En las pinturas de Tigua podemos ver fiestas y festivales.

_____

3. ¿Dónde está el lago Titicaca?

El lago Titicaca está entre Bolivia y Perú.

_____

4. ¿Por qué es famoso el lago Titicaca?

El lago Titicaca es famoso porque es el lago más alto del mundo y porque allí

estuvo el imperio Inca.

Cultura C

Level 3, pp. 294-295

 Goal: Review cultural information about the Andean countries.

1 **Los países andinos** Une con una línea las palabras de la izquierda con sus explicaciones que están a la derecha.

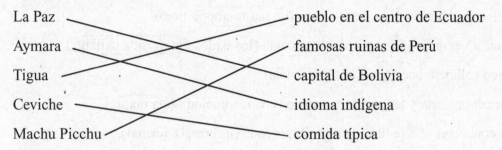

La Paz   pueblo en el centro de Ecuador

Aymara   famosas ruinas de Perú

Tigua   capital de Bolivia

Ceviche   idioma indígena

Machu Picchu   comida típica

2 **La cultura en Los Andes** Responde a las siguientes preguntas sobre los países andinos en oraciones completas.

1. ¿Qué premio literario ganó el escritor boliviano Edmundo Paz Soldán? _El escritor_

boliviano Edmundo Paz Soldán ganó el premio «Juan Rulfo».

2. ¿En qué edificio o casa se encuentra el Museo de Metales Preciosos de La Paz?

El Museo de Metales Preciosos de La Paz se encuentra en una casa colonial

que data del siglo XV.

3. ¿Cuál es el lago más alto del mundo y dónde se encuentra? _El Titicaca es_

el lago más alto del mundo y está entre Bolivia y Perú.

3 **Países hermanos** ¿Qué es la Organización de los Estados Americanos? ¿Cuáles son sus metas? ¿Qué opinas tú sobre la O. E. A.? Escribe un párrafo y di si crees que esta organización es importante o no. ¿Por qué? Utiliza la frase **ponerse de acuerdo** y la palabra **evitar**.

Answers will vary.

_____

_____

_____

_____

Vocabulario A

UNIDAD 5 • Vocabulario A
Lección 2

> **¡AVANZA!** **Goal:** Discuss the day's activities.

1 Jimena y su familia están de vacaciones y tienen tiempo libre. Encierra en un círculo la palabra que mejor completa cada oración.

1. Vamos a hacer algo divertido, busquemos (un pasatiempo / ocio).

2. Podemos ir a ver un grupo musical, me encanta (los dados / la música bailable).

3. Ese músico callejero hace (ruido / conferencia).

4. Voy a dormir la siesta y tengo frío, necesito (una resolución / una manta).

5. Este espectáculo es al aire libre, pongámonos ropa (informal / formal).

2 Observa los juegos que juega Jimena con sus amigos. Luego, completa las oraciones.

1.

2.

3.

1. Jimena juega al _____ajedrez_____ .

2. Jimena juega a las _____damas_____ .

3. Jimena juega a los _____naipes_____ .

3 Contesta a las siguientes preguntas con una oración completa:

1. ¿Qué música te gusta?

Answers will vary: **Me gusta la música rock.**

2. ¿Cuál es tu espectáculo preferido?

Answers will vary: **Mi espectáculo preferido es el de un grupo musical.**

3. ¿Cuál es tu pasatiempo preferido?

Answers will vary: **Mi pasatiempo preferido es escuchar música.**

Vocabulario B

Level 3, pp. 298-302

| ¡AVANZA! | **Goal:** Discuss the day's activities. |

1 Alejandra hace algunas actividades en las vacaciones. Conecta con flechas las palabras relacionadas.

1. las damas
2. el grupo musical
3. reunirse
4. cómodo
5. comentar

a. relatar
b. la orquesta
c. acogedor
d. las fichas
e. la recepción

2 Guillermo tiene tiempo para el ocio. Completa las oraciones con las palabras de la caja.

| música bailable | el ajedrez | pasatiempos |
| los músicos callejeros | el billar | |

1. Guillermo juega a muchos juegos de mesa, pero su preferido es _____el ajedrez_____.

2. Además, Guillermo tiene muchos _____pasatiempos_____.

3. A Guillermo le gusta bailar, por eso va a un espectáculo de _____música bailable_____.

4. También juega otros juegos que no usan fichas, como _____el billar_____.

5. También le gustan las actividades informales, va a escuchar a _____los músicos callejeros_____.

3 Lee las respuestas que da Lorena. Luego, escribe las preguntas correctas. Usa **qué** o **cuál**.

1. *Answers will vary:* **¿Cuál fue el debate principal?**

   El debate principal fue la manera de solucionar el problema de la contaminación.

2. *Answers will vary:* **¿A qué conclusión llegaron?**

   Llegamos a la siguiente conclusión: todos podemos ayudar.

3. *Answers will vary:* **¿Cuál fue la actividad en la que participaron todos?**

   Todos participamos en el encuentro con los chicos de Perú.

Vocabulario C

Level 3, pp. 298-302

> **¡AVANZA!** **Goal:** Discuss the day's activities.

1 Lorena y sus amigos se van de vacaciones. Coloca las palabras relacionadas en las columnas.

las damas	el encuentro	la orquesta
la actuación	los naipes	el debate
el grupo musical	la recepción	el ajedrez

Juegos de mesa	Espectáculos	Encuentros
las damas	la orquesta	el debate
los naipes	la actuación	el encuentro
el ajedrez	el grupo musical	la recepción

2 Lorenzo va a reunirse mucho. Completa las oraciones con las cosas que va a hacer. Usa las palabras entre paréntesis.

1. En un encuentro de grupos que cuidan el medio ambiente, Lorenzo va a *Answers will vary*: **charlar sobre los problemas de la contaminación.** (charlar)

2. En una recepción Lorenzo va a *Answers will vary*: **comentar sobre las distintas opiniones de los expertos.** (comentar)

3. En una charla con su grupo de trabajo, Lorenzo va a *Answers will vary*: **buscar una resolución.** (la resolución)

3 Completa las oraciones con las palabras de la caja. Después, completa las preguntas con **qué** o **cuál** según corresponda.

grupo musical
juegos de mesa
ocio

1. Las damas y el ajedrez son ___juegos de mesa___.

   ¿___Cuál___ te gusta más?

2. Oscar de León toca con un ___grupo musical___.

   ¿___Qué___ música te gusta más?

3. Buscamos qué hacer en nuestro tiempo de ___ocio___.

   ¿___Qué___ te gusta hacer?

Gramática A *Conditional Tense*

> ¡AVANZA! **Goal:** Discuss things you would or would not do.

1 Con más tiempo libre, Gabriela y sus amigos harían muchas cosas. Conecta con flechas la persona con lo que haría.

1. Gabriela
2. Gabriela y Pablo
3. Tú
4. Yo
5. Gabriela y yo

a. podrían ir a visitar museos.
b. saldría a más espectáculos.
c. escucharíamos a los músicos callejeros.
d. dormirías una siesta.
e. descansaría tranquila en su casa.

2 Con un clima mejor, Gabriela y sus amigos harían más cosas. Completa las oraciones con los verbos de la caja.

1. Pablo y yo _____saldríamos_____ al cine.
2. Pablo _____visitaría_____ a su abuela.
3. Yo te _____llevaría_____ a conocer la ciudad.
4. ¿Por qué lugares _____caminarían_____ Gabriela y Pablo?
5. ¿A qué juegos _____jugarías_____ tú?

> visitaría
> caminarían
> saldríamos
> llevaría
> jugarías

3 Con un poco más de tiempo, ¡los amigos de Gabriela harían tantas cosas! Completa las oraciones con el verbo ir.

1. ¿A qué clases _____iría_____ Gabriela?
2. Gabriela y Pablo _____irían_____ a acampar el fin de semana.
3. Gabriela y yo _____iríamos_____ a todos los partidos de béisbol.
4. Yo _____iría_____ a todos los estrenos.

Gramática B *Conditional Tense*

> ¡AVANZA! **Goal:** Discuss things you would or would not do.

1 De vacaciones en el campo, Nicolás y sus amigos harían muchas cosas. Completa las oraciones con el condicional. Usa el verbo correcto entre paréntesis.

1. Nicolás _____acamparía_____ cerca de la playa. (acamparía / acamparíamos / acamparías)

2. Claudia y Ana _____llevarían_____ las mantas para todos. (llevarías / llevarían / llevaría)

3. Yo _____tocaría_____ la guitarra. (tocaría / tocarías / tocarían)

4. ¿Qué _____podría_____ llevar yo? (podrían / podrías / podría)

5. ¿Cuáles _____serían_____ los lugares que visitaríamos primero? (sería / serían / seríamos)

2 ¡Haríamos tantas cosas con más tiempo! Escribe tres oraciones completas sobre las cosas que haríamos. Usa el condicional y la información de la tabla.

Nicolás y yo	ir	espectáculo
Nicolás	salir	pasear
Nicolás y Natalia	ver	museos de la ciudad
Yo	relajarse	música bailable

1. *Answers will vary:* **Nicolás y yo iríamos a un espectáculo de música.**

2. *Answers will vary:* **Nicolás saldría a pasear.**

3. *Answers will vary:* **Nicolás y Natalia verían los museos de la ciudad.**

4. *Answers will vary:* **Yo me relajaría con la música bailable.**

3 Escribe tres preguntas para saber las cosas que harían Nicolás y sus amigos en estas vacaciones. Usa **qué** y **cuál** como en el modelo.

modelo: ¿A cuál de estos espectáculos irías?

1. *Answers will vary:* **¿Qué películas verían?**

2. *Answers will vary:* **¿Cuál es la ropa que te pondrías?**

3. *Answers will vary:* **¿A qué juegos jugarían?**

Gramática C *Conditional Tense*

Level 3, pp. 303-307

> ¡AVANZA! **Goal:** Discuss things you would or would not do.

1 Con sus amigos de visita en la ciudad, Daniel haría muchas actividades. Completa las oraciones conjugando correctamente el verbo entre paréntesis.

1. ¿A qué lugar los _____ llevaría _____ Daniel? (llevar)

2. Daniel y sus amigos _____ estarían _____ juntos todo el tiempo. (estar)

3. Daniel y yo les _____ prepararíamos _____ comidas tradicionales. (preparar)

4. ¿Cuál de todos estos recuerdos les _____ compraría _____ yo? (comprar)

5. Nosotros _____ charlaríamos _____ durante horas. (charlar)

2 Con este viaje, Daniel, sus amigos y yo, nos divertiríamos mucho. Escribe oraciones completas de lo que podríamos hacer. Usa los siguientes elementos:

1. nosotros/ caminar/ las calles más famosas: Nosotros caminaríamos por

las calles más famosas.

2. Daniel/ vestirse/ ropa cómoda: Daniel se vestiría con ropa cómoda.

3. Daniel y sus amigos/ venir a/ nuestro concierto de música rock: Daniel y sus amigos

vendrían a nuestro concierto de música rock.

4. nosotros/ relajarse/ la playa: Nosotros nos relajaríamos en la playa.

5. ustedes/ participar/ actividades de grupo: Ustedes participarían en todas las

actividades de grupo.

3 Escribe un texto de tres oraciones para describir qué harían tú y tu familia con una semana más de vacaciones.

Answers will vary: **Mi familia y yo haríamos un viaje largo. Visitaríamos**

ciudades a las que nunca fuimos y conoceríamos otras culturas.

Yo viajaría en barco y mis hermanos vendrían conmigo.

Gramática A *Reported Speech*

Level 3, pp. 308-310

| ¡AVANZA! | **Goal:** Report what other people have said. |

1 Carmen asistió a una reunión de su grupo para hablar del cuidado del medio ambiente, pero Ramiro no pudo ir. Carmen le cuenta qué pasó. Escoge el verbo correcto entre paréntesis.

1. Los chicos dijeron que (esperaban / esperaron) verte pronto.

2. Luis dijo que él (estuvieron / estaba) muy contento con el encuentro.

3. Camila dijo que no (había / habíamos) tiempo que perder.

4. Jorge dijo que nosotros (éramos / eran) un buen grupo.

2 Carmen le dice a Ramiro lo que dijeron los chicos sobre las actividades de la próxima semana. Completa las oraciones con la información de la derecha.

1. Luis dijo que tú ___d___

2. Lucas dijo que nosotros ___a___

3. Camila me dijo que yo ___c___

4. Jorge dijo que él mismo, ___b___

5. Los chicos dijeron que ellos ___e___

a. nos reuniríamos el martes.

b. llamaría a los chicos por teléfono.

c. iba con mis amigos al viaje de fin de mes.

d. fuiste al teatro.

e. asistieron a la conferencia sobre reciclaje.

3 Escribe lo que dijo Sandra sobre la reunión de la próxima semana con oraciones completas.

1. Sandra dijo / ella organizar todo.

Sandra dijo que ella organizaría todo.

2. Sandra dijo / tú estar mejor en unos días.

Sandra dijo que tú estarías mejor en unos días.

3. ¿Qué dijo Sandra que / yo hablar en el último encuentro?

¿Qué dijo Sandra que yo hablaría en el último encuentro?

Gramática B *Reported Speech*

Level 3, pp. 308-310

> ¡AVANZA! **Goal:** Report what other people have said.

1 Fue el cumpleaños de Irma, Raúl estaba enfermo y no pudo ir. Sebastián le cuenta lo que dijeron todos. Reescribe las cuatro oraciones. Sigue el modelo.

modelo: Armando dijo, «la fiesta está muy buena». Armando **dijo que** la fiesta estaba muy buena.

1. Alejandra y Beba dijeron, «vamos a invitarlos a la fiesta del sábado».

  Alejandra y Beba dijeron que iban a invitarlos a la fiesta del sábado.

2. Irma dijo, «ustedes son los invitados más divertidos del mundo».

  Irma dijo que nosotros éramos los invitados más divertidos del mundo.

3. Yo dije, «Raúl se pierde la mejor fiesta del mes».

  Yo dije que tú te perdías la mejor fiesta del mes.

2 Lee las cosas que dijeron los chicos que harían el fin de semana. Completa las oraciones.

1. Los chicos dijeron que ellos _____bailarían_____ . (bailar)

2. ¿A qué espectáculo dijo Claudio que _____iríamos_____ nosotros? (ir)

3. Lorenzo dijo que él _____tocaría_____ la guitarra. (tocar)

4. Miriam dijo que Sofía y ella _____leerían_____ un libro. (leer)

5. Yo le dije a Marcos que sólo _____dormiría_____ . (dormir)

3 Ayer vi a un amigo y él me dijo que iríamos a jugar al béisbol la próxima semana. Completa las oraciones con el condicional del verbo entre paréntesis.

1. Él dijo que nosotros _____jugaríamos_____ un partido de béisbol con los chicos. (jugar)

2. Él dijo que a ellos _____les gustaría_____ ver cómo jugamos. (gustar)

3. Él dijo que yo _____practicaría_____ con él. (practicar)

4. ¿En cuál de los partidos dijo que _____estarías_____ tú? (estar)

Gramática C *Reported Speech*

¡AVANZA! **Goal:** Report what other people have said.

1 Los compañeros de Fernanda organizaron un viaje. Reescribe las oraciones. Sigue el modelo.

modelo: Los chicos van a ir en autobús.
Los chicos **dijeron que irían en autobús.**

1. Todos dijeron, ‹‹llevamos mantas y comida››.

Todos dijeron que llevarían mantas y comida.

2. Javier dijo, ‹‹yo busco el mejor lugar para acampar››.

Javier dijo que buscaría el mejor lugar para acampar.

3. Nosotros dijimos, ‹‹descansaremos mucho en este viaje››.

Nosotros dijimos que descansaríamos mucho en este viaje.

4. Yo dije, ‹‹voy a relajarme mucho››.

Yo dije que me relajaría mucho.

2 Luciana fue a pasar un día en la playa con sus amigos. Ella le cuenta a su mejor amiga las cosas que dijeron todos sobre lo que hacían. Completa las oraciones.

1. Patricia dijo que ella (estar) *Answers will vary:* **lo estaba pasando muy bien.**

2. Susana dijo que nosotros (ser) *Answers will vary:* **éramos un grupo fantástico.**

3. Los chicos dijeron que ellos (querer) *Answers will vary:* **querían hacer surf.**

4. Roberto dijo que yo (tener) *Answers will vary:* **tenía un sombrero muy bonito.**

3 Contesta las siguientes preguntas sobre tu vida con oraciones completas.

1. ¿Qué dijeron tus amigos que harían en las vacaciones?

Answers will vary: **Ellos dijeron que harían un viaje.**

2. ¿Cuáles son las cosas que tú dijiste que harías este fin de semana?

Answers will vary: **Yo dije que iría al cine.**

3. ¿Qué dijo tu mejor amigo que haría el sábado?

Answers will vary: **Él dijo que tocaría la guitarra con su grupo.**

Conversación simulada

You are going to participate in a simulated telephone conversation with your friend, Daniela. First, read the outline of the whole conversation below. Next, listen to the audio. You will hear only Daniela's side of the conversation. Then, listen to the audio again and fill in the pauses with the appropriate responses, according to your cues. A tone will tell you when to start and stop speaking.

[phone rings]

Tú: Contesta el teléfono.

Daniela: (Ella te saluda y te pregunta cómo estás)

Tú: Saluda y pregúntale qué tiene que hacer.

Daniela: (Ella te contesta)

Tú: Contéstale qué tiene que hacer y ofrécete para ayudarla.

Daniela: (Ella te da las gracias y te pregunta otra cosa)

Tú: Dile si estás de acuerdo y qué preferirías hacer.

Daniela: (Ella te dice qué espera del viaje y te hace una pregunta)

Tú: Contesta y explica por qué.

Daniela: (Ella se despide.)

Tú: Despídete y cuelga.

Integración: Escribir

Un grupo de jóvenes ha organizado un encuentro para hablar sobre participación ciudadana. Ellos vienen trabajando desde hace algún tiempo porque les interesa mucho colaborar con su comunidad; creen que ésta es una buena manera de hacerlo. Lee el anuncio en el periódico, escucha lo que dice uno de los jóvenes y escribe qué significa ser un ciudadano.

Fuente 1 Leer

Lee el anuncio que publicó este grupo de jóvenes en el periódico.

¿CUÁL ES TU PARTICIPACIÓN EN TU COMUNIDAD?

UN GRUPO DE JÓVENES ORGANIZÓ UN ENCUENTRO SOBRE CÓMO PARTICIPAR EN LA COMUNIDAD.

El próximo lunes, a las cinco de la tarde, en el parque, habrá un encuentro de ciudadanos al aire libre. Este encuentro empezará con una conferencia, en la que algunos jóvenes comentaremos nuestras experiencias en participación ciudadana. Luego, habrá un debate y un intercambio de opiniones entre todas las personas presentes.

¿Cuál sería nuestra mayor colaboración con la comunidad?

Asiste el próximo lunes y lo sabrás.

Fuente 2 Escuchar   *CD 03 track 14*

Luego, escucha lo que dice uno de los jóvenes en el encuentro por un altavoz. Toma notas.

_____

_____

_____

_____

Escribir

Tú leíste el anuncio que salió en el periódico y, como te interesan los temas de tu comunidad, fuiste al encuentro. ¿A qué tema que decía el anuncio encontraste una respuesta?

modelo: El anuncio preguntaba... La respuesta es... Además,…

Answers will vary: **El anuncio preguntaba cuál sería nuestra mayor colaboración**

con la comunidad. La respuesta es que, primero, tenemos que sentirnos

ciudadanos. Además, tenemos que saber que comunidad no es un grupo de

personas egoístas, sino de personas que participan para hacer una sociedad.

_____

Escuchar A

| ¡AVANZA! | **Goal:** Listen to discussions about activities. |

1 Escucha la conversación de Alicia y Carlos. Luego, marca con una cruz las cosas que haría Carlos.

1. Se relajaría al sol. __x__

2. Iría a la playa en verano. ____

3. Iría con Alicia. __x__

4. Jugaría a los naipes por la tarde. __x__

5. Comería mucha fruta. __x__

2 Escucha a Viviana. Luego, completa las oraciones con las palabras de la caja.

| pasarían   quiere   llamaría   le gustaría |

1. Viviana dijo que _____llamaría_____ a Alicia el fin de semana.

2. Viviana _____quiere_____ invitar a Alicia a su casa en la playa.

3. A Viviana _____le gustaría_____ ver a Alicia.

4. Viviana y Alicia _____pasarían_____ un buen rato juntas.

UNIDAD 5 • Escuchar B
Lección 2

Escuchar B

Level 3, pp. 320-321
WB CD 03 tracks 17-18

| ¡AVANZA! | **Goal:** Listen to discussions about activities. |

1 Escucha la conversación de Elena y Juan. Lee las oraciones y luego contesta **cierto** o **falso**.

C (F) **1.** Elena no llamó a Sergio.

(C) F **2.** Sergio verá mañana a sus amigos.

C (F) **3.** Con más tiempo, Sergio estudiaría más.

C (F) **4.** Elena sabe mucho sobre computadoras.

(C) F **5.** Elena y Juan saldrán con Sergio cuando él pueda.

2 Escucha a Sergio. Luego, completa las siguientes oraciones:

1. Sergio tiene ganas de ___pasar un rato divertido___ .

2. Sergio tiene que ___estudiar___ .

3. Sergio jugaría al ___billar___ .

4. Los amigos de Sergio ___irían___ al parque después de la siesta.

5. Hoy Sergio no ___puede___ ir.

Escuchar C

¡AVANZA! **Goal:** Listen to discussions about activities.

1 Escucha la conversación de Susana y Guillermo. Toma apuntes. Luego, completa la tabla con lo que haría cada persona.

Nombre	¿Qué haría?
Guillermo	buscaría a gente para intercambiar opiniones.
Susana	encontraría un buen lugar para el evento.
Juan	hablaría con los músicos.
Carolina	hablaría con el director de un canal de televisión.

2 Escucha lo que dice Carolina y toma apuntes. Luego, contesta las preguntas.

1. ¿Qué hace el grupo de Carolina?

Ayuda a la gente sin hogar.

2. ¿Por qué no hace más cosas el grupo?

Porque son pocos y la gente que necesita ayuda es mucha.

3. ¿Qué harán la próxima semana?

Harán un espectáculo benéfico.

4. ¿Cuál era el problema que tenían para el espectáculo?

No encontraban músicos.

5. ¿Quién y cómo lo solucionó?

Juan hablaría con sus amigos músicos.

Leer A

 Goal: Read about activities.

Mario y su grupo de amigos organizaron un campeonato de ajedrez. Lee el volante que ellos entregan en la escuela.

> ### ★ ¡Atención, chicos y chicas!
>
> *A partir de la próxima semana, va a empezar el campeonato de ajedrez. Pueden participar todos los chicos de la escuela y algunos invitados.*
>
> *Si el clima es bueno, jugaremos en el parque. Si llueve, nos encontraremos en la casa de la señora Jiménez, la maestra de matemáticas. Ella nos ayudó a organizarlo todo y dijo que estaría esperándonos.*
>
> *El señor Pinto, dueño de la tienda de deportes, nos dijo que él donaría el premio: un juego de ajedrez artesanal.*
>
> **¿Qué puedes perder? ¡Participa!**

¿Comprendiste?

Lee el volante del campeonato de ajedrez. Luego, encierra en un círculo la palabra que mejor completa la oración.

1. Los chicos organizaron (un campeonato / un espectáculo) de ajedrez.

2. Si llueve, el campeonato será (dentro de una casa / fuera de una casa).

3. El premio será (un regalo / un equipo) del señor Pinto.

4. La señora Jiménez participa en (el campeonato / la organización).

5. El premio es para el(la) que gane (más regalos / más partidas).

¿Qué piensas?

1. ¿Te gustaría participar en un campeonato de ajedrez?

   Answers will vary: **Sí, me encantaría participar en un campeonato**

   de ajedrez.

2. ¿Por qué?

   Answers will vary: **Porque me gusta mucho el ajedrez y quiero conocer**

   gente a la que le guste también.

Leer B

¡AVANZA! **Goal:** Read about activities.

Cristina le escribe a su amigo Gustavo sobre las vacaciones en familia.

> *¡Hola Gustavo!*
>
> *Lo estoy pasando muy bien en estas vacaciones. Mi hermano, Alberto, sale todos los días a conocer la ciudad, ve muchos músicos y vendedores callejeros. De vez en cuando, juega al billar con unos amigos. Mamá y papá salen a pasear y hacen algo que nunca pueden: ¡duermen una siesta! Papá dijo que mañana todos iríamos a comer a un restaurante de comida tradicional, en donde tocan músicos de aquí. Mi hermana salió de compras ayer, fue a comprar recuerdos para sus amigos. Dijo que el mercado de artesanías era bellísimo.*
>
> *Yo tengo algunos amigos nuevos y jugamos a los naipes, ajedrez y damas todas las tardes.*
>
> *Mis padres dijeron que estaríamos de regreso la próxima semana.*
>
> *¡Nos vemos en unos días!*
>
> *Cristina*

¿Comprendiste?

Lee el mensaje de Cristina. Luego, conecta con una flecha las personas de la columna de izquierda con lo que hacen en la columna de derecha.

1. Cristina   a. juega al billar
2. Alberto   b. descansan por la tarde.
3. Los padres de Cristina   c. pasa un buen rato con su familia.
4. Los amigos de Cristina _____ d. juegan a juegos de mesa.

¿Qué piensas?

1. ¿Crees que tú podrías hacer amigos nuevos fácilmente en otra ciudad?

   Answers will vary: **Creo que yo no podría hacer amigos nuevos fácilmente.**

2. ¿Por qué?

   Answers will vary: **Porque soy muy tímido.**

Leer C

 Goal: Read about activities.

El próximo viernes los estudiantes de la escuela escogen al nuevo presidente de los estudiantes. El periódico de la escuela publicó este artículo.

¿Quién será el nuevo presidente?

Ayer hubo una reunión en la cafetería de la escuela. Los dos estudiantes que quieren ser el nuevo presidente, Armando y Ramón, debatieron sobre las necesidades y los problemas de los estudiantes.

Muchos chicos asistieron y les hicieron preguntas a los dos.

Les preguntaron qué harían para mejorar la comunicación entre las distintas clases. Armando dijo que organizaría campeonatos de juegos de mesa. Ramón dijo que prepararía encuentros de estudiantes sobre diferentes cosas, como el cuidado del medio ambiente.

También les preguntaron qué harían para que el periódico escolar publique más cosas. Ramón dijo que invitaría a todos a escribir sus opiniones en el periódico escolar. Armando dijo que les pediría ayuda a los maestros de español.

Finalmente, les preguntaron cómo fomentarían las actividades deportivas. Armando dijo que iríamos a todos los partidos del equipo de béisbol. Ramón dijo que decoraría el gimnasio.

¿Comprendiste?

Lee el artículo del periódico escolar. Luego, escribe en la columna de la izquierda lo que haría Armando y en la columna de la derecha lo que haría Ramón.

Armando	**Ramón**
Organizaría campeonatos de juegos de mesa.	Prepararía encuentros de estudiantes.
Pediría ayuda a los maestros de español.	Invitaría a todos a escribir sus opiniones.
Iríamos a todos los partidos de béisbol.	Decoraría el gimnasio.

¿Qué piensas?

1. ¿Cuál de los dos estudiantes crees que será el nuevo presidente?

   Answers will vary: **Creo que Armando será el nuevo presidente.**

2. ¿Por qué?

   Answers will vary: **Porque tiene mejores ideas que Ramón.**

Escribir A

Level 3, pp. 320-321

> **¡AVANZA!** **Goal:** Write about activities.

Step 1

Haz una lista con las cosas que dijeron tus amigos que harían durante las vacaciones. Usa el condicional de tres verbos distintos.

Mis amigos dijeron que ellos...
1. *Answers will vary:* **irían a visitar a sus abuelos.**
2. *Answers will vary:* **viajarían a otra ciudad.**
3. *Answers will vary:* **se quedarían en casa.**

Step 2

Con la información de arriba, escribe tres oraciones para decir qué cosas de la lista hicieron tus amigos. Empieza la oración con lo que dijeron que harían.

Answers will vary: **Mi amigo Luis dijo que iría a visitar a sus abuelos,**

pero fue a visitar a sus primos. Mi amiga Anastasia dijo que viajaría a

otra ciudad, y ella fue de viaje por Europa. Mi amigo Antonio dijo que se

quedaría en casa, pero fue de vacaciones a la playa.

Step 3

Evaluate your writing using the information in the table.

Writing Criteria	Excellent	Good	Needs Work
Content	Your sentences include all the details about what your friends did.	Your sentences include some details about what your friends did.	Your sentences include few details about what your friends did.
Communication	Most of your sentences are clear.	Some of your sentences are clear.	Your sentences are not very clear.
Accuracy	Your sentences have few mistakes in grammar and vocabulary.	Your sentences have some mistakes in grammar and vocabulary.	Your sentences have many mistakes in grammar and vocabulary.

Escribir B

Level 3, pp. 320-321

 Goal: Write about activities.

Step 1

Escribe tres oraciones con las cosas que harías en unas vacaciones en el campo con tus amigos.
Usa los verbos entre paréntesis.

1. (jugar) *Answers will vary:* **Nosotros jugaríamos a toda clase de juegos de mesa.**

2. (hacer) *Answers will vary:* **Nosotros daríamos largas caminatas.**

3. (charlar) *Answers will vary:* **Nosotros charlaríamos toda la noche.**

Step 2

Con las oraciones de arriba, escribe un mensaje a un amigo sobre qué harían durante unas
vacaciones en el campo.

¡Hola Manuel!

¿Quieres venir a pasar unas vacaciones en el campo? Sería muy divertido.

Jugaríamos a muchos juegos de mesa, como al ajedrez o a los naipes.

También daríamos caminatas por el campo. Por las noches, charlaríamos

junto a la fogata. ¿Qué harías tú?

Step 3

Evaluate your writing using the information in the table.

Writing Criteria	Excellent	Good	Needs Work
Content	Your message has many details and new vocabulary.	Your message has some details and new vocabulary.	Your message has little information or new vocabulary.
Communication	Most of your message is clear.	Parts of your message are clear.	Your message is not very clear.
Accuracy	Your message has few mistakes in grammar and vocabulary.	Your message has some mistakes in grammar and vocabulary.	Your message has many mistakes in grammar and vocabulary.

Escribir C

 Goal: Write about activities.

Step 1

Vas a una conferencia internacional de jóvenes. Escribe cinco oraciones con las cosas que puedes hacer.

1. _Answers will vary:_ **Puedo conocer nuevos amigos.** _____

2. _Answers will vary:_ **Puedo debatir sobre temas importantes.** _____

3. _Answers will vary:_ **Puedo participar en actividades de grupo.** _____

4. _Answers will vary:_ **Puedo intercambiar opiniones con otras personas.** _____

5. _Answers will vary:_ **Puedo relatar experiencias.** _____

Step 2

Escribe un párrafo de cinco oraciones para el periódico de la escuela con las cosas que hiciste en una conferencia internacional sobre los juegos de mesa.

Answers will vary: **En la conferencia del viernes pasado, todos**

intercambiamos opiniones sobre los naipes, las damas, el ajedrez y otros

juegos de mesa. Conocí a muchos jóvenes que jugaban muy bien al ajedrez.

Debatimos sobre qué juegos son mejores y cuáles son más divertidos. Me

encontré con estudiantes de mi escuela que iban a conocer a amigos en la

conferencia. Al final del día jugamos a juegos de mesa.

Step 3

Evaluate your writing using the information in the table.

Writing Criteria	Excellent	Good	Needs Work
Content	Your paragraph includes many details and new vocabulary.	Your paragraph includes some details and new vocabulary.	Your paragraph includes little information or new vocabulary.
Communication	Most of your paragraph is clear.	Parts of your paragraph are clear.	Your paragraph is not very clear.
Accuracy	Your paragraph has few mistakes in grammar and vocabulary.	Your paragraph has some mistakes in grammar and vocabulary.	Your paragraph has many mistakes in grammar and vocabulary.

UNIDAD 5 · Cultura A
Lección 2

Cultura A

> **¡AVANZA!** **Goal:** Review cultural information about the Andean countries.

1 **La música andina** Responde **cierto** o **falso** a las siguientes oraciones.

C (F) **1.** La música andina se asocia con Perú y Puerto Rico.

C (F) **2.** El charango es un instrumento musical hecho de metal.

C (F) **3.** La música andina sólo se escucha en Sudamérica.

(C) F **4.** Los instrumentos musicales indígenas son característicos de esta música.

(C) F **5.** La quena y la zampoña son dos tipos de flauta.

2 **Culturas antiguas** Completa las siguientes oraciones sobre el Perú.

1. En Trujillo se pueden ver _____dos pirámides de la cultura moche_____ .

2. La _____tumba del Señor de Sipán_____ está en Chiclayo.

3. Los científicos dijeron que este sitio estaba _____intacto_____ .

4. _____Pablo Neruda_____ dijo que Machu Picchu era «la alta ciudad de piedras escalares...»

3 **Machu Picchu** Responde a las siguientes preguntas sobre la famosa ciudad de Machu Picchu.

1. ¿Quiénes construyeron la ciudad? ¿Dónde está?

Los incas construyeron Machu Picchu.

Está en Perú.

2. ¿Por qué piensas que Pablo Neruda dijo que Machu Picchu era «la madre de piedra»?

Answers will vary.

_____

3. ¿Conoces sitios parecidos en Estados Unidos? ¿Qué culturas vivieron allí?

Answers will vary.

_____

Cultura B

> ¡AVANZA! **Goal:** Review cultural information about the Andean countries.

1 **La cultura andina** Las palabras de las dos columnas están relacionadas. Escribe qué son; ruinas, idiomas, instrumentos musicales o comidas.

quechua	**aymara**	idiomas
fricasé	**llunca**	comidas
Machu Picchu	**Tiwanaku**	ruinas
zampoña	**charango**	instrumentos musicales

2 **Los países andinos** Responde a las siguientes preguntas sobre los países andinos.

1. ¿Cuáles son los países andinos? _____ Perú, Bolivia y Ecuador _____

2. ¿Cuál es el lago más alto del mundo? _____ el Titicaca _____

3. ¿Qué es lo más característico de la música andina? _____ sus instrumentos indígenas _____

4. ¿De qué está hecha la ciudad de Machu Picchu? _____ está hecha de piedras _____

5. ¿Cómo es la temperatura en las zonas altas del área andina? _____ extremadamente fría _____

3 **Maravillas de lo países andinos** La famosa ciudad de los incas ha inspirado a millones de poetas. Entre ellos está el poeta Pablo Neruda que dijo que Machu Picchu «era la madre de piedra, espuma de cóndores». Pero en Perú y Bolivia también hay otros sitios muy interesantes como Trujillo, la tumba del Señor de Sipán y las ruinas de Tawanaku. Escribe un párrafo corto para decir a cuál de estos lugares preferirías ir. Explica por qué.

Answers will vary. _____

_____

_____

_____

Cultura C

> ¡AVANZA! **Goal:** Review cultural information about the Andean countries.

1 **La geografía andina** Responde **cierto** o **falso** a las siguientes oraciones. Pero si la respuesta es falsa, entonces, escribe la respuesta correcta.

Ⓒ F **1.** Machu Picchu está en las zonas altas del área andina. *Cierto*

C Ⓕ **2.** La capital de Bolivia es Lima. *Falso; La capital de Bolivia es La Paz*

C Ⓕ **3.** Ecuador es el más grande de los países andinos. *Falso; Perú es el más grande de los países andinos.*

Ⓒ F **4.** El lago Titicaca es el lago más alto del mundo. *Cierto*

Ⓒ F **5.** La música andina se encuentra por todo el mundo. *Cierto*

2 **La cultura en Los Andes** Responde a las siguientes preguntas sobre los países andinos en oraciones completas.

1. ¿Por qué es importante la Plaza de Armas de Perú? *Porque allí se declaró la independencia de Perú por primera vez, en 1820.*

2. ¿Qué son la zampoña y la quena y quiénes las usan? *La zampoña y la quena son dos tipos de flauta que usan los músicos que tocan música andina.*

3. ¿Qué importancia histórica tiene Machu Picchu? *Machu Picchu tiene una gran importancia histórica porque nos enseña cómo vivían los incas y su cultura.*

3 **El imperio inca** Atahualpa y su hermano mayor Huáscar fueron los últimos emperadores del imperio inca. ¿Conoces su historia? Escribe un párrafo y explica qué sucedió con ellos. ¿Crees que esta situación se pudo evitar? ¿Cómo?

Answers will vary.

_____

_____

_____

_____

Comparación cultural:
Variedad geográfica

Lectura y escritura

Después de leer los párrafos sobre las descripciones de Dolores y Antonio sobre la geografía de sus países, escribe un párrafo sobre la geografía de la región donde vives. Usa la información que está en tu organigrama para escribir oraciones con ideas generales y luego escribe un párrafo sobre la geografía de la región donde vives.

Paso 1

Completa el organigrama con detalles sobre la geografía de la región donde vives.

Nombre de la región	Lugar
Características geográficas	

Paso 2

Usa los detalles del organigrama y escribe unas oraciones generales para cada tema del organigrama.

_____

_____

_____

_____

_____

_____

Comparación cultural: Variedad geográfica

Level 3, pp. 322-323

Lectura y escritura (seguir)

Paso 3

Usa las frases que escribiste como guía para escribir un párrafo. Incluye una oración introductoria. Escribe sobre la geografía de la región donde vives utilizando las siguientes frases: **para que, antes de que, hasta que**.

_____

_____

_____

_____

_____

_____

Checklist

Be sure that…

☐ all the details about the geography in your area from your chart are included in the paragraph;

☐ you use details to describe the geography in your area;

☐ you include conjunctions used with subjunctive.

Rubric

Evaluate your writing using the rubric below.

Writing criteria	Excellent	Good	Needs Work
Content	Your paragraph includes all of the details about the geography in your area.	Your paragraph includes some details about the geography in your area.	Your paragraph includes few details about the geography in your area.
Communication	Most of your paragraph is organized and easy to follow.	Parts of your paragraph are organized and easy to follow.	Your paragraph is disorganized and hard to follow.
Accuracy	Your paragraph has few mistakes in grammar and vocabulary.	Your paragraph has some mistakes in grammar and vocabulary.	Your paragraph has many mistakes in grammar and vocabulary.

Comparación cultural: Variedad geográfica

Level 3, pp. 322-323

Compara con tu mundo

Escribe una comparación sobre la geografía de la región donde vives y la de uno de los estudiantes de la página 323. Organiza la comparación por temas. Primero, compara los nombres de las regiones, luego escribe algunos detalles sobre esas regiones, y al final escribe algo único que tenga cada región.

Paso 1

Usa la tabla para organizar la comparación por temas. Escribe detalles para cada tema sobre la geografía de la región donde vives y la del (de la) estudiante que has elegido.

	Mi región geográfica	La región geográfica de _____
Nombre de la región		
Detalles		
Algo único		

Paso 2

Usa la información de la tabla para escribir una comparación. Incluye una oración introductoria y escribe sobre cada tema. Describe la geografía de la región donde vives y la del (de la) estudiante que has elegido utilizando las siguientes frases: **para que, antes de que, hasta que**.

_____

_____

_____

_____

_____

_____

Vocabulario A

Level 3, pp. 332-336

> **¡AVANZA!** **Goal:** Describe people, places, and things.

1 Mi familia y yo tenemos una casa muy bella. Marca con una X las cosas que están dentro de una casa.

1. el kiosco ____

2. el lavabo __x__

3. la bañera __x__

4. el edificio ____

5. el horno __x__

6. el refrigerador __x__

7. el fregadero __x__

8. los grifos __x__

9. el cajero automático ____

10. el buzón ____

11. el microondas __x__

12. la mesita __x__

2 Observa adónde van estos chicos. Luego, completa las oraciones de abajo.

1. Beatriz va al _____kiosco_____.

2. Leandro y Graciela van a la _____pastelería_____.

3. Cecilia y Jorge van a la _____verdulería_____.

4. Alberto va a la _estación de metro_.

5. Lucía va a la _____florería_____.

3 Y para las siguientes cosas, ¿adónde vas? Completa estas oraciones.

1. Para comprar leche, voy a _____la lechería_____.

2. Para sacar dinero, uso _____un cajero automático_____.

3. Para comprar bombones, voy a _____la bombonería_____.

4. Para comprar carne, voy a _____la carnicería_____.

5. Para comprar manzanas, voy a _____la frutería_____.

Vocabulario B

| ¡AVANZA! | **Goal:** Describe people, places, and things. |

1 Viviana tiene un apartamento nuevo. Une con una línea las palabras relacionadas.

1. el timbre   **a.** los grifos

2. la bañera   **b.** la entrada

3. el fregadero   **c.** la cocina

4. el microondas   **d.** la ducha

2 Viviana le habla a Jaime de su apartamento nuevo. Completa el diálogo.

Viviana: ¡Hola, Jaime! ¿Sabes que tengo un apartamento nuevo? Es precioso. La

1. _____*entrada*_____ del edificio está frente al parque.

Jaime: ¡Hola! ¡Qué bueno! Voy esta tarde a visitarte. ¿Tienes un

2. _____*cajero automático*_____ cerca? Es que tengo que sacar dinero.

Viviana: Sí, hay un cajero automático cerca.

Jaime: ¡Dale! ¿Puedes hacer **5.** _____*mandados*_____ cerca de casa?

Viviana: ¡Sí! Todas las tiendas están muy cerca. Además, tengo que ir a

7. _____*la bombonería*_____ para comprarle bombones a mi madre.

Jaime: Voy a tomar el metro para ir a tu apartamento. ¿Estás cerca de

8. _____*la estación de metro*_____ ?

Viviana: Sí, aquí tienes la dirección.

3 Contesta las siguientes preguntas con oraciones completas.

1. ¿Adónde vas a enviar tus tarjetas postales?

Answers will vary: **Voy a enviar mis tarjetas postales al correo.**

2. ¿Cuáles son los escaparates que más te gustan?

Answers will vary: **Los escaparates que más me gustan son los de**

las bombonerías.

3. ¿Dónde compras la leche?

Answers will vary: **Yo compro la leche en la lechería.**

UNIDAD 6 • Vocabulario B
Lección 1

Vocabulario C

> ¡AVANZA! **Goal:** Describe people, places, and things.

1 ¿Qué cosas hay en tu casa? En cada columna, tacha (*cross out*) la palabra que no se relaciona con las demás.

1.	2.	3.	4.
la entrada	el refrigerador	~~la manzana~~	el correo
el edificio	el horno	la ducha	la estación de metro
el piso	~~el kiosco~~	la bañera	~~el timbre~~
~~el buzón~~	el microondas	el lavabo	el cajero automático

2 ¿Tú haces mandados? Completa las oraciones con los lugares adonde vas a comprarlos.

1. Cuando quiero comprar leche, yo *Answers will vary:* **voy a la lechería.**

2. Cuando necesito dinero, yo *Answers will vary:* **lo saco del cajero automático.**

3. Cuando quiero comprar flores, yo *Answers will vary:* **voy a la florería.**

4. Cuando tengo ganas de comer un pastel, yo *Answers will vary:* **lo compro en la pastelería.**

5. Cuando mi madre me manda a comprar carne, yo *Answers will vary:* **camino hasta la carnicería.**

6. Cuando necesito verduras, yo *Answers will vary:* **voy a la verdulería.**

3 Escribe las preguntas correspondientes a las siguientes respuestas.

1. *Answers will vary:* **¿A cuántas cuadras de tu casa queda la estación de metro?**

   La estación de metro queda a tres cuadras de mi casa.

2. *Answers will vary:* **¿Qué haces cuando quieres enviar una tarjeta postal?**

   Yo la pongo en el buzón.

3. *Answers will vary:* **¿Qué haces cuando se rompe tu refrigerador?**

   Yo llamo a alguien para que lo arregle.

UNIDAD 6 • Vocabulario C
Lección 1

Gramática A *Past Participles as Adjectives*

> ¡AVANZA! **Goal:** Use past participles for description.

1 Marina nos invitó a su casa nueva pero tiene algunos problemas. Dibuja un círculo en el participio correcto.

1. Todos estamos (invitados / invitada) a la casa de Marina el sábado.

2. Marina dejó los grifos (abierta / abiertos), pero no sale agua.

3. Marina tiene este problema (resueltas / resuelto), llamó a un señor que arregla los grifos.

4. El timbre está (puesto / puestas) lejos de la puerta.

5. Para el viernes los problemas estarán (arreglados / arreglada).

2 La casa de Marina es muy bonita pero hay que arreglar algunas cosas. Entérate de cómo es la casa de Marina y convierte los verbos en adjetivos.

modelo: La ducha (romper): **La ducha está rota.**

1. el fregadero (romper): El fregadero está roto.

2. el timbre (arreglar): El timbre está arreglado.

3. el espacio (bien aprovechar): El espacio está bien aprovechado.

4. la sala (desordenar): La sala está desordenada.

5. los pisos (barrer): Los pisos están barridos.

3 Responde a las siguientes preguntas sobre tu casa con oraciones completas.

1. ¿Tienes un balcón abierto?

   Answers will vary: **No, no tengo un balcón abierto.**

2. ¿De qué están hechos los muebles?

   Answers will vary: **Los muebles están hechos de hierro y madera.**

3. ¿Tu cuarto siempre está ordenado?

   Answers will vary: **Mi cuarto no siempre está ordenado.**

Gramática B *Past Participles as Adjectives*

> **¡AVANZA!** **Goal:** Use past participles for description.

1 Hoy fuimos a almorzar a la casa de Inés. Cada uno hizo algo. Une con flechas las cosas que están hechas con la persona que las hizo.

1. La mesa está puesta.

2. La comida está preparada.

3. Los refrescos están abiertos.

4. Ya está dicho dónde se sienta cada uno.

5. El postre está hecho.

a. La madre de Inés la preparó.

b. El padre de Inés lo dijo.

c. Inés la puso.

d. El hermano de Inés los abrió.

e. La hermana de Inés lo hizo.

2 Hoy vi la casa de Inés. Completa las oraciones con los adjetivos correspondientes a cada verbo.

1. El cuarto de Inés está (desordenar) _____ desordenado _____ pero su casa está muy

(limpiar) _____ limpia _____ .

2. Los grifos del baño están (romper) _____ rotos _____ pero Inés llamó a un

señor que arregla estas cosas.

3. El señor que arregla estas cosas dijo que para mañana el problema estará (resolver)

_____ resuelto _____ y los grifos estarán (arreglar) _____ arreglados _____ .

4. La casa está muy (cuidar) _____ cuidada _____ .

3 Escribe tres oraciones para describir cómo están las cosas en tu casa. Usa los participios como verbos.

1. *Answers will vary:* **Mi casa está ordenada.**

_____

2. *Answers will vary :* **Mi cama está hecha.**

_____

3. *Answers will vary:* **Mi televisor está encendido.**

_____

Gramática C *Past Participles as Adjectives*

> **¡AVANZA!** **Goal:** Use past participles for description.

1 La familia de Manuel tiene una casa nueva. Completa el texto de abajo con los participios correspondientes a los verbos de la caja.

ordenar	romper	abrir	resolver	poner

Manuel vive en una casa más bonita que la anterior. Es más grande

y su mamá siempre la tiene muy **1.** _____ordenada_____ . Me

dijo Manuel que cuando llegaron, la ducha y los grifos estaban

2. _____rotos_____ . También me dijo que el balcón

nunca estaba **3.** _____abierto_____ porque la puerta del

balcón no abría bien. El padre de Manuel ya tiene todo

4. _____resuelto_____ . ¡Ah! También me dijo que el primer

problema que tuvieron fue que no sabían dónde estaban

5. _____puestas_____ las llaves de la casa.

2 Nuestro amigo Manuel nos invitó a su casa nueva. Completa las oraciones con participios como adjetivos.

1. Los grifos *Answers will vary*: **están rotos**.

2. El fregadero *Answers will vary*: **está hecho de piedra**.

3. El balcón *Answers will vary*: **está abierto / cerrado**.

4. Las ventanas *Answers will vary*: **están siempre abiertas**.

5. La bañera *Answers will vary*: **está arreglada**.

3 Escribe un texto de tres oraciones sobre tu casa. Usa los participios como adjetivos.

Answers will vary: **En mi casa no hay nada roto. Cada vez que se**

rompe algo, mi mamá llama a un señor y él lo deja arreglado en dos

horas. Las puertas de mi casa están abiertas para todos.

UNIDAD 6 • Lección 1
Gramática C

Gramática A *Present Perfect Tense*

Goal: Use the present perfect tense to talk about the recent past.

1 ¿Qué hemos hecho en nuestra casa nueva? Completa las oraciones con los sujetos de la caja. Luego escríbelas utilizando **haber** como obligación.

yo	Matías y Lucas	tú
Matías y yo	Matías	vosotros

modelo: Ella <u>ha venido</u> temprano. Hay que venir temprano.

1. _____Matías_____ ha hecho su cama. Hay que hacer la cama.
2. _____Matías y Lucas_____ han puesto la mesa. Hay que poner la mesa.
3. _____Matías y yo_____ hemos arreglado los grifos. Hay que arreglar los grifos.
4. _____Yo_____ he puesto el refrigerador cerca de la puerta. Hay que poner el refrigerador cerca de la puerta.
5. _____Tú_____ has hablado por el intercomunicador. Hay que hablar por el intercomunicador.
6. _____Vosotros_____ habéis preparado la comida. Hay que preparar la comida.

2 Desde esta semana vivimos en una casa nueva. Subraya el verbo que completa mejor cada oración.

1. Yo (<u>he</u> / ha) puesto la mesita en otro lugar.
2. Mis padres y yo (<u>hemos</u> / ha) visto muchas casas pero nos gustó ésta.
3. Mis hermanos (has / <u>han</u>) escogido el mejor cuarto.
4. Tú (<u>has</u> / ha) comprado unas cortinas preciosas.
5. Mi hermana (<u>ha</u> / he) decorado la sala muy bien.

3 Completa las siguientes oraciones sobre cosas para la casa. Usa el presente perfecto del verbo **comprar**.

1. Yo _____he comprado_____ una mesita para la sala.
2. Tú _____has comprado_____ un espejo muy grande.
3. Mi madre _____ha comprado_____ una alfombra moderna.

Gramática B *Present Perfect Tense*

> ¡AVANZA! **Goal:** Use the present perfect tense to talk about the recent past.

1 Yolanda habla con Ignacio sobre su casa nueva. Usa la forma correcta del verbo.

Yolanda: Hola, Ignacio. Te (yo / buscar) ____he buscado____ en toda la escuela.

¿Dónde (tú /estar) ____has estado____ todo el día?

Ignacio: Hola, Yolanda. (yo / estar) ____he estado____ toda la mañana en la biblioteca. Tú, ¿ya fuiste a tu casa nueva?

Yolanda: Sí, (yo / ir) ____he ido____ hace una hora. Quería ir contigo pero no te encontré.

Ignacio: Es que no me (tú / buscar) ____has buscado____ bien. ¿Cómo es tu casa nueva?

Yolanda: No la (yo / ver) ____he visto____ mucho, pero lo poco que vi me encanta. ¿Les (tú / decir) ____has dicho____ algo a los chicos?

Ignacio: No, no (yo / poder) ____he podido____ decirles nada.

2 Todos fuimos a ver la casa nueva de Yolanda. Escribe oraciones con la información de abajo y el presente perfecto. Luego escribe las oraciones usando **haber** como obligación.

1. Yolanda / invitarnos a todos.

Yolanda nos ha invitado a todos. Hay que invitarlos a todos.

2. Yolanda y yo / pedir pizza.

Yolanda y yo hemos pedido pizza. Hay que pedir pizza.

3. Tú / venir solo.

Tú has venido solo. Hay que venir solo.

4. Los chicos / tocar el timbre.

Los chicos han tocado el timbre. Hay que tocar el timbre.

3 Escribe tres oraciones. Sigue el modelo.

modelo: Yolanda... una casa. Yolanda ha comprado una casa.

1. Ellas... a todos. *Answers will vary:* **Ellas han invitado a todos.**

2. Yo... su casa. *Answers will vary:* **Yo no he ido a su casa.**

3. Vosotros... tarde. *Answers will vary:* **Vosotros habéis llegado tarde.**

UNIDAD 6 • Lección 1 Gramática B

Gramática C *Present Perfect Tense*

> ¡AVANZA! **Goal:** Use the present perfect tense to talk about the recent past.

1 Nos encanta nuestra casa nueva. Escribe oraciones con el presente perfecto de los verbos de la caja. Luego, escribe oraciones usando **haber** como obligación.

comprar	ver	venir	traer	buscar

1. Nosotros ___*hemos comprado*___ una casa cerca del parque. *Hay que comprar una casa cerca del parque.*

2. Yo ___*he visto*___ muchas tiendas. *Hay que ver muchas tiendas.*

3. Tú no ___*has venido*___ a ver mi casa. *Hay que venir a ver mi casa*

4. Vosotros me ___*habéis traído*___ regalos para mi casa nueva. *Hay que traer regalos para mi casa nueva.*

5. Mi familia ___*ha buscado*___ durante mucho tiempo una casa como ésta. *Hay que buscar una casa como ésta*

2 Mi familia y yo estamos muy contentos por nuestra casa nueva. Escribe la segunda parte de las oraciones usando el presente perfecto para decir qué ha hecho cada uno.

1. Mi hermana *Answers will vary*: **ha organizado una fiesta.**

2. Mis abuelos *Answers will vary*: **han venido a conocer la casa nueva.**

3. Mi hermano y yo *Answers will vary*: **hemos escogido el mejor cuarto.**

4. Tú *Answers will vary*: **has visto mi casa.**

5. Yo *Answers will vary*: **he llamado a todos para contárselo.**

3 Escribe un texto de tres oraciones sobre algo que has hecho en tu casa. Usa el presente perfecto.

Answers will vary: **El fin de semana he organizado una fiesta. Todos lo hemos pasado muy bien. Los chicos han bailado hasta las tres de la mañana.**

Integración: Hablar

Silvia y su mamá han comprado una casa nueva. La casa es muy bonita pero tiene algunas cosas rotas y ellas buscaron a alguien que puede arreglarlas. En el barrio donde ahora viven, hay algunas personas que arreglan cosas. Lee el volante de don Mario, escucha el mensaje de Silvia y di qué cosas puede arreglar don Mario en la casa de Silvia.

Fuente 1 Leer

Lee el volante que don Mario les entrega a los vecinos del barrio.

Arreglo las cosas rotas de su casa

¿Se queda el agua en su fregadero y no se va?

¿Algunos grifos no funcionan?

¿La ducha se rompió?

¿Tiene problemas con su bañera?

¡Todo tiene solución! Don Mario lo arregla todo.

Para los vecinos de este barrio ya hay soluciones. Don Mario puede ir a su casa y arreglar todo en menos tiempo del que usted piensa.
¡Él ha trabajado arreglando cosas por más de veinte años!
Llámelo al **123-4567** ó búsquelo en su casa: calle Ituzaingó al 3000
(cerca de la estación de metro).

Fuente 2 Escuchar   *WB CD 03 track 22*

Luego, escucha la conversación entre Silvia y Norma, su mamá. Toma notas.

_____

_____

_____

_____

Hablar

Si tú vives cerca de la casa de Silvia y tienes algunos problemas en tu casa, ¿en qué puede ayudarte don Mario? Explica.

modelo: Los problemas en mi casa son... Don Mario puede...

Answers will vary: **Los problemas en mi casa son que el agua del fregadero no se va**

rápido y que no puedo cerrar bien los grifos del baño. Además, el refrigerador no

funciona bien. Don Mario puede arreglar el problema del fregadero y los grifos.

Integración: Escribir

Level 3, pp. 345-347
WB CD 03 track 23

La próxima semana es el día de los enamorados y Tomás quiere regalarle algo a su novia. En su barrio hay muchas tiendas en las que él puede comprar algo bonito para ella. Lee la publicidad de las tiendas, escucha el video por Internet y escribe otros regalos que puede hacerle Tomás a su novia.

Fuente 1 Leer

Lee las publicidades que salen en una revista del barrio de Tomás.

Bombonería «El amor»

Bombonería «El amor» tiene los más ricos bombones: chocolate, fresa y frutas. Para todos los gustos. Rebajas en todos nuestros productos por el día de los enamorados. Está abierta hasta las ocho de la noche.

PASTELERÍA «LA MÁS DULCE»

Pastelería «La más dulce» tiene todos los pasteles que te encantan. Hay de varios tamaños, desde pequeños para dos personas hasta grandes para ocho personas. Ven y prueba los sabores más deliciosos. Hemos trabajado aquí por diez años.

Florería «Para ti»

Florería «Para ti» te ofrece flores de varios colores y olores. Rojas para los enamorados y amarillas para los amigos. ¡Y recuerda que las blancas significan sinceridad! Atendemos pedidos en todo el barrio, llevamos las flores a la dirección que quieras.

Fuente 2 Escuchar *WB CD 03 track 24*

Luego, escucha lo que dice Tomás en un video que les mandó a sus amigos por Internet. Toma notas.

_____

_____

_____

_____

Escribir

Tú eres amigo de Tomás, eres su vecino y a tu casa llegó la revista del barrio. Además, esta mañana recibiste el video de Tomás. ¿Qué le regalará Tomás a su novia y por qué?

modelo: Tomás le regalará... porque... Además,...

Answers will vary: **Tomás le regalará a su novia flores blancas porque las flores blancas significan sinceridad y él quiere que ella sepa eso. Otros años le ha regalado cosas para comer, pero este año ha decidido regalarle flores. Además, puede mandarlas a su casa.**

Escuchar A

> ¡AVANZA! **Goal:** Listen to discussions about homes.

1 Escucha a Joaquín. Luego, marca con una X las cosas que quedan cerca de su apartamento nuevo.

1. la escuela __x__

6. el cajero automático ____

2. la verdulería __x__

7. el correo ____

3. la florería ____

8. la lechería __x__

4. la bombonería ____

9. el parque ____

5. la carnicería __x__

10. la estación de metro __x__

2 Escucha a Verónica. Luego, completa las oraciones con las palabras de la caja.

microondas	el piso	emocionado	refrigerador

1. Una familia ha comprado _____el piso_____ de abajo.

2. Trajeron un _____refrigerador_____ muy grande.

3. Trajeron un _____microondas_____ moderno.

4. El vecino nuevo está _____emocionado_____ con su apartamento.

Escuchar B

> ¡AVANZA! **Goal:** Listen to discussions about homes.

1 Escucha a Pedro. Une con flechas las personas o cosas con lo que ha pasado.

1. Ivana
2. Las cosas de la casa
3. Un señor
4. Pamela
5. Víctor

a. dejó todo arreglado.
b. ha preparado una sorpresa.
c. estaban rotas.
d. ha comprado una casa.
e. ha hecho un pastel de chocolate.

2 Escucha a Ivana. Luego, completa las oraciones.

1. Ivana ha estado ___muy ocupada todo el día___ .

2. Ivana quiere que todo ___quede ordenado y limpio___ para esta noche.

3. Nadie conoce ___la casa de Ivana___ .

4. Hoy, Ivana terminó de arreglar ___el intercomunicador___ .

5. Para ver quién toca el timbre, Ivana también puede ___mirar por el balcón___ .

UNIDAD 6 • Escuchar B
Lección 1

Unidad 6, Lección 1
Escuchar B
258

¡Avancemos! 3
Cuaderno: Práctica por niveles

Escuchar C

> **¡AVANZA!** **Goal:** Listen to discussions about homes.

1 Escucha a Sergio y toma apuntes. Luego, completa estas oraciones.

1. La verdulería de Sergio está abierta ___las veinticuatro horas___ .

2. ___La carnicería___ está frente a la verdulería.

3. Al lado de la carnicería hay ___una lechería___ .

4. En la misma manzana de la verdulería hay ___una bombonería___ .

5. Han puesto ___una pastelería___ y ___una florería___ en la misma manzana de la carnicería.

2 Escucha a Susana y toma apuntes. Luego, contesta las preguntas con oraciones completas.

1. ¿Por qué Susana pudo hacer los mandados en menos de una hora?

   Porque todas las tiendas están cerca de su casa.

2. ¿Para qué va a tener tiempo Susana?

   Susana va a tener tiempo para ir al cine con sus amigos.

3. ¿Qué hizo la mamá de Susana hace un rato?

   La mamá de Susana le planchó una camisa.

4. ¿Cuánto tiempo viaja en metro Susana para llegar al cine?

   Susana viaja en metro cinco minutos para llegar al cine.

5. ¿Dónde queda la estación de metro?

   La estación de metro queda muy cerca de la casa de Susana.

Leer A

 Goal: Read about homes.

Camila tiene una casa nueva y ella invita a sus amigos a que la vean.

> Hola, chicos.
>
> Como todos saben, mis padres han comprado una casa cerca del parque. Mis padres la han arreglado a nuestro gusto.
>
> Yo quiero invitarlos a todos a ver mi casa. Voy a dar una pequeña fiesta el sábado a las ocho. Mis padres y yo hemos decorado el patio para la fiesta y creo que va a ser fantástico que todos vengan.
>
> ¡Los espero!
>
> Camila

¿Comprendiste?

Lee la invitación de Camila. Luego, lee cada oración y contesta **cierto** o **falso**.

  Ⓒ F   **1.** Los padres de Camila compraron una casa.

  C Ⓕ   **2.** Los padres de Camila no arreglaron la casa.

  C Ⓕ   **3.** Camila dará una fiesta por su cumpleaños.

  Ⓒ F   **4.** La casa de Camila tiene un patio.

  C Ⓕ   **5.** La casa de Camila está lejos del parque.

¿Qué piensas?

¿Has ido a alguna fiesta? ¿Qué has hecho?

Answers will vary: **Sí, he ido a fiestas. He bailado y hablado con mis amigos.**

_____

_____

Leer B

> **¡AVANZA!** **Goal:** Read about homes.

Gastón le escribe un correo electrónico a su mejor amigo para pedirle consejo sobre un apartamento que quiere comprar.

Pablo:

He pensado mucho sobre lo que me dijiste del apartamento que está cerca de tu casa. Lo mejor es el precio, creo que es un precio excelente. Además el apartamento es muy bonito. Pero el problema es que no sale agua de algunos grifos, no se va el agua del fregadero y el timbre no funciona. Lo bueno es que hay muchos lugares donde arreglan estas cosas.

No me gusta que la estación de metro esté tan lejos, porque, si se me rompe el coche, tengo que caminar mucho. Pero sí he visto muchos autobuses por allí. Podría esperar uno a una cuadra del apartamento.

La verdad es que no he podido resolver la duda. Por favor, dame un consejo.

Gastón

¿Comprendiste?

Marca con una X las oraciones que dicen algo que has leído en el texto.

1. La casa es barata. _x_

2. Generalmente, Gastón no necesita el metro. _x_

3. No hay transporte público en esta zona. _____

4. Gastón necesita arreglar muchas cosas. _x_

5. Hay una parada de autobús cerca del apartamento. _x_

6. Gastón quiere que Pablo le recomiende algo. _x_

¿Qué piensas?

¿Piensas que es fácil resolver el problema de Gastón? ¿Por qué?

Answers will vary: **Sí, pienso que es fácil resolver este problema porque él tiene una lista de las cosas buenas y malas.**

Leer C

> **¡AVANZA!** **Goal:** Read about homes.

Nancy y su familia viven en una ciudad nueva. Nancy describe su llegada en su diario personal.

MIÉRCOLES, 23 DE FEBRERO.

Por fin hemos llegado. El viaje ha sido de cinco horas. La casa no es como yo esperaba. Estaba un poco desordenada pero todos la ordenamos. Tiene algunas cosas rotas. No hay tiendas por aquí cerca. Para hacer los mandados hay que ir hasta la estación, tomar el metro y viajar como quince minutos.

No conozco todavía a mis vecinos, ojalá que sean buenas personas.

La casa tiene un patio grande pero hay que cortar el césped y limpiar mucho. Creo que nos espera mucho trabajo.

¿Comprendiste?

Lee el diario de Nancy. Contesta las preguntas basándote en lo que leíste en el texto.

1. ¿Está Nancy cansada después del viaje? ¿Por qué? <u>Sí, porque el viaje fue de cinco</u> <u>horas.</u>

2. ¿Hay que arreglar cosas en la casa nueva? ¿Por qué? <u>Sí, porque Nancy dice que tiene</u> <u>algunas cosas rotas.</u>

3. ¿Puede caminar al almacén para ir de compras? ¿Por qué? <u>No, porque no hay tiendas</u> <u>cerca de allí.</u>

4. ¿A Nancy le gusta la casa nueva? <u>No, porque cree que le espera mucho trabajo.</u>

¿Qué piensas?

¿Piensas que es más difícil ir a vivir a una casa en otra ciudad? ¿Por qué?

<u>Answers will vary: **Sí, creo que es más difícil ir a vivir a una casa en**</u>

<u>**otra ciudad porque en tu ciudad, al menos tienes a tus amigos**</u>

<u>**y sabes dónde están las cosas.**</u>

Escribir A

| ¡AVANZA! | **Goal:** Write about homes and neighborhoods. |

Step 1

Escribe una lista de lugares en tu barrio donde puedes comprar cosas.

1. _Answers will vary:_ **una florería**

2. _Answers will vary:_ **una frutería**

3. _Answers will vary:_ **una carnicería**

4. _Answers will vary:_ **una lechería**

Clasifica tu lista en la tabla.

Lugar	¿Qué puedes comprar?
1. frutería	1. frutas
2. lechería	2. leche
3. florería	3. flores
4. carnicería	3. carne

Step 2

Escribe un párrafo de tres oraciones completas. Escribe qué has comprado en los lugares de la tabla.

Answers will vary: **He estado en la frutería y he comprado bananas porque me encantan las frutas. También compré leche en la lechería que está cerca de mi casa. Después de haber comprado todo esto compré carne en la carnicería del señor José. De camino a casa, compré flores para mi mamá en la florería.**

Step 3

Evaluate your writing using the information in the table.

Writing Criteria	Excellent	Good	Needs Work
Content	You have stated what you bought and where.	You have stated where or what you bought.	You have not stated where or what you bought.
Communication	Most of your paragraph is clear.	Parts of your paragraph are clear.	Your paragraph is not very clear.
Accuracy	You make few mistakes in grammar and vocabulary.	You make some mistakes in grammar and vocabulary.	You make many mistakes in grammar and vocabulary.

Escribir B

¡AVANZA!	**Goal:** Write about homes and neighborhoods.

Step 1

Completa la tabla con las tiendas que hay cerca de tu casa y las cosas que puedes comprar en ellas.

Tiendas	¿Qué puedes comprar?
Answers will vary: **verdulería**	*Answers will vary:* **verduras**
Answers will vary: **carnicería**	*Answers will vary:* **carne**
Answers will vary: **florería**	*Answers will vary:* **flores**
Answers will vary: **pastelería**	*Answers will vary:* **pasteles**
Answers will vary: **lechería**	*Answers will vary:* **leche y yogur**

Step 2

Escribe cinco oraciones con la información de la tabla.

1. *Answers will vary:* **Hay una verdulería, allí puedo comprar verduras.**
2. *Answers will vary:* **Hay una carnicería, allí puedo comprar carnes.**
3. *Answers will vary:* **Hay una florería, allí puedo comprar flores.**
4. *Answers will vary:* **Hay una pastelería, allí puedo comprar pasteles.**
5. *Answers will vary:* **Hay una lechería, allí puedo comprar leche y yogur.**

Step 3

Evaluate your writing using the information in the table.

Writing Criteria	Excellent	Good	Needs Work
Content	You have included information from the chart in your sentences.	You have included some information from the chart in your sentences.	You have included little information from the chart in your sentences.
Communication	Most of your sentences are clear.	Parts of your sentences are clear.	Your sentences are not very clear.
Accuracy	You make few mistakes in grammar and vocabulary.	You make some mistakes in grammar and vocabulary.	You make many mistakes in grammar and vocabulary.

Escribir C

> **¡AVANZA!** **Goal:** Write about homes and neighborhoods.

Step 1

Completa la tabla. *Answers will vary:*

En la cocina	En el baño	En tu manzana
fregadero mesa silla refrigerador horno platos cucharas tenedores cuchillos	bañera ducha grifos jabón champú espejo	verdulería carnicería edificios correo florería

Step 2

Escribe cuatro oraciones usando la información de la tabla. Usa el presente perfecto.

1. *Answers will vary:* **Yo he usado el jabón y el champú de mi hermana.**

2. *Answers will vary:* **Yo he usado los cuchillos de mi tía para cortar carne.**

3. *Answers will vary:* **Mi abuela ha aprendido a usar el horno microondas.**

4. *Answers will vary:* **Mis tíos le han regalado un refrigerador a mi papá.**

5. *Answers will vary:* **Mi hermana ha ido a la florería a comprar flores.**

Step 3

Evaluate your writing using the information in the table below.

Writing Criteria	Excellent	Good	Needs Work
Content	You have included most of the information from the chart.	You have included some of the information from the chart.	You have included little information from the chart.
Communication	Most of your sentences are organized and easy to follow.	Parts of your sentences are organized and easy to follow.	Your sentences are disorganized and hard to follow.
Accuracy	You make few mistakes in grammar and vocabulary.	You make some mistakes in grammar and vocabulary.	You make many mistakes in grammar and vocabulary.

Cultura A

> **¡AVANZA!** **Goal:** Review cultural information about Spain.

1 **España** Escoge una de las opciones y completa las siguientes oraciones.

1. España es _b_

    a. el país más grande de Europa   **b.** la península más grande de Europa   **c.** la isla más grande de Europa

2. Dos ingredientes principales en muchos de los platos españoles son _a_

    a. los pescados y los mariscos   **b.** las pastas y las salsas   **c.** las verduras y las frutas

3. Una tradición española es la de comer tapas, que son _c_

    a. grandes platos con dos carnes diferentes   **b.** cinco platos diferentes con muchas verduras   **c.** pequeños platos de diferentes comidas

2 **El arte en España** Escoge la palabra entre paréntesis para completar las siguientes oraciones.

1. El (flamenco / mambo) es un género musical tradicional de España.

2. En la actualidad, la cantante, Rosario, mezcla el flamenco con (el rock / la música clásica).

3. Antoni Gaudí fue un (arquitecto / músico) muy famoso.

4. Los edificios, bancos y murallas diseñados por Gaudí están cubierto de (dibujos / mosaicos).

3 **La música moderna** En la actualidad hay muchos músicos españoles famosos. Haz un párrafo para mencionar uno de ellos. ¿Qué género o géneros musicales usa en sus canciones? ¿Te gusta su música? ¿Por qué?

Answers will vary.

_____

_____

_____

Cultura B

> ¡AVANZA! **Goal:** Review cultural information about Spain.

1 **Los españoles y el deporte** Di si las siguientes oraciones son ciertas o falsas.

Ⓒ F **1.** El fútbol es el deporte favorito de los españoles.

C Ⓕ **2.** España no tiene equipos de fútbol importantes.

Ⓒ F **3.** El Barza y el Real Madrid son equipos de fútbol españoles.

Ⓒ F **4.** Muchos jugadores de Europa pasan a jugar para equipos españoles.

C Ⓕ **5.** El fútbol también es conocido en España como juego de pelota.

2 **El flamenco** Completa las siguientes oraciones.

1. El flamenco es música que se canta y se toca con el ____corazón.____

2. A los cantantes de flamenco se les llama ____cantaores.____

3. El flamenco se considera un género musical y de baile ____tradicional____ de España.

4. El flamenco tiene sus raíces en la antigua cultura ____gitana.____

5. El guitarrista Paco de Lucía ha mezclado el flamenco con el ____jazz____ y la música clásica.

3 **La comida española** España es conocida por sus sabrosas comidas. Las tapas es la costumbre española de servir varios platos pequeños de comidas diferentes. Muchos españoles se van de tapas para hablar y ver a sus amigos. Compara esta costumbre con tu forma de comer. Cuando sales con amigos, ¿a dónde van? ¿Hacen algo parecido a ir de tapas?

Answers will vary.

_____

_____

_____

_____

Cultura C

| ¡AVANZA! | **Goal:** Review cultural information about Spain. |

1 **La cultura española** Contesta cierto o falso a las siguientes oraciones sobre España. Si la oración es falsa, escribe la respuesta verdadera.

1. El Parc Güel en Barcelona fue diseñado por el arquitecto Antoni Gaudí.
Cierto

2. Rosario es una famosa pintora española.
Falso. Ella es cantante.

3. En España se habla castellano, catalán, gallego y vascuence.
Cierto

4. Una tradición española es la de comer tapas.
Cierto

5. Paco de Lucía es un cantante de tango.
Falso. El hace música flamenca.

2 **España** Responde a las siguientes preguntas con oraciones completas.

1. ¿Qué equipos importantes de fútbol tiene España? *España tiene equipos de fútbol importantes como el Barza y el Real Madrid.*

2. ¿A quién se le considera el artista o pintor español más famoso del siglo XVIII?
El artista español más famoso del siglo XVIII fue Francisco de Goya.

3. ¿Cómo se le llaman en España a los apodos? *A los apodos se les llaman motes en España.*

3 **Los parques** El arquitecto Antoni Gaudí diseñó el parque Güel. Descríbelo.

Tiene edificios, bancos y murallas decorados con mosaicos.

_____

_____

_____

_____

_____

Vocabulario A

> ¡AVANZA! **Goal:** Describe an excursion.

1 Manolo hizo un viaje en tren con su familia. Completa la oración con la palabra correcta entre paréntesis.

1. Manolo viajó en tren, le tocó el sexto _____vagón_____ . (vagón / paisaje)

2. La mamá de Manolo sacó los boletos en _____la taquilla_____ . (la taquilla / el río)

3. El asiento de la hermana de Manolo estaba al lado de _____la ventanilla_____ .

(la visita guiada / la ventanilla)

2 Observa qué hizo la familia de Manolo. Luego, completa las oraciones de abajo.

1.  **2.**  **3.**  **4.**  **5.**

1. La familia de Manolo fue a _____un castillo_____ .

2. La familia compró _____un cuadro_____ .

3. La familia de Manolo cruzó por _____un puente_____ .

4. La familia de Manolo vio _____las murallas_____ que protegían la ciudad.

5. La familia de Manolo estudió _____los planos_____ de la ciudad.

3 Contesta las siguientes preguntas con una oración completa.

1. ¿Cómo puedes perder un tren?

Answers will vary: **Puedo perder un tren si no me levanto temprano**.

_____

2. ¿Adónde vas a tomar algo con tus amigos?

Answers will vary: **Siempre voy a la cafetería de la escuela**.

_____

Vocabulario B

Level 3, pp. 358-362

> ¡AVANZA! **Goal:** Describe an excursion.

1 María y yo hicimos un viaje muy interesante. Une con líneas las palabras que se relacionan.

1. el andén
2. el mirador
3. el puente
4. los planos
5. el cuadro

a. los mapas
b. el río
c. el paisaje
d. el tapiz
e. la estación de tren

2 María y yo aprendimos cosas muy interesantes en las ciudades que visitamos. Completa las oraciones.

1. Hicimos una _____ visita guiada _____ con un guía turístico, así nos organizamos mejor para conocerlo todo.

2. Exploramos _____ castillos _____ y palacios antiguos.

3. Conocimos varios _____ callejones _____ , que son calles estrechas.

4. Las calles eran _____ calladas _____ , para nada ruidosas.

5. Fuimos a algunos _____ miradores _____ para ver la ciudad desde lejos.

3 Escribe en orden cronológico tres oraciones sobre qué haces antes de viajar.

1. *Answers will vary:* **Primero, compro los boletos**. _____

2. *Answers will vary:* **Luego, hago mi maleta**. _____

3. *Answers will vary:* **Después, me voy al aeropuerto**. _____

Vocabulario C

> **¡AVANZA!** **Goal:** Describe an excursion.

1 Tuvimos unas vacaciones fantásticas, hicimos un viaje en tren. Coloca las palabras relacionadas con el tren en una columna y las relacionadas con qué hicimos en la ciudad, en la otra.

vista	callejón	asiento numerado	visita guiada
sala de espera	vagón	conductor	paisaje
castillo	pasillo	centro histórico	
andén	mirador	taquilla	

Tren	**Ciudad**
1. andén	8. centro histórico
2. vagón	9. visita guiada
3. asiento numerado	10. castillo
4. conductor	11. callejón
5. sala de espera	12. vista
6. taquilla	13. paisaje
7. pasillo	14. mirador

2 ¿Qué haces cuando vas de viaje? Completa las siguientes oraciones con las cosas que haces.

1. Para ver el paisaje, yo *Answers will vary*: **viajo del lado de la ventanilla**.

2. Antes de viajar en tren, yo *Answers will vary*: **compro mi boleto en la taquilla**.

3. Cuando viajo en tren, no me gusta *Answers will vary*: **esperar en la sala de espera**.

4. Para conocer mejor una ciudad, yo *Answers will vary*: **pido una visita guiada**.

3 Escribe un texto de tres oraciones para describir cómo es tu viaje ideal.

Answers will vary: **Mi viaje ideal es en tren. Me gustaría que una agencia**

turística organizara mi viaje y yo no tuviera que hacer nada, sólo disfrutar.

Me gustaría conocer muchos lugares antiguos.

Gramática A *Past Perfect Tense*

> **¡AVANZA! Goal:** Use past perfect tense to talk about the history of a place.

1 Irene y sus amigos hicieron un viaje por muchas ciudades. Subraya la forma verbal correcta en las siguientes oraciones.

1. Cuando Irene llegó a la estación de tren, sus amigos ya (<u>habían</u> / habías) llegado.

2. Cuando los amigos de Irene escogieron sus asientos, Irene todavía no (habíamos / <u>había</u>) comprado sus boletos.

3. Irene y yo ya (<u>habíamos</u> / habían) viajado antes en tren.

4. Cuando el tren llegó a la segunda ciudad de la ruta, yo todavía no (habías / <u>había</u>) terminado de estudiar la historia de esa ciudad.

5. ¿Vosotros (habías / <u>habíais</u>) oído hablar de un viaje así?

2 Irene y sus amigos conocieron varios lugares interesantes. Completa las oraciones con el pasado perfecto del verbo **visitar**.

1. Yo no _____ había visitado _____ nunca tantos lugares.

2. Nosotros todavía no _____ habíamos visitado _____ el centro histórico cuando el tren salió hacia la próxima ciudad.

3. Irene ya _____ había visitado _____ esta ciudad y conocía muchos lugares interesantes.

4. Los chicos nunca _____ habían visitado _____ una ciudad tan ruidosa.

5. ¿Tú ya _____ habías visitado _____ una ciudad tan antigua?

3 Has visitado otra ciudad con tus amigos. Contesta las siguientes preguntas con oraciones completas.

1. ¿Habías visto alguna ciudad tan bonita?

Answers will vary: **Sí, ya había visto una ciudad tan bonita.**

2. ¿Tus amigos ya habían viajado contigo?

Answers will vary: **No, mis amigos nunca habían viajado conmigo.**

3. ¿Tu mejor amigo(a) había hecho antes un viaje largo?

Answers will vary: **Sí, ella ya había hecho un viaje largo.**

UNIDAD 6 • Gramática A
Lección 2

Gramática B *Past Perfect Tense*

> ¡AVANZA! **Goal:** Use past perfect tense to talk about the history of a place.

1 Lucas y algunos amigos viajaron por muchos lugares. Empareja sujetos con predicados y escribe las oraciones abajo.

1. Lucas __b__

2. Lucas y yo __d__

3. Yo __e__

4. Los amigos de Lucas __a__

5. Tú __c__

a. habían visto la mayoría de estos lugares.

b. nunca había hecho un viaje tan largo.

c. no habías conocido un grupo tan divertido como éste.

d. ya habíamos viajado antes juntos.

e. había pensado en este viaje hace dos años.

1. Lucas nunca había hecho un viaje tan largo.

2. Lucas y yo ya habíamos viajado antes juntos.

3. Yo había pensado en este viaje hace dos años.

4. Los amigos de Lucas habían visto la mayoría de estos lugares.

5. Tú no habías conocido un grupo tan divertido como éste.

2 Todos nos fuimos de viaje. Completa las siguientes oraciones con el pasado perfecto del verbo usado en la primera parte de cada oración.

1. Cuando los chicos <u>llegaron</u>, nosotros ya _____habíamos llegado_____ dos horas antes.

2. Cuando <u>salió</u> mi tren, los chicos todavía no _____habían salido_____ de su casa.

3. Cuando yo <u>visité</u> esta ciudad, Aníbal ya _____había visitado_____ tres ciudades más.

4. Cuando nosotros <u>pensamos</u> hacer este viaje, vosotros todavía no

_____habíais pensado_____ si queríais venir.

5. Cuando María me <u>invitó</u> a hacer un viaje, yo ya _____había invitado_____ a Jimena.

3 Completa las siguientes oraciones sobre cosas que habían pasado antes. Sigue el modelo.

modelo: Cuando yo viajé a Europa, mi hermano ya había nacido. (nacer)

1. Cuando Jairo me llamó, *Answers will vary:* **yo ya había salido** . (salir)

2. Cuando Martín dijo que se iba a vivir a otra ciudad, *Answers will vary:* **sus padres**

todavía no habían hablado de ello . (hablar)

Gramática C *Past Perfect Tense*

Level 3, pp. 363-367

> **¡AVANZA!** **Goal:** Use past perfect tense to talk about the history of a place.

1 Ayer, mis amigos y yo volvimos de un viaje muy largo. Completa el texto con el pasado perfecto de los verbos de la caja.

Mis amigos y yo nunca **1.** _____*habíamos viajado*_____ juntos. Lo

mejor fue que el viaje fue bueno para conocernos más, cosa que no

2. _____*habíamos hecho*_____ antes. Por ejemplo, Miriam siempre

3. _____*había sido*_____ una muy buena amiga pero yo no

sabía casi nada de su vida. Cuando llevábamos cinco días de viaje,

yo ya me **4.** _____*había enterado*_____ de casi toda su vida.

Hablamos mucho. Cuando terminó el viaje, algunos chicos ya se

5. _____*habían conocido*_____ más de lo que esperaban.

enterar
conocer
viajar
ser
hacer

2 El viaje que mis amigos y yo hicimos fue genial. Completa las siguientes oraciones con las cosas que ya habían pasado cuando regresamos del viaje. Usa el pasado perfecto.

1. Cuando nosotros volvimos, *Answers will vary*: **ya habían empezado las clases**.

2. Cuando el tren llegó a la estación de nuestra ciudad, *Answers will vary*: **vosotros ya habíais llegado a la estación**.

3. Cuando yo llegué a casa, *Answers will vary*: **mi mamá me había preparado mi comida favorita**.

4. Cuando les hablé a mis padres del viaje, *Answers will vary*: **ellos ya le habían preguntado a mi amigo**.

3 Escribe oraciones con los dos verbos, uno en pretérito y el otro en pasado perfecto.

1. nacer / casarse *Answers will vary*: **Cuando yo nací, mis padres se habían casado tres años antes**.

2. pensar / hacer *Answers will vary*: **Cuando yo pensé en hacer el viaje, tú ya lo habías hecho**.

3. preguntar / contestar *Answers will vary*: **Cuando Pamela preguntó por los lugares adonde irían, Luis ya le había contestado en un correo electrónico**.

Gramática A *Future Perfect Tense*

> ¡AVANZA! **Goal:** Use future perfect tense to talk about what will have happened.

1 En una semana, mis amigos y yo terminamos nuestro viaje. Completa la oración con el verbo correcto. Elígelo de los verbos entre paréntesis.

1. Mis amigos _____habrán_____ conocido todo lo que querían. (habremos / habrán)

2. Yo _____habré_____ hecho realidad mi ilusión de viajar. (habré / habrás)

3. Mis amigos y yo _____habremos_____ viajado más que los demás chicos de la clase. (habremos / habrá)

4. Mi mejor amigo _____habrá_____ tomado todas las fotos posibles. (habrás / habrá)

5. ¿Tú _____habrás_____ hecho algo más? (habré / habrás)

2 Dentro de una semana, mis amigos y yo habremos hecho todas las cosas que queríamos hacer. Completa las oraciones con la forma correcta de **haber**.

1. Nosotros _____habremos_____ visitado todos los centros históricos.

2. Vosotras _____habréis_____ participado en cinco visitas guiadas.

3. Yo _____habré_____ escrito más correos electrónicos que Juan.

4. ¿Tú _____habrás_____ recibido todas mis cartas?

5. Él (Ella) _____habrá_____ caminado por los callejones más lindos.

3 Contesta las siguientes preguntas con una oración completa. Usa el futuro perfecto.

1. ¿Qué habrás hecho para el final de este año?

Answers will vary: **Yo habré terminado la escuela.**
_____

2. ¿Cuántos deportes habrás practicado al final del mes?

Answers will vary: **Yo habré practicado muchos deportes.**
_____

3. ¿A quiénes habrás invitado dos días antes de tu cumpleaños?

Answers will vary: **Yo habré invitado a todos mis amigos.**

Gramática B *Future Perfect Tense*

¡AVANZA! **Goal:** Use future perfect tense to talk about what will have happened.

1 Dentro de diez días terminará nuestro viaje. Completa las oraciones con el verbo correspondiente.

1. Vosotros __b__ conocido hermosos castillos.

   a. habrá   **b.** habréis   **c.** habrás   **d.** habré

2. Yo __a__ hecho lo que siempre quise: viajar por muchas ciudades.

   a. habré   **b.** habrá   **c.** habrán   **d.** habremos

3. Mis amigos y yo __d__ compartido el viaje más largo de todos.

   a. habré   **b.** habrá   **c.** habrás   **d.** habremos

4. Laura __a__ comprado el tapiz que le encantó.

   a. habrá   **b.** habrás   **c.** habré   **d.** habrán

5. ¿Tú __d__ aprendido algo de este viaje?

   a. habré   **b.** habrán   **c.** habrá   **d.** habrás

2 Escribe cuatro oraciones para describir qué habrá pasado dentro de unos días. Usa el futuro perfecto y la información de la tabla.

Laura y yo	terminar	viaje
Yo	hacer	visita guiada
Mis amigos	participar	actividad interesante

1. *Answers will vary:* **Laura y yo habremos terminado nuestro viaje.** _____

2. *Answers will vary:* **Yo habré hecho una visita guiada.** _____

3. *Answers will vary:* **Mis amigos habrán participado en actividades interesantes.** _____

3 Escribe oraciones sobre las cosas que habrán pasado en diez días. Usa las palabras de abajo y el futuro perfecto.

1. Tú / compartir una experiencia única: Tú habrás compartido una experiencia única.

2. Laura / contar todas las cosas que hizo:
   Laura habrá contado todas las cosas que hizo.

3. Laura, tú y yo / llegar a casa: Laura, tú y yo habremos llegado a casa.

Gramática C *Future Perfect Tense*

> **¡AVANZA!** **Goal:** Use future perfect tense to talk about what will have happened.

1 Nuestro viaje termina en dos días. Completa las oraciones con el futuro perfecto del verbo entre paréntesis.

1. Nuestro viaje _____ habrá sido _____ muy corto. (ser)

2. Nosotros _____ habremos pasado _____ los mejores días de nuestras vidas. (pasar)

3. Carmen _____ habrá hecho _____ muchos amigos nuevos. (hacer)

4. Vosotros _____ habréis comprado _____ los boletos de vuelta. (comprar)

5. Yo no me _____ habré metido _____ nunca en problemas. (meter)

2 Dentro de dos días volvemos a casa. Completa las oraciones con lo que habrá pasado dentro de dos días. Usa el futuro perfecto.

1. Nosotros *Answers will vary:* **habremos llegado a casa.**

2. Yo *Answers will vary:* **habré conocido lugares interesantes.**

3. Tú *Answers will vary:* **habrás visitado muchas ciudades.**

4. Mi mejor amiga *Answers will vary:* **habrá hecho el mejor viaje de su vida.**

5. Los chicos del grupo *Answers will vary:* **habrán viajado en tren más de**

cinco horas.

3 Escribe tres oraciones sobre las cosas que habrán pasado dentro de un mes. Usa el futuro perfecto.

1. *Answers will vary:* **Dentro de un mes, yo habré hecho todos mis exámenes.**

_____

_____

2. *Answers will vary:* **Dentro de un mes, nosotros habremos terminado las clases.**

_____

_____

3. *Answers will vary:* **Dentro de un mes, mi padre habrá comprado un**

coche nuevo.

_____

UNIDAD 6
Lección 2
Gramática C

Conversación simulada

Level 3, pp. 371-373
WB CD 03 tracks 31-32

You are going to participate in a simulated telephone conversation with your friend, Eduardo. First, read the outline of the whole conversation below. Next, listen to the audio. You will hear only Eduardo's side of the conversation. Then, listen to the audio again and fill in the pauses with the appropriate responses, according to your cues. A tone will tell you when to start and stop speaking.

[phone rings]

Tú: Contesta el teléfono.

Eduardo: (Él te saluda y te pregunta cómo estás)

Tú: Saluda y pregúntale qué está haciendo.

Eduardo: (Él te contesta y te pregunta otra cosa)

Tú: Contesta y pregúntale sobre la agencia.

Eduardo: (Él te responde y te pregunta qué has decidido)

Tú: Dile lo que has decidido.

Eduardo: (Él te dice que hay que hacer)

Tú: Contesta y explica por qué.

Eduardo: (Él se despide.)

Tú: Despídete y cuelga.

UNIDAD 6 • Conversación
Lección 2 · simulada

Integración: Escribir

Level 3, pp. 371-373
WB CD 03 track 33

Un grupo de estudiantes de historia organizó visitas guiadas a la ciudad y se las ofrecen a los turistas que llegan de vacaciones. Lee la publicidad, escucha a un chico por el altoparlante y escribe una lista de los lugares que visitan.

Fuente 1 Leer

Lee el anuncio que los chicos publicaron en una revista de turismo.

Conozca los lugares más interesantes de la ciudad

Somos un grupo de estudiantes de historia. Ofrecemos visitas guiadas a los lugares más interesantes de la ciudad: explore el castillo, conozca la muralla más antigua, camine por las calles y callejones del centro histórico de la ciudad.

Podemos contarle la historia de cada edificio y usted puede observar desde el más antiguo hasta el más moderno.

Venga y descubra lo que había en la antigüedad. Al terminar la visita habrá hecho un viaje inolvidable.

Llámenos al 444-4444

Fuente 2 Escuchar   *WB CD 03 track 34*

Luego, escucha lo que dice el guía por el altoparlante en una visita guiada. Toma notas.

_____

_____

_____

_____

Escribir

Tú has llegado a la ciudad y decidiste hacer una excursión para conocer su historia. Leíste la publicidad y fuiste con los chicos a una visita guiada por la ciudad. ¿En qué orden cronológico están construidos los lugares de los que habla la publicidad y el guía?

modelo: Primero construyeron... Después... Hace poco...

Answers will vary: **Primero construyeron la muralla más antigua. Después,**

construyeron el castillo y los callejones. Cuando construyeron el centro

comercial ya se había abierto el parque al público.

_____

_____

Escuchar A

Level 3, pp. 380-381
WB CD 03 tracks 35-36

¡AVANZA! **Goal:** Listen to discussions of excursions.

1 Escucha a Lucas. Luego, lee cada oración y contesta **cierto** o **falso**.

Ⓒ F **1.** Lucas y su amiga serán guías turísticos.

Ⓒ F **2.** Lucas conoce la historia de su ciudad.

C Ⓕ **3.** Nunca van turistas a la ciudad de Lucas.

C Ⓕ **4.** Lucas no quiere trabajar con agencias turísticas.

Ⓒ F **5.** Lucas y su amiga pusieron un anuncio en el periódico.

2 Escucha a Marcela. Luego, completa las oraciones con las palabras entre paréntesis.

1. El amigo de Marcela quiere organizar _____visitas guiadas_____. (un viaje en tren / visitas guiadas)

2. Marcela terminó sus clases de historia _____antes_____ de hablar con su amigo. (antes / después)

3. El amigo de Marcela termina sus clases de historia _____después_____ de hablar con Marcela. (antes / después)

4. En conclusión, Marcela y su amigo pueden hablar __de la historia de la ciudad__. (de la historia de la ciudad / de turismo)

Escuchar B

> ¡AVANZA! **Goal:** Listen to discussions of excursions.

1 Escucha a Rosario. Luego, une con líneas las personas con las cosas que hacen.

1. Juan Manuel   **a.** Le gustan los puentes.

2. Griselda   **b.** Camina por callejones.

3. Ignacio   **c.** Hace un viaje.

4. Nicolás   **d.** Explora castillos.

5. El grupo de amigos   **e.** Fue al mirador.

2 Escucha a Juan Manuel. Luego, completa las oraciones.

1. Ayer, Juan Manuel fue a _____ explorar un castillo _____ .

2. Juan Manuel ya había leído _____ la historia del castillo _____ antes de visitarlo.

3. La esposa del emperador murió cuando él todavía _____ no había terminado el castillo _____ .

4. El hijo del emperador _____ terminó el castillo _____ .

Escuchar C

Level 3, pp. 380-381
WB CD 03 tracks 39-40

¡AVANZA! **Goal:** Listen to discussions of excursions.

1 Escucha a Lorenzo y toma apuntes. Luego, completa la tabla con las cosas que hicieron los chicos y la hora de su tren.

¿Quiénes?	Qué hicieron	Hora del tren
Las chicas	Se fueron en el último vagón del tren.	seis de la mañana
Los chicos	Se quedaron esperando el tren.	siete de la mañana
Luisa y Lorenzo	Esperaban en la sala de espera.	ocho de la mañana
Los guías turísticos	Salieron antes.	cinco de la mañana

2 Escucha a Luisa y toma apuntes. Luego, contesta las siguientes preguntas.

1. ¿Qué hace Luisa en la sala de espera?

Ella espera el próximo tren.

_____

2. ¿Qué habrá hecho Luisa en unas horas?

Ella se habrá encontrado con sus amigos.

3. ¿Por qué no viaja Luisa en el mismo tren que sus amigos?

Porque cuando fue a comprar los boletos ya se habían vendido todos

para el tren donde iban sus amigos.

4. ¿Qué habrá pasado mañana a esta hora?

Luisa ya se habrá reunido con sus amigos.

_____

5. ¿Qué cosa había pasado antes?

Answers will vary: **Luisa y sus amigos ya habían viajado en diferentes**

trenes y después se reunieron.

Leer A

> **¡AVANZA!** **Goal:** Read about excursions.

Una agencia turística entrega un volante a todas las personas interesadas en hacer un viaje.

¿HABÍAS VISTO UN LUGAR TAN INTERESANTE?

Nuestra agencia turística te ofrece un viaje increíble: dura siete días y seis noches. Cuando el viaje termine, habrás conocido los lugares más interesantes.

El viaje comienza en la estación de tren. Viajamos por seis ciudades diferentes y en cada una de ellas hay una visita guiada para conocer los lugares más importantes. Además, puedes probar las especialidades de las diferentes cocinas.

Nuestra agencia te da seis noches en los hoteles más bonitos de cada ciudad. Volvemos el séptimo día y el viaje termina en el mismo lugar donde empezó.

¡NO TE LO PIERDAS!

¿Comprendiste?

Lee el volante de la agencia turística. En las oraciones de abajo, marca con una X las cosas que ofrecen en este viaje.

1. El viaje dura diez días fantásticos. _____

2. Van a conocer los lugares más interesantes de cada ciudad. __x__

3. El viaje puede ser en tren o en avión. _____

4. Hay que buscar un restaurante. _____

5. La agencia te lleva a comer especialidades de las diferentes cocinas. __x__

6. Pasas todas las noches en el mismo hotel. _____

7. Pasas seis noches en hoteles diferentes. __x__

8. El viaje termina en la estación de tren. __x__

¿Qué piensas?

¿Piensas que es mejor dejar que una agencia organice tu viaje o prefieres organizar tu propio viaje? ¿Por qué?

Answers will vary: **Yo prefiero que una agencia organice mi viaje porque**

es más fácil para mí.

Leer B

Level 3, pp. 380-381

> **¡AVANZA!** **Goal:** Read about excursions.

La mamá de Gabriela encontró esta nota pegada en el refrigerador.

> *Mami:*
>
> *Cuando llegues esta tarde a las seis, yo ya habré salido. Tengo que ir a la estación de tren a buscar a Daniel. ¿Recuerdas que cuando tú me preguntaste ayer, yo ya te había dicho que él llegaba hoy?*
>
> *Hizo un viaje excelente y tengo muchas ganas de verlo. Además, quiero que me cuente sobre todos los lugares que visitó, pues son mucho más antiguos que los lugares que él había conocido en el viaje anterior. Los del viaje anterior eran lugares modernos.*
>
> *Vuelvo temprano.*
>
> *Besos, Gabriela*

¿Comprendiste?

Lee la nota de Gabriela. Luego, completa las siguientes oraciones con las palabras de la caja.

1. Gabriela sale _____antes_____ de la seis.

2. La mamá de Gabriela le preguntó a su hija cuándo llegaba Daniel _____después_____ de que Gabriela se lo dijera.

3. Gabriela tiene ganas de ver a Daniel porque su viaje fue _____excelente_____.

4. Daniel ya había conocido lugares _____modernos_____.

5. Daniel no había conocido lugares tan _____antiguos_____.

antes
antiguos
modernos
excelente
después

¿Qué piensas?

¿Piensas que es más interesante conocer lugares antiguos que lugares modernos? ¿Por qué?

Answers will vary: **Sí, pienso que es más interesante conocer lugares**

antiguos que lugares modernos porque imagino la historia que tiene cada

uno y me parece muy interesante.

UNIDAD 6
Lección 2

Leer B

Leer C

> **¡AVANZA!** **Goal:** Read about excursions.

Fernando lleva un diario de viaje. Allí escribe todas las cosas que le pasan en un viaje.

> *Miércoles, 31 de enero*
>
> *Nunca antes había visto un lugar tan bonito como éste. De verdad que es el paisaje más lindo. La ciudad también es preciosa. El tren llegó a las diez de la mañana. Antes de comprar mi boleto yo ya había pensado en ir al lado de la ventanilla. Así pude tener una vista completa de la entrada de la ciudad. También pude ver el centro histórico: las murallas y los edificios.*
>
> *Esta noche ya habré visitado los lugares más interesantes.*

¿Comprendiste?

Lee el diario de Fernando. Luego, contesta las siguientes preguntas con oraciones completas.

1. ¿Cuándo vio Fernando el lugar más bonito?

   Él lo vio el 31 de enero.

2. ¿Cómo viajó Fernando?

   Él viajó en tren.

3. ¿En qué momento pensó Fernando en ir al lado de la ventanilla?

   Él lo pensó antes de comprar su boleto.

4. ¿Por qué pudo Fernando tener una vista del paisaje y de la ciudad?

   Porque él iba al lado de la ventanilla.

5. ¿Cuándo visitará Fernando los lugares más interesantes?

   Él los visitará el 31 de enero.

¿Qué piensas?

¿Piensas que es mejor viajar al lado de la ventanilla? ¿Por qué?

Answers will vary: **Sí, creo que es mejor viajar al lado de la ventanilla porque una vez hice un viaje muy largo y casi no dormí. Estuve todo el tiempo mirando el paisaje por la ventanilla.**

Escribir A

> **¡AVANZA!** **Goal:** Write about excursions.

Step 1

Escribe una lista con las cosas que puedes hacer en otras ciudades cuando caminas o vas en tren.

1 ver la arquitectura de _____

edificios _____

2 visitar el centro histórico _____

3 sentarme en el asiento de _____

ventanilla _____

4 esperar en la sala de espera _____

Ahora, clasifica tu lista en la tabla.

En tren	Cuando caminas
1. esperar en la sala de espera	1. visitar el centro histórico
2. sentarme en el asiento de ventanilla	2. ver la arquitectura de sus edificios

Step 2

Usando la información de la tabla, escribe cuatro oraciones completas.

Answers will vary: **Si voy de viaje a otras ciudades, puedo visitar su centro histórico. Puedo ver la arquitectura de los edificios antiguos y modernos.**

Si voy en tren me gusta sentarme en el asiento de ventanilla para poder mirar el paisaje, pero no me gusta tener que esperar en la sala de espera.

Step 3

Evaluate your writing using the information in the table.

Writing Criteria	Excellent	Good	Needs Work
Content	You stated all things you can do when you visit a city.	You stated most things you can do when you visit a city.	You did not state what you can do when you visit a city.
Communication	Most of your paragraph is organized and easy to follow.	Parts of your paragraph are organized and easy to follow.	Your paragraph is disorganized and hard to follow.
Accuracy	You make few mistakes in grammar and vocabulary.	You make some mistakes in grammar and vocabulary.	You make many mistakes in grammar and vocabulary.

Escribir B

> **¡AVANZA!** **Goal:** Write about excursions.

Step 1

Escribe una lista de cosas que ves en el tren y otra de cosas que ves en la ciudad.
Answers will vary:

Tren	Ciudad
1. el conductor	1. la muralla
2. el asiento de ventanilla	2. la fortaleza
3. el vagón	3. el castillo

Step 2

Escribe cuatro oraciones con la información de la tabla. Usa el pasado perfecto y el futuro perfecto. *Answers will vary:*

1. Cuando yo me subí al vagón, ya había hablado con el conductor del tren.

2. Cuando llegué a la fortaleza, me di cuenta que no había visitado la muralla.

3. Desde el asiento de ventanilla vi que el tren había pasado cerca de un castillo.

4. Cuando acabe este viaje, ya habré visitado cinco castillos.

Step 3

Evaluate your writing using the information in the table.

Writing Criteria	Excellent	Good	Needs Work
Content	You have included all the information from the chart.	You have included some of the information from the chart.	You have included little information from the chart.
Communication	Most of your sentences are organized and easy to follow.	Parts of your sentences are organized and easy to follow.	Your sentences are disorganized and hard to follow.
Accuracy	You make few mistakes in grammar and vocabulary.	You make some mistakes in grammar and vocabulary.	You make many mistakes in grammar and vocabulary.

Escribir C

 Goal: Write about excursions.

Step 1

Completa la tabla con información sobre un viaje que hiciste a España.

Me gustó	1. el viaje en tren	2. visitar el centro histórico	3. ir al río
No me gustó	1. perderme	2. pedir direcciones	3. hacer una vista guiada

Step 2

Ahora, escríbele un correo electrónico a un amigo para decirle lo que más te gustó de tu viaje y qué cosas no te gustaron. Usa el pasado perfecto. *Answers will vary:*

¡Hola Ramón!

El año pasado viajé a España. Ya había visto muchos lugares bonitos antes, pero

nunca había hecho un viaje en tren. Me gustó mucho ese viaje porque llegué muy

rápido a la ciudad que quería visitar. Uno de mis lugares favoritos fue el centro

histórico aunque no me gustó la visita guiada. Otra experiencia fabulosa fue

cuando fui al río, pero después me perdí al volver. Fue un viaje espectacular. Tienes

que visitar España, te va a gustar.

Pedro

Step 3

Evaluate your writing using the information in the table.

Writing Criteria	Excellent	Good	Needs Work
Content	You stated what you most liked and disliked about your trip.	You stated some of the things you liked and disliked about your trip.	You did not state what you liked or disliked about your trip.
Communication	Most of your email is organized and easy to follow.	Parts of your email are organized and easy to follow.	Your email is disorganized and hard to follow.
Accuracy	You make few mistakes in grammar and vocabulary.	You make some mistakes in grammar and vocabulary.	You make many mistakes in grammar and vocabulary.

Cultura A

> **¡AVANZA!** **Goal:** Review cultural information about Spain.

1 **España** Di si son **ciertas** o **falsas** las siguientes oraciones.

(C) F **1.** España está en Europa.

(C) F **2.** El pulpo a la gallega es una comida típica española.

C (F) **3.** Las autonomías españolas son tres.

C (F) **4.** Los idiomas que se hablan en España son castellano, quechua y maya.

(C) F **5.** En la región de Cataluña se habla catalán.

2 **El Greco y Toledo** Completa las siguientes oraciones con las palabras de la caja.

griego	dramáticas	nombre	Toledo	cuadros

1. El artista que más se asocia con _____Toledo_____ es El Greco.

2. En esta ciudad antigua se encuentran muchos de sus _____cuadros_____ .

3. El Greco era de origen _____griego_____ .

4. Su estilo se destaca por el uso de colores vivos y sombras _____dramáticas_____ .

5. Su _____nombre_____ verdadero era Doménikos Theotokópolous.

3 **Arquitectura moderna** Escribe un párrafo donde describes la arquitectura de Barcelona. ¿En qué se parece y no se parece a la arquitectura de tu ciudad? Explica por qué.

Answers will vary.

_____

_____

_____

_____

_____

Cultura B

Level 3, pp. 380-381

> ¡AVANZA! **Goal:** Review cultural information about Spain.

1 **Las autonomías españolas** Escribe los idiomas tradicionales que han mantenido las siguientes comunidades autónomas españolas.

Comunidades Autónomas	Idiomas
Galicia	*el gallego*
País Vasco	*el euskera*
Valencia	*el catalán*

2 **La cultura española** Responde a las siguientes preguntas sobre España.

1. ¿Qué es un romance? _____*es un tipo de poema*_____

2. ¿Qué profesión tenía Federico García Lorca? _____*era poeta y dramaturgo*_____

3. ¿Cuál es el artista que más se asocia con Toledo? _____*El Greco*_____

4. ¿Cómo son las pinturas de El Greco? _____*son dramáticas*_____

3 **Las comunidades autónomas** España está dividida en diecisiete regiones llamadas comunidades autónomas. Describe en un párrafo en qué se parecen y en qué se diferencian estas regiones. Di también en qué se parece esta división a Estados Unidos.

Answers will vary.
_____
_____
_____
_____
_____
_____
_____
_____

Copyright © by McDougal Littell, a division of Houghton Mifflin Company.

Cultura C

¡AVANZA! **Goal:** Review cultural information about Spain.

1 **La cultura española** Une con una línea las palabras o frases de la izquierda con sus explicaciones que están a la derecha.

España   comunidad autónoma

Galicia   comida típica española

euskera   El Greco

cazuela de mariscos   península más grande de Europa

Doménikos Theotokópolous   uno de los idiomas de España

2 **España** Responde a las siguientes preguntas sobre España en oraciones completas.

1. ¿Cuál es el idioma que se habla en Galicia? _____ *En Galicia se habla*

gallego. _____

2. ¿Dónde nació una persona que habla catalán? _____ *Esa persona nació en Cataluña.*

_____

3. ¿Quiénes viven en Galicia? _____ *En Galicia viven los gallegos.*

_____

3 **El romance** El romance es una forma poética de origen español en que cada verso generalmente tiene ocho sílabas y los versos pares tienen la misma rima. ¿Te gustan los poemas? ¿Conoces el «Romance sonámbulo» de Federico García Lorca? Escribe tu propio romance de cinco líneas y utiliza el tema que más te guste.

Answers will vary. _____

_____

_____

_____

_____

_____

Comparación cultural:
Lo moderno y lo tradicional

Lectura y escritura

Después de leer los párrafos sobre elementos modernos y tradicionales de la ciudad o la región donde viven Montse y Ramón, escribe un párrafo sobre la ciudad o el estado donde vives tú. Usa la información que está en tu organigrama para escribir oraciones con ideas generales y luego escribe un párrafo sobre la ciudad o el estado donde vives.

Paso 1

Completa el organigrama con detalles sobre la ciudad o el estado donde vives.

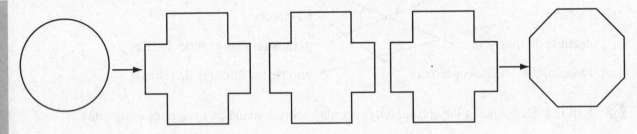

Paso 2

Usa los detalles del organigrama y escribe unas oraciones generales para cada tema del organigrama.

_____

_____

_____

_____

_____

Comparación cultural: Lo moderno y lo tradicional

Lectura y escritura (seguir)

Paso 3

Usa las oraciones que escribiste como guía para escribir un párrafo. Incluye una oración introductoria. Escribe sobre los elementos modernos y tradicionales de la ciudad o el estado donde vives utilizando las siguientes palabras: **pues, además, aparte, también**.

_____

_____

_____

_____

_____

_____

Checklist

Be sure that…

☐ all the details about the city or state where you live from your flow chart are included in the paragraph;

☐ you use details to describe the city or state where you live;

☐ you include conjunction words.

Rubric

Evaluate your writing using the rubric below.

Writing criteria	Excellent	Good	Needs Work
Content	Your paragraph includes all of the details about the city or state where you live.	Your paragraph includes some details about the city or state where you live.	Your paragraph includes few details about the city or state where you live.
Communication	Most of your paragraph is organized and easy to follow.	Parts of your paragraph are organized and easy to follow.	Your paragraph is disorganized and hard to follow.
Accuracy	Your paragraph has few mistakes in grammar and vocabulary	Your paragraph has some mistakes in grammar and vocabulary.	Your paragraph has many mistakes in grammar and vocabulary.

Comparación cultural: Lo moderno y lo tradicional

Level 3, pp. 382-383

Compara con tu mundo

Escribe una comparación sobre los elementos modernos y tradicionales de la ciudad o el estado donde vives y la de uno de los estudiantes que está en la página 383. Organiza la comparación por temas. Primero, compara los nombres de las ciudades o estados, luego escribe los tres aspectos más importantes de tu ciudad o estado, y al final, escribe tus opiniones.

Paso 1

Usa la tabla para organizar la comparación por temas. Escribe detalles para cada tema sobre la ciudad o el estado donde vives tú y la del (de la) estudiante que has elegido.

	Mi ciudad o estado	La ciudad o el estado de _____
Nombre de la ciudad		
Aspectos		
Mi opinión		

Paso 2

Usa los detalles de la tabla para escribir una comparación. Incluye una oración introductoria y escribe sobre cada tema. Describe los elementos modernos y tradicionales de la ciudad o el estado donde vives y la del (de la) estudiante que has elegido utilizando las siguientes palabras: **pues, además, aparte, también**.

_____

_____

_____

_____

_____

UNIDAD 6 • Comparación Lección 2 cultural

294

Unidad 6
Comparación cultural: Lo moderno y lo tradicional

¡Avancemos! 3
Cuaderno: Práctica por niveles

Vocabulario A

> **¡AVANZA!** **Goal:** Talk about work and school activities.

1 Augusto está buscando trabajo. Subraya las palabras que completan mejor cada oración.

1. Augusto no quiere trabajar todo el día, por eso busca un trabajo (de salvavidas / <u>a tiempo parcial</u>).

2. Augusto puede (<u>trabajar de cajero</u> / trabajar de salvavidas) en un supermercado.

3. Augusto también puede (cuidar niños / <u>repartir periódicos</u>) en su bicicleta.

4. Augusto sabe de programación, él puede ser (<u>diseñador de páginas web</u> / tesorero).

2 Rodolfo y sus compañeros tienen muchas actividades en la escuela. Completa las oraciones con las palabras de la caja.

comité de eventos	coro	graduarse
actuar en un drama	el anuario	

1. Rodolfo tiene que redactar ____el anuario____ .

2. Este año, Mariela y sus compañeros terminan la escuela, ellos van a ____graduarse____ .

3. El año pasado, los chicos quisieron <u>actuar en un drama</u> .

4. Leandro canta muy bien, por eso él es miembro del ____coro____ .

5. Los estudiantes van a la reunión del _comité de eventos_ .

3 Completa las oraciones con las cosas que hacen tus amigos y tú.

1. Mis amigos navegan por Internet para *Answers will vary:* **investigar sobre las universidades.**

2. Yo hago ejercicios para *Answers will vary:* **mantenerme en forma.**

3. Mi amiga tiene notas excelentes, ella podrá *Answers will vary:* **solicitar una beca.**

Vocabulario B

> **¡AVANZA!** **Goal:** Talk about work and school activities.

1 Carolina quiere trabajar. Une con flechas los trabajos con lo que Carolina tiene que hacer en cada uno de ellos.

1. repartir periódicos
2. trabajar de cajera
3. cuidar niños
4. diseñar páginas web
5. ser salvavidas

a. hacer programas para Internet en la computadora

b. distribuir las noticias en las casas de las personas

c. atender a los hijos de las personas cuando ellas no están

d. dar y recibir dinero de la gente que compra

e. cuidar a las personas cuando nadan

2 Carlota participa en muchas actividades escolares. Completa las oraciones.

1. Carlota tiene que organizar los artículos y fotos sobre los estudiantes de su graduación, ella trabaja en _____el anuario_____ .

2. Sandra canta con otros chicos; ella _____es miembro_____ del coro.

3. A Manuel le encanta el teatro, por eso él _____actúa en un drama_____ .

4. Ezequiel termina la escuela; él _____se gradúa_____ este año.

5. Marta y Tobías participan en _____el comité estudiantil_____ , o la organización de estudiantes.

3 Contesta las preguntas con oraciones completas.

1. ¿Por qué hace ejercicios Claudio?

   Answers will vary: **Claudio hace ejercicios porque él quiere ponerse en forma.**

2. ¿Para qué más sirve hacer ejercicios?

   Answers will vary: **Hacer ejercicios también sirve para mejorar la salud.**

3. ¿Para qué solicita una beca Mirella?

   Answers will vary: **Mirella solicita una beca para ir a la universidad.**

UNIDAD 7 • Vocabulario B
Lección 1

Vocabulario C

¡AVANZA! **Goal:** Talk about work and school activities.

1 Víctor busca trabajo a tiempo parcial porque va a la escuela por la mañana. Coloca en una columna los trabajos y en la otra columna las actividades de la escuela.

diseñar páginas web	ser cajero	redactar el anuario
tomar parte del comité estudiantil	ser miembro del coro	graduarse
cuidar niños	actuar en un drama escolar	repartir periódicos
	ser salvavidas	

Trabajos	**Actividades de la escuela**
1. diseñar páginas web	6. formar parte del comité estudiantil
2. cuidar niños	7. ser miembro del coro
3. ser cajero	8. actuar en un drama
4. ser salvavidas	9. redactar el anuario
5. repartir periódicos	10. graduarse

2 Completa las oraciones con las actividades que Victoria y su familia hacen fuera de la escuela y del trabajo.

1. A las siete, Víctoria *Answers will vary*: **hace ejercicios para ponerse en forma.**

2. Su hermana Irma *Answers will vary*: **es tesorera de la sociedad honoraria.**

3. Una vez al mes, Irma y sus amigos *Answers will vary*: **comen comida chatarra.**

4. Todos los días, la madre de Victoria *Answers will vary*: **navega por Internet para investigar sobre becas para sus hijas.**

3 Escribe las preguntas de las siguientes respuestas. *Answers will vary.*

1. **¿Para qué habla Héctor con la presidenta del comité de eventos?**

   Héctor habla con ella para organizar la ceremonia de graduación.

2. **¿Por qué hace ejercicios Alicia?**

   Alicia los hace porque está estresada.

3. **¿Qué otra actividad tiene Ilona?**

   Ilona toma parte en el club de vela.

Gramática A *Imperfect Subjunctive*

Level 3, pp. 397-401

| ¡AVANZA! | **Goal:** Use imperfect subjunctive to express past opinions and emotions. |

1 Los amigos de Santiago hicieron muchas actividades en la escuela. Subraya el verbo que completa mejor cada oración.

1. Los chicos querían que las clases (<u>terminaran</u> / terminaras) pronto.

2. No creo que Santiago (sacaran / <u>sacara</u>) malas notas.

3. Es increíble que yo (fuéramos / <u>fuera</u>) miembro del coro, no me gusta cómo canto.

4. Es imposible que tú (actuara / <u>actuaras</u>) en un drama, eres muy tímido.

5. No es verdad que nosotros no (<u>redactáramos</u> / redactara) el anuario la semana pasada.

2 Santiago y sus amigos se gradúan este año. Completa las oraciones con los verbos entre paréntesis.

1. Yo quería que nosotros _____ hiciéramos _____ un viaje antes de terminar las clases. (hacer)

2. Yo no quería que los chicos _____ supieran _____ la sorpresa que voy a darles. (saber)

3. A veces, yo dudaba que Santiago _____ pudiera _____ ayudarme a redactar el anuario, él estaba muy ocupado. (poder)

4. No creía que tú _____ colaboraras _____ con nosotros en la fiesta de fin de año. (colaborar)

5. No es cierto que nadie _____ tomara _____ parte en nuestro club el año pasado. (tomar)

3 Contesta estas preguntas sobre el año pasado con oraciones completas.

1. ¿Crees que era importante que sacaras buenas notas?

Answers will vary: **Sí, creo que era importante que sacara buenas notas.**

2. ¿Querías que algún amigo solicitara una beca?

Answers will vary: **Sí, quería que mi amigo Julián solicitara una beca.**

3. ¿Estabas contento(a) de que se acabara el año?

Answers will vary: **Sí, estaba contento de que se acabara el año.**

UNIDAD 7 • Gramática A
Lección 1

Gramática B *Imperfect Subjunctive*

> **¡AVANZA!** **Goal:** Use imperfect subjunctive to express past opinions and emotions.

1 Mis compañeros y yo hicimos muchas cosas este año. Completa las oraciones con el verbo correspondiente.

1. Los chicos querían que yo __a__ el anuario.

   a. redactara　　　**b.** redactaras　　　**c.** redactaran　　　**d.** redactáramos

2. El consejero académico quería que tú __c__ en la reunión.

   a. estuviéramos　　**b.** estuviera　　　**c.** estuvieras　　　**d.** estuviera

3. Es increíble que Iván nunca __a__ nuestros planes.

   a. conociera　　　**b.** conocieras　　　**c.** conociéramos　　**d.** conocieran

4. No quiero que los chicos __d__ a esta reunión.

   a. vienen　　　　**b.** vengas　　　　**c.** venga　　　　**d.** vengan

2 Escribe cuatro oraciones sobre las cosas que no pudieron pasar el año pasado en la escuela. Usa la información de la tabla.

Es improbable	Iván	sacar
Es dudoso	Iván y yo	ser
No es verdad	Yo	irse
		contestar

1. *Answers will vary:* **Es dudoso que Iván sacara malas notas.**

2. *Answers will vary:* **No es verdad que Iván y yo seamos enemigos.**

3. *Answers will vary:* **Es improbable que yo me vaya a otra escuela.**

4. *Answers will vary:* **Es dudoso que Iván y yo contestáramos todas las preguntas en el examen.**

3 Completa tres oraciones para describir qué cosas era imposible que te pasaran este año.

1. Yo creo que era imposible que _____ *Answers will vary:* **no jugara al béisbol.**

2. Yo creo que es improbable que _____ *Answers will vary:* **me enoje con mis amigos.**

3. Yo creo que no era verdad que _____ *Answers will vary:* **mis compañeros fueran serios.**

Gramática C *Imperfect Subjunctive*

Level 3, pp. 397-401

> **¡AVANZA!** **Goal:** Use imperfect subjunctive to express past opinions and emotions.

1 Sandra quería que todos sus compañeros terminaran la escuela sin problemas. Completa el siguiente texto con la forma correcta de los verbos de la caja.

sacar	dar	graduarse	escuchar	estudiar

Este año, yo quería que todos **1.** _____ se graduaran _____ . Yo quería que todos

nosotros **2.** _____ sacáramos _____ las mejores notas de nuestras vidas. No es verdad

que Lucas no **3.** _____ estudiara _____ mucho este año, pero a él no le gustan las

matemáticas y no sacó buenas notas. Queríamos que el profesor le

4. _____ diera _____ otra oportunidad. Por eso hablamos con él. Nos dijo que lo

dejaría tomar otro examen. Yo no dudaba que él nos **5.** _____ escuchó _____ y dijo

que sí porque es muy bueno, pero me preocupa que Lucas no saque una buena nota.

2 Lucía es muy buena estudiante y saca muy buenas notas. Entonces ¿qué pasó este año con Lucía? Completa las oraciones con explicaciones probables de lo que le pasó a ella.

1. Era imposible que a ella *Answers will vary*: **no le ayudaran sus amigos.**

2. No era cierto que el profesor *Answers will vary*: **fuera desorganizado.**

3. Era increíble que sus compañeros *Answers will vary*: **no pudieran ayudarle a sacar**

buenas notas.

4. No era verdad que yo *Answers will vary*: **no la ayudara.**

5. Era dudoso que nosotros *Answers will vary*: **pudiéramos lograr que el profesor**

le diera otra oportunidad.

3 Escribe un texto de tres oraciones para describir algo que querías que pasara y no pasó. Explica por qué.

Answers will vary: **Yo esperaba que mis amigos pudieran venir de vacaciones**

con mi familia. Yo no creía que ellos sacaran malas notas y que se tuvieran

que quedar estudiando. No era verdad que no estudiaran todo el año.

Gramática A Subjunctive of Perfect Tenses

Level 3, pp. 402-404

> ¡AVANZA! **Goal:** Use the subjunctive of perfect tenses to discuss events that occurred recently or in the past.

1 Emilio y sus compañeros hicieron muchas cosas este año. Encierra en un círculo el verbo que completa mejor cada oración.

1. Es mejor que Emilio (hayas / (haya)) decidido hacer más deportes.

2. Espero que los chicos ((hayan) / hubieran) encontrado toda la información en Internet.

3. Esperaba que hoy los chicos me (hayan / (hubieran)) traído sus fotos para el anuario.

4. Es necesario que nosotros ((hayamos) / hayan) organizado bien la reunión de hoy.

5. Es lógico que tú ((hayas) / haya) pensado en invitar a todos tus compañeros.

2 Los chicos terminaron las clases. Completa las oraciones con la forma correcta del verbo **haber**.

1. Espero que tú _____hayas_____ tenido un buen año.

2. Esperaba que nosotros _____hubiéramos_____ pasado juntos más tiempo.

3. No creo que yo _____haya_____ sacado alguna mala nota.

4. No creía que los chicos _____hubieran_____ participado en tantos eventos.

5. Es una buena idea que mi amigo _____haya_____ solicitado una beca.

3 Escribe tres oraciones sobre cómo piensas que fueron estas cosas.

1. Es bueno / yo / llamarte.

   Es bueno que yo te haya llamado. _____

2. Era una buena idea / nosotros / organizar esta fiesta.

   Era una buena idea que nosotros hubiéramos organizado esta fiesta. _____

3. Espero / tú / pasarlo bien.

   Espero que tú lo hayas pasado bien. _____

UNIDAD 7
Lección 1
•
Gramática A

Gramática B *Subjunctive of Perfect Tenses*

Level 3, pp. 402-404

¡AVANZA! **Goal:** Use the subjunctive of perfect tenses to discuss events that occurred recently or in the past.

1 Acabamos de terminar el anuario. Une con flechas las dos partes de las siguientes oraciones.

1. Espero que yo   a. hubiéramos puesto más fotos.

2. Esperaba que yo   b. haya hecho un buen trabajo.

3. Es necesario que nosotros   c. hayan participado.

4. Era necesario que nosotros   d. hayamos escrito sobre todos los eventos.

5. Es importante que los chicos   e. hubiera tenido un poco más de tiempo.

2 Nuestro anuario quedó muy bello. Completa el siguiente texto con la forma apropiada del verbo **haber.**

Ayer les dimos los anuarios a todos los chicos. Creo que es importante

que ellos se **1.** _____ hayan _____ divertido leyéndolos.

Nosotros queríamos que los chicos **2.** _____ hubieran _____

participado en toda la organización, pero es mejor que cada uno

3. _____ haya _____ ayudado un poco. Mis amigos dudaban

que yo **4.** _____ hubiera _____ terminado a tiempo y sólo pude

hacerlo gracias a la ayuda de todos ellos. Espero que les

5. _____ haya _____ gustado a todos.

3 Completa las oraciones sobre las cosas que pudieron pasar. Usa el subjuntivo en el pasado.

1. No creemos que *Answers will vary*: **haya mejor anuario que el nuestro.**

   _____

2. No creíamos que *Answers will vary*: **hubieran querido colaborar todos.**

   _____

3. Es imprescindible que *Answers will vary*: **hayan entendido la importancia de**

   trabajar en equipo. _____

Gramática C   *Subjunctive of Perfect Tenses*

> ¡AVANZA!   **Goal:** Use the subjunctive of perfect tenses to discuss events that occurred recently or in the past.

1 Mis compañeros y yo organizamos un evento benéfico en la escuela: actuamos en un drama. Completa las oraciones con los verbos correctos. *Answers will vary.*

1. Lo más importante es que todos ___hayan / hayamos actuado___ en el drama.

2. El director quería que nosotros ___hubiéramos llegado___ más temprano.

3. Esperamos que el drama les ___haya / hubiera gustado___ a todos.

4. Esperábamos que ___hubiera venido___ más gente a ver el drama.

2 ¿Qué otras cosas no crees que hayamos hecho en la escuela? Escribe oraciones usando el subjuntivo en el pasado de los verbos entre paréntesis.

1. (cantar) *Answers will vary:* **No creo que hayamos cantado en el coro.**

_____

2. (buscar) *Answers will vary:* **No creí que hubiéramos buscado tanta información.**

_____

3. (graduarse) *Answers will vary:* **No puedo creer que ya nos hayamos graduado.**

_____

4. (tomar parte) *Answers will vary:* **No podía creer que tú hubieras tomado parte en**

un club de escritores.

5. (solicitar) *Answers will vary:* **No creo que hayas podido solicitar la beca todavía.**

_____

3 Escribe oraciones con las cosas que tú esperas y esperabas. Usa el subjuntivo en el pasado.

1. *Answers will vary:* **Yo espero que hayamos hecho un buen trabajo con el anuario.**

_____

2. *Answers will vary:* **Yo esperaba que no hubiéramos tenido que sacar**

muchas fotos.

3. *Answers will vary:* **Yo espero que todo haya quedado bien.**

_____

UNIDAD 7
Lección 1 • Gramática C

Integración: Hablar

Level 3, pp. 405-407
WB CD 04 track 01

Francisco quiere ir de vacaciones cuando termine la escuela. Él tiene algunos ahorros pero necesita más dinero y está buscando un trabajo que lo ayude a ganarlo. Lee el anuncio, escucha el mensaje y di qué busca Francisco.

Fuente 1 Leer

Lee el anuncio que publicó un supermercado en el periódico.

Solicitamos jóvenes

Supermercado «El tomate tímido» solicita jóvenes para trabajar de cajeros(as). No es necesario que hayan trabajado antes. Es importante que hayan sacado buenas notas en matemáticas, porque su trabajo será tomar y dar el dinero de los clientes.

Es un trabajo a tiempo parcial, sólo por la tarde, y respetaremos los días de examen de la escuela.

Preséntense mañana a las ocho de la mañana en la puerta del supermercado o llamen al 999-9999.

Fuente 2 Escuchar   *WB CD 04 track 02*

Luego, escucha el mensaje que dejó Francisco en el teléfono del supermercado. Toma notas.

_____

_____

_____

_____

Hablar

Tú conoces a Francisco y también leíste el anuncio del supermercado, ¿piensas que pueden darle este trabajo a Francisco? Explica.

modelo: Yo pienso que... Pienso esto porque...

Answers will vary: **Yo pienso que no van a darle el trabajo a Francisco. Pienso esto porque las personas del supermercado necesitan a alguien que tenga buenas notas en matemáticas y Francisco no es muy bueno en matemáticas.**

Integración: Escribir

Ana y Estela son grandes amigas. Hace tiempo que Estela le recomendó a su amiga que hiciera ejercicio, pero ella le decía que no tenía tiempo. Lee el correo electrónico de Ana, luego escucha al locutor de radio describe cuáles son las cosas positivas de hacer ejercicio.

Fuente 1 Leer

Lee el correo electrónico que le mandó Ana a Estela.

Hola, Estela.

He tomado una decisión importante: voy a empezar a ir a un gimnasio para hacer ejercicio.

No me sorprendió que el otro día me lo dijeras de nuevo. Lo que me sorprendió fue que yo tomara la decisión. Sabes que soy un poco perezosa y que no me gusta hacer ejercicio, pero tengo algo de estrés y quiero relajarme.

¿Quieres venir al gimnasio conmigo? Contéstame cuando puedas. Espero que no te haya sorprendido mucho mi decisión.

Ana

Fuente 2 Escuchar   *WB CD 04 track 04*

Luego, escucha a un locutor de radio hablando sobre el ejercicio. Toma notas.

_____

_____

_____

_____

Escribir

Tú también eres amigo(a) de Ana y la conoces muy bien. Estabas con ella cuando escuchó la noticia en la radio. ¿Qué escuchó Ana en la radio que la ayudará con su problema? Explica.

modelo: Ana escuchó que... Ella lo necesita porque… Además,...

Answers will vary: **Ana escuchó que hacer ejercicios evita el estrés.**

Ella lo necesita porque tiene algo de estrés. Además, hacer

ejercicios mejora su salud y la ayuda a mantenerse en forma.

_____

_____

_____

Escuchar A

> **¡AVANZA!** **Goal:** Listen to students talk about school activities.

1 Escucha a Patricia. Luego, lee cada oración y contesta **Cierto** o **Falso**.

C (F) **1.** Patricia nunca toma parte en nada.

(C) F **2.** Patricia organizó muchos eventos.

(C) F **3.** El coro de la escuela les gustó a todos.

C (F) **4.** Patricia redactará el anuario.

C (F) **5.** Patricia no tiene que organizar más actividades.

2 Escucha a Andrés. Luego, completa las oraciones con la palabra apropiada.

1. Andrés tiene que redactar _____el anuario_____ de la escuela. (el anuario / el periódico)

2. Andrés no creía que sus compañeros _____votaran_____ por él. (preguntaran / votaran)

3. Andrés _____nunca_____ redactó el anuario. (nunca / siempre)

4. Andrés cree que tiene mucha _____responsabilidad_____ con este trabajo. (historia / responsabilidad)

UNIDAD 7 • Lección 1
Escuchar A

Escuchar B

> **¡AVANZA!** **Goal:** Listen to students talk about school activities.

1 Escucha a Jaime. Luego, completa las oraciones con las frases de la caja.

~~ser tesorero~~	dirigir el club	~~hacer excursiones~~
cenar comida chatarra	~~conocer gente~~	~~tomar parte en el club~~
aburrirse	servir de presidente	

Hace un año que Jaime decidió ____*ser tesorero*____ del club de vela. Para

él, es más una actividad divertida que un trabajo. Dice que a muchas personas les gusta

____*tomar parte en el club*____ porque así pueden ____*hacer excursiones*____

divertidas y pueden ____*conocer gente*____ también.

2 Escucha a Lucas. Luego, completa las oraciones.

1. Lucas dirige *el club de vela.*

2. Nadie creía que tantas personas *tomaran parte en el club.*

3. La semana pasada, el club de vela organizó *una excursión a la costa.*

4. Nadie se imaginó que *pudiéramos divertirnos tanto.*

UNIDAD 7 Lección 1 • Escuchar B

Escuchar C

| ¡AVANZA! | **Goal:** Listen to students talk about school activities. |

1 Escucha a Susana y toma notas. Luego, coloca en una columna las actividades relacionadas con Susana y en la otra columna, las relacionadas con su hermano.

Susana	Hermano de Susana
1. ir a la escuela	5. ir a la escuela
2. hacer ejercicios	6. tomar parte del comité estudiantil
3. estudiar mucho	7. practicar deportes
4. ser miembro del coro	8. participar en actividades de la escuela

2 Escucha a Ariel y toma notas. Luego, contesta las preguntas.

1. ¿Qué hace este año Ariel?

   Este año, Ariel termina la escuela.

2. ¿Qué cree Ariel sobre el tiempo de estar en la escuela?

   Ariel no cree que el tiempo pueda terminarse tan rápido.

3. ¿Qué hizo Ariel en la escuela?

   Ariel hizo buenos amigos y aprendió muchas cosas.

4. ¿Por qué conoció Ariel a muchas personas?

   Porque participó en todos los eventos que pudo.

5. ¿Qué espera Ariel para sus compañeros?

   Ariel espera que el año haya sido tan divertido para sus compañeros

   como para él.

Leer A

| ¡AVANZA! | **Goal:** Read about school activities. |

Los chicos del club de escritores publicaron este anuncio en el periódico escolar.

¿Quieres tomar parte en el club de escritores?

Cuando hicimos este club, algunos dudaban que pudiéramos mantenerlo activo mucho tiempo. Y aquí estamos, dos años después. Cada vez somos más.

Los que no creían que hubiéramos podido durar este tiempo, hoy toman parte en nuestro club.

Tú también puedes hacerlo. Trae las cosas que escribes y compártelas con todos nosotros.

Nos reunimos en el salón de charlas que está al lado de la biblioteca, todos los miércoles a las tres de la tarde.

¿Comprendiste?

Lee el anuncio del periódico escolar. Luego, marca con una cruz las cosas que hace el club de escritores.

1. Reunirse una vez por semana __x__

2. Reunirse tres veces por semana ____

3. Mantenerse activo poco tiempo ____

4. Mantenerse activo más del tiempo pensado __x__

5. Compartir lo que escriben todos __x__

6. Compartir lo que escriben escritores famosos ____

7. Tener miembros que no creían que el club pudiera mantenerse activo mucho tiempo __x__

8. Tener miembros que siempre creyeron en el club __x__

¿Qué piensas?

Lee el anuncio en el periódico escolar. Luego, contesta la siguiente pregunta:

¿Alguna vez pensaste que pudieras tomar parte de un club de escritores?

Answers will vary: **No, nunca imaginé que pudiera tomar parte de un club de escritores.**

Leer B

> ¡AVANZA! **Goal:** Read about school activities.

Los chicos del comité estudiantil pusieron este anuncio en el periódico de la escuela.

EL COMITÉ ESTUDIANTIL INFORMA:

- Nadie dudaba que el anuario estuviera listo para esta semana y así fue: ya todos pueden pasar a buscarlo.

- Esperamos que todos hayan tenido buenas ideas para la fiesta de fin de año. Pueden escribirlas y ponerlas en el buzón de la cafetería.

- No era verdad que hubiéramos pensado en no hacer un viaje de fin de año. Alguien dijo eso, pero el viaje sí se realizará.

- Estamos muy atentos a cualquier sugerencia. Entre todos es más probable que todo salga bien.

- Queremos que todos hayan tenido un buen año escolar y que sus notas hayan sido excelentes.

¿Comprendiste?

Lee el anuncio del comité estudiantil. Luego, contesta estas preguntas.

1. ¿Creían todos que el anuario estaría listo?

   Sí, todos creían que el anuario estaría listo.

2. ¿Cómo pueden los chicos decir sus ideas para la fiesta?

   Pueden escribirlas y ponerlas en el buzón que está al lado de la cafetería.

3. ¿Qué más harán los chicos para celebrar el fin de las clases?

   Los chicos harán un viaje de fin de año.

4. ¿Qué quiere el comité estudiantil para el año que ya pasó?

   Que todos hayan tenido un buen año escolar y que sus notas hayan

   sido excelentes.

¿Qué piensas?

1. ¿Qué te gustaría hacer para celebrar el final de las clases? ¿Por qué?

   Answers will vary: Me encantaría hacer un viaje con mis compañeros porque

   los viajes con amigos siempre son divertidos.

310
UNIDAD 7
Lección 1
Leer B

Unidad 7, Lección 1
Leer B

¡Avancemos! 3
Cuaderno: Práctica por niveles

Leer C

> **¡AVANZA!** **Goal:** Read about school and work activities.

En el periódico salieron estos anuncios clasificados.

Solicitamos chicos para repartir periódicos

Necesitamos un chico o una chica que tenga bicicleta. Es mejor que ya haya trabajado repartiendo periódicos. Es preferible que viva o que conozca el Barrio Sur. **TEL.: 3987-2222**

Solicitamos chicos que sepan hacer diseños páginas web

Necesitamos chicos inteligentes y con gran imaginación. Es imprescindible que hayan hecho cursos de programación y diseño de páginas web.
TEL.: 9653-0755

Solicitamos chicos para trabajar de cajeros

Éste es un trabajo a tiempo parcial, el horario es de tres a siete de la tarde. Necesitamos chicos que hayan terminado la escuela o que estén en el último año. **TEL.: 6798-0034**

¿Comprendiste?

Lee los anuncios clasificados. Luego, completa esta tabla.

Trabajo	Requisitos (requirements)
repartir periódicos	**1.** tener bicicleta
	2. tener experiencia en repartir periódicos
diseñar páginas web	**1.** haber hecho cursos de programación y diseño de páginas web
	2. tener inteligencia e imaginación
trabajar de cajero	**1.** haber terminado la escuela
	2. estar en el último año de la escuela

¿Qué piensas?

1. ¿Cuál de estos trabajos te gustaría más? ¿Por qué?

   Answers will vary: **Creo que me gustaría más el de diseño de**

   páginas web porque sé mucho de programación e hice varios cursos.

Escribir A

> **¡AVANZA!** **Goal:** Write about school and work activities.

Step 1

Estás buscando un trabajo a tiempo parcial. Escribe una lista de los trabajos que te gustaría hacer.

repartir periódicos _____

cuidar niños _____

trabajar de cajero _____

trabajar de salvavidas _____

Step 2

Con la información de arriba, escribe un anuncio de tres oraciones para el periódico. Explica qué trabajos quieres y por qué podrías hacerlo.

Answers will vary: **Busco un trabajo a tiempo parcial que me deje tiempo**

para estudiar: puedo repartir periódicos, cuidar niños o trabajar de cajero.

Trabajé de niñero varios veranos y tengo mucha experiencia con niños. Me

gradúo el próximo año y espero poder trabajar antes de que termine la

escuela.

_____

Step 3

Evaluate your writing using the information in the table.

Writing Criteria	Excellent	Good	Needs Work
Content	Your ad includes many details and new vocabulary.	Your ad includes some details and new vocabulary.	Your ad includes few details or new vocabulary.
Communication	Most of your ad is organized and easy to follow.	Parts of your ad are organized and easy to follow.	Your ad is disorganized and hard to follow.
Accuracy	Your ad has few mistakes in grammar and vocabulary.	Your ad has some mistakes in grammar and vocabulary.	Your ad has many mistakes in grammar and vocabulary.

UNIDAD 7 Lección 1 · Escribir A

Escribir B

> **¡AVANZA!** **Goal:** Write about school and work activities.

Step 1

Escribe una lista de tres cosas que hicieron tus amigos el año pasado que tú no esperabas.

1. *Answers will vary:* **Hicieron una fiesta sorpresa para mi cumpleaños.**

2. *Answers will vary:* **Andrés y Manuel sacaron notas muy malas.**

3. *Answers will vary:* **Araceli y Víctor no encontraron un trabajo a tiempo parcial.**

Step 2

Escribe tres oraciones con la información que escribiste arriba. Usa expresiones como **no creer que, ser imposible que** y **ser lógico que**.

1. *Answers will vary:* **Yo no creía que ellos me hubieran podido hacer una fiesta sorpresa tan linda para mi cumpleaños.**

2. *Answers will vary:* **Era imposible que Andrés y Manuel hubieran sacado malas notas porque estudian mucho.**

3. *Answers will vary:* **No era lógico que Araceli y Víctor no hubieran encontrado un trabajo a tiempo parcial porque buscaron todo el verano.**

Step 3

Evaluate your writing using the information in the table.

Writing Criteria	Excellent	Good	Needs Work
Content	Your sentences include many details and new expressions.	Your sentences include some details and new expressions.	Your sentences include few details or new expressions.
Communication	Most of your sentences are organized and easy to follow.	Parts of your sentences are organized and easy to follow.	Your sentences are disorganized and hard to follow.
Accuracy	Your sentences have few mistakes in grammar and vocabulary.	Your sentences have some mistakes in grammar and vocabulary.	Your sentences have many mistakes in grammar and vocabulary.

UNIDAD 7
Lección 1

Escribir B

Cultura B

Level 3, pp. 414-415

> **¡AVANZA!** **Goal:** Review cultural information about Venezuela and Colombia.

1 **Venezuela y Colombia** Haz una X en las explicaciones correctas sobre cada país.

Características	Colombia	Venezuela
1. Es uno de los principales productores de café.	X	
2. Cerca de su frontera con Brasil nace el río Orinoco.		X
3. Su celebración del Día de la Bandera es el 12 de marzo.		X
4. Tiene un carnaval declarado Patrimonio de la Humanidad.	X	
5. Su bandera tiene siete estrellas.		X
6. Su capital es Bogotá.	X	

2 **Gabriel García Márquez** Completa las siguientes oraciones sobre el famoso escritor.

1. García Márquez nació en _____Aracataca_____, Colombia.

2. Su obra más famosa, «Cien años de soledad» se publicó en el año _____1967_____.

3. En 1982 ganó el premio Nobel de _____literatura_____.

4. Sus novelas y cuentos muestran una mezcla de fantasía y _____realismo_____.

5. En sus novelas muchas veces lo _____fantástico_____ parece completamente normal.

3 **Las banderas** La bandera de Venezuela tiene siete estrellas que representan las siete provincias que habían declarado la independencia de Venezuela. Explica, en cuatro líneas, ¿qué simbolizan los colores y las estrellas de la bandera de tu país o estado?

Answers will vary. _____

_____

UNIDAD 7
Lección 1 • Cultura B

Cultura C

¡AVANZA! **Goal:** Review cultural information about Venezuela and Colombia.

---

1 **Venezuela y Colombia** Di si son ciertas o falsas las siguientes oraciones. Si la oración es falsa, escribe la respuesta verdadera.

Ⓒ F **1.** El famoso escritor Gabriel García Márquez nació en Colombia.
Cierto

Ⓒ F **1.** El carnaval de Barranquilla fue declarado Patrimonio de la Humanidad.
Cierto

Ⓒ F **1.** En Venezuela, una manera popular de pasar los ratos libres es ver la televisión.
Cierto

C Ⓕ **1.** El río Orinoco nace cerca de la frontera entre Venezuela y Colombia.
Falso. El río Orinoco nace entre Venezuela y Brasil.

C Ⓕ **1.** Venezuela y Colombia están en América Central.
Falso. Venezuela y Colombia están en Sudamérica.

2 **Venezuela y Colombia** Responde a las siguientes preguntas con oraciones completas.

1. ¿Cuál es el origen del nombre Colombia? _____ *El nombre Colombia es en*
honor a Cristóbal Colón.

2. ¿Cuál es el clima en Venezuela y Colombia? _____ *En Venezuela y Colombia el*
clima es caliente en la costa y frío en la montaña.

3. ¿En qué año fue la primera producción comercial de café en Colombia? *La primera*
producción comercial de café en Colombia fue en el año 1835.

3 **Los carnavales** El carnaval es un festival cultural con orígenes religiosos que se celebra durante la semana antes de la Cuaresma. ¿Hay algún carnaval o festival en la región donde vives? Escribe un párrafo y explica todas las actividades que hacen las personas durante esa celebración. ¿Qué se celebra? ¿En qué fecha es?

Answers will vary.

_____

_____

_____

_____

_____

Vocabulario A

> **¡AVANZA!** **Goal:** Talk about career possibilities.

1 Los amigos de Fernanda tienen muchas cualidades (*qualities*). Márcalas con una X.

1. abogado ____
2. cualificado _x_
3. motivado _x_
4. contador ____
5. enfermero ____

6. honrado _x_
7. fiable _x_
8. versátil _x_
9. traductor ____
10. eficiente _x_

2 Los amigos de Francisca tienen diferentes profesiones. Mira los dibujos y completa las oraciones.

1.
2.
3.
4.
5.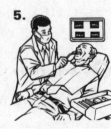

1. Mauricio es _____arquitecto_____ .
2. Alejandro es _____juez_____ .
3. Luis Miguel es _____médico_____ .
4. Andrea es _____gerente_____ de una gran empresa.
5. Guillermo es _____dentista_____ .

3 Contesta las siguientes preguntas con una oración:

1. ¿Qué cualidades crees que debe tener un juez?

   Answers will vary: **Un juez debe ser honesto y flexible.**

2. ¿Qué cualidades crees que debe tener un vendedor?

   Answers will vary: **Un vendedor debe ser motivado.**

3. ¿Qué cualidades crees que debe tener un gerente?

   Answers will vary: **Un gerente debe ser versátil y flexible.**

Vocabulario B

> **¡AVANZA!** **Goal:** Talk about career possibilities.

1 Mis amigos tienen muchas cualidades buenas. Une con flechas la cualidad con su definición.

1. puntual   **a.** una persona que puede hacer bien

2. fiable   muchas cosas

3. versátil   **b.** una persona que actúa correctamente

4. honrado   **c.** una persona en la que se puede confiar

5. creativo   **d.** una persona que llega a la hora exacta

                                      e. una persona que tiene imaginación

2 Cada uno de mis amigos tiene una profesión diferente. Completa estas oraciones.

1. Federico trabaja en la corte (*court*) y dice las sentencias; él es

_____ juez _____ .

2. Berta diseña edificios; ella es _____ arquitecta _____ .

3. Aníbal compra y vende acciones; él es _____ agente de bolsa _____ .

4. Viviana lleva la contabilidad de una empresa muy grande, ella es

_____ contadora _____ .

5. Hugo estudió administración de empresas y ahora llegó a ser el

_____ gerente _____ de una empresa de computadoras.

3 Escribe tres oraciones para decir qué cualidad (*quality*) debe tener cada uno de estos profesionales:

1. Un abogado: *Answers will vary:* **Un abogado debe ser honesto y fiable.**

_____

2. Un médico: *Answers will vary:* **Un médico debe estar cualificado.**

_____

3. Un dentista: *Answers will vary:* **Un dentista debe estar cualificado y ser amable.**

_____

Vocabulario C

Level 3, pp. 418-422

> | ¡AVANZA! | **Goal:** Talk about career possibilities. |

1 En la fiesta de cumpleaños de Elena conocí a muchos de sus amigos. Completa las oraciones con la palabra apropiada.

1. Un amigo de Elena, Carlos, es el _____arquitecto_____ que diseñó el edificio del centro comercial. (dentista / médico / arquitecto)

2. El amigo de Elena que dice sentencias en la corte (*court*), el que es

   _____juez_____ , se llama Gustavo y vive cerca de mi casa. (traductor / juez / ingeniero)

3. Dice Elena que Marta, que es _____enfermera_____ , cuida a su mamá en el hospital. (enfermera / profesora / agente de bolsa)

4. Ana lleva la contabilidad en una empresa de servicios turísticos, ella es una excelente

   _____contadora_____ . (vendedora / contadora / entrenadora)

5. A Julio ya lo conocía, él me corta el pelo desde hace dos años, también es el

   _____peluquero_____ de Elena. (gerente / abogado / peluquero)

2 Los amigos de Ramón tienen grandes cualidades (*qualities*) como profesionales. Completa las oraciones para describir cómo son.

1. Raúl, el arquitecto, es *Answers will vary:* **educado y creativo**.

2. Enrique, el juez, es *Answers will vary:* **honesto y fiable**.

3. Mirta, la enfermera, es *Answers will vary:* **eficiente y versátil**.

4. María, la contadora, es *Answers will vary:* **cualificada y puntual**.

5. César, el peluquero, es *Answers will vary:* **flexible y animado**.

3 Escribe un texto de tres oraciones para describir cuál es la profesión que te gustaría tener y qué cualidades tienes para ella.

Answers will vary: **A mí me gustaría ser médico. Creo que tengo las**

cualidades necesarias para ello: soy comprensivo y animado. Además

soy apasionado por las cosas que me gustan.

UNIDAD 7 • Vocabulario C
Lección 2

Unidad 7, Lección 2
Vocabulario C

320

¡Avancemos! 3
Cuaderno: Práctica por niveles

Gramática A Si *Clauses*

> **¡AVANZA!** **Goal:** Use **si** clauses to hypothesize.

1 Carmen cree que si sus amigos escogieran ciertas profesiones, deberían tener cualidades *(qualities)* apropiadas. Subraya la expresión correcta en las oraciones.

1. Si Manuel quisiera ser arquitecto, (debería / debiera) ser creativo.

2. Si Carla y Fabián quisieran ser traductores, (tendrían / tuvieran) que saber bien otros idiomas.

3. Tú deberías ser flexible si (pensaras / pensarías) en ser agente de bolsa.

4. Nosotros (necesitáramos / necesitaríamos) ser eficientes si llegáramos a ser gerentes.

5. Si Andrea fuera jueza, (necesitaría / necesitara) ser menos apasionada.

2 Manuela cree que sus amigos lograrán sus objetivos. Completa las oraciones con las palabras de la caja.

1. Si Manuel toma clases de dibujo, _____tendrá_____ mejores notas en la universidad.

2. Andrea podrá ser menos apasionada si _____tiene_____ más paciencia.

3. Nosotros _____tendremos_____ la profesión que queremos si estudiamos mucho.

4. Si nosotros _____tenemos_____ metas claras, todo será más fácil.

tiene
tendremos
tendrá
tenemos

3 Escribe tres oraciones para describir qué pasaría si tú y tus amigos hicieran algunas cosas. Usa una expresión de hipótesis con las palabras siguientes.

1. Nosotros / salir temprano / poder ir al cine

   Si nosotros saliéramos temprano, podríamos ir al cine.

   _____

2. Yo / tener tiempo / ir a bailar

   Si yo tuviera tiempo, iría a bailar.

   _____

3. Mi amigo / estudiar más / solicitar una beca

   Si mi amigo estudiara más, solicitaría una beca.

   _____

Gramática B Si *Clauses*

Level 3, pp. 423-427

> **¡AVANZA!** **Goal:** Use **si** clauses to hypothesize.

1 Lourdes y sus amigos están pensando en una profesión. Une las oraciones.

1. Si Lourdes hoy escogiera una profesión,

2. Amalia haría cursos de dibujo si

3. Los amigos de Lourdes cuidarían a pacientes si

4. Si Pedro y Luisa cortaran el pelo de los clientes

a. serían peluqueros.

b. sería agente de bolsa.

c. fuera arquitecta.

d. fueran enfermeros.

2 Los amigos de Laura pueden hacer cosas para su futuro. Completa las oraciones con la forma correcta del verbo. Usa el mismo verbo de cada oración.

1. Si Lorena <u>busca</u> una buena universidad, la _____*buscará*_____ en su ciudad.

2. Si Pedro se <u>cambia</u> de universidad, se _____*cambiará*_____ a una universidad mejor.

3. Camila <u>escogerá</u> ser arquitecta si _____*escoge*_____ la profesión que le gusta.

4. Mercedes <u>será</u> una buena contadora si _____*es*_____ una buena estudiante en la universidad.

5. Si Nicolás <u>quiere</u> ser gerente de una empresa, él _____*querrá*_____ estudiar administración de empresas.

3 Escribe tres oraciones con las cosas que pasarían si tú hicieras otras. Sigue el modelo.

modelo: Si yo tuviera más tiempo, leería más libros.

1. *Answers will vary:* **Si yo quisiera ser contadora, estudiaría contabilidad.**

_____

2. *Answers will vary:* **Si yo viajara más, lo haría con mis amigos.**

_____

3. *Answers will vary:* **Si yo filmara una película, sería un documental.**

_____

UNIDAD 7 • Gramática B
Lección 2

Gramática C Si *Clauses*

¡AVANZA!	**Goal:** Use **si** clauses to hypothesize.

1 ¿Qué diríamos si nos preguntaran qué profesión tendremos? Completa estas oraciones.

1. Si nos gustara cuidar enfermos, nosotros _____seríamos_____ enfermeros.

2. Si yo _____quisiera_____ hacer planes financieros, estudiaría contabilidad.

3. Mis amigos _____trabajarían_____ en un hospital si fueran médicos.

4. Tú serías una buena profesora si _____tuvieras_____ un poco más de paciencia.

2 Escribe cinco oraciones para decir qué harán tus amigos si escogen una profesión. Usa la información de la tabla.

Ramiro	estudiar	escoger
Edgardo y Alicia	investigar	decidir
Flavio y yo	informarse	poder

1. *Answers will vary:* **Si Ramiro estudiara para ser médico, él podría ayudar a las personas.**

2. *Answers will vary:* **Si Edgardo y Alicia investigaran más, escogerían lo que realmente les gusta.**

3. *Answers will vary:* **Si Flavio y yo nos informáramos sobre las universidades, nos decidiríamos más fácilmente.**

4. *Answers will vary:* **Si Ramiro investigara más, podría encontrar la carrera que busca.**

3 Escríbele un correo electrónico de cuatro oraciones a un(a) amigo(a) para decirle qué harías si pudieras empezar a estudiar una profesión mañana. *Answers will vary:*

Hola, Andrea.

Tengo muchas ganas de empezar la universidad. Si empezara mañana las clases, buscaría todos los libros. Si los profesores nos pusieran exámenes, yo estudiaría más de lo que me piden. Estoy muy emocionada.

Cecilia

UNIDAD 7 Lección 2 • Gramática C

Gramática A *Sequence of Tenses*

Level 3, pp. 428-430

> **¡AVANZA!** **Goal:** Use the correct sequence of tenses to talk about your wishes for yourself and others.

1 Aníbal y sus amigos hablan de sus profesiones. Une con flechas las dos partes de una misma oración.

1. Sería bueno que nosotros   a. estudien juntos.

2. Me han dicho que   b. hubieras estudiado contabilidad.

3. Es mejor que ellos   c. piense bien qué profesión tendré.

4. Era una buena idea que tú   d. supiéramos cuál será nuestra profesión.

2 Aníbal y sus amigos no saben qué profesión elegir. Completa las oraciones con la forma correcta del verbo **aconsejar**.

1. Los chicos les pidieron a sus padres que los _____ aconsejaran _____ .

2. Es muy positivo que los padres _____ hayan aconsejado _____ muchas veces a sus hijos sobre sus profesiones.

3. Era importante que todos los _____ hubieran aconsejado _____ .

4. Sería mejor que tú también los _____ aconsejaras _____ .

5. Será excelente que los profesores también los _____ aconsejen _____ .

3 Completa las oraciones con expresiones relacionadas con la profesión que te gusta. *Answers will vary:*

1. Es bueno que yo _____ haya pensado _____ en una profesión que ayude a

   las personas enfermas.

2. Era bueno que yo no _____ hubiera sido _____ presumido.

3. Sería bueno que yo _____ estudiara _____ para ser médico.

Gramática B *Sequence of Tenses*

> ¡AVANZA! **Goal:** Use the correct sequence of tenses to talk about your wishes for yourself and others.

1 Edgardo y sus amigos piensan qué profesión tendrán. Completa las oraciones con la forma correcta de los verbos de la caja.

decir	buscar	pensar
investigar	preguntar	

1. Será mejor que _____ busques _____ una profesión que te guste.

2. Es bueno que tú _____ hayas pensado _____ en una profesión para ayudar a los demás.

3. Era importante que tú _____ hubieras investigado _____ sobre todas las profesiones que enseñan en la universidad.

4. Me pediste que te _____ dijera _____ qué pienso sobre tu carrera.

5. Antes, yo había dicho que no me _____ preguntaras _____ , pero ahora voy a darte unos consejos.

2 Elegir una profesión es difícil. Completa las oraciones con los verbos entre paréntesis.

1. (pensar) Es preferible que tú *Answers will vary*: **pienses bien.**

2. (investigar) Era preferible que tú *Answers will vary*: **investigaras sobre las carreras que hay en tu ciudad.**

3. (elegir) Será preferible que tú *Answers will vary*: **escojas una profesión que realmente te guste.**

4. (ser) Yo te había aconsejado que *Answers will vary*: **fueras más paciente al escoger tu profesión**

3 Contesta las siguientes preguntas con una oración.

1. ¿Qué te aconsejan tus amigos sobre tu profesión?

   Answers will vary: **Ellos me aconsejan que sea artista.**

3. ¿Qué crees que te aconsejará tu mejor amigo(a) sobre tu profesión?

   Answers will vary: **Ella me aconsejará que lo piense muy bien.**

Gramática C *Sequence of Tenses*

> **¡AVANZA!** **Goal:** Use the correct sequence of tenses to talk about your wishes for yourself and others.

1 ¿Ya sabes qué profesión tendrás? Escribe la segunda parte de las oraciones.

1. Es mejor que yo *Answers will vary*: **estudie lo mismo que mi hermano mayor.**

2. Era mejor que yo *Answers will vary*: **hubiera hablado con la consejera estudiantil.**

3. Fue mejor que yo *Answers will vary*: **pensara antes de escoger.**

4. Será mejor que yo *Answers will vary*: **investigue un poco más.**

5. Me habían sugerido que yo *Answers will vary*: **conociera la universidad.**

2 ¿Has pedido consejos sobre tu profesión futura? Escribe oraciones respetando la secuencia de los tiempos verbales. Habla de lo que te sugirieron, lo que te han sugerido, lo que te sugieren y lo que te sugerirán las personas.

1. (sugirieron) *Answers will vary*: **Me sugirieron que fuera pintor.**

2. (han sugerido) *Answers will vary*: **Me habían sugerido que siguiera la carrera que más me gusta.**

3. (sugieren) *Answers will vary*: **Me sugieren que busque una carrera que ayude a los demás.**

4. (sugerirán) *Answers will vary*: **Me sugerirán que hable con varios profesionales.**

5. (sugerirían) *Answers will vary*: **Me sugerirían que le preguntara a mi profesor de artes.**

3 Escribe tres oraciones para darle algunos consejos a tu amigo(a) sobre su profesión. Respeta la secuencia de los tiempos verbales.

1. *Answers will vary*: **Te aconsejo que pienses en tu futuro.**

2. *Answers will vary*: **Te aconsejo que averigües en varias universidades.**

3. *Answers will vary*: **Te aconsejo que hables con tus padres.**

Conversación simulada

Level 3, pp. 431-433
WB CD 04 tracks 11-12

You are going to participate in a simulated telephone conversation with your friend, Berta. First, read the outline of the whole conversation below. Next, listen to the audio. You will hear only Berta's side of the conversation. Then, listen to the audio again and fill in the pauses with the appropriate responses, according to your cues. A tone will tell you when to start and stop speaking.

[phone rings]

Tú: Contesta el teléfono.

Berta: (Ella te saluda y te pregunta cómo estás)

Tú: Saluda.

Berta: (Ella te cuenta algo y te pregunta una cosa)

Tú: Contesta y pregúntale qué quiere estudiar ella.

Berta: (Ella te responde)

Tú: Dile que opinas de su elección.

Berta: (Ella te pregunta a dónde quieres ir)

Tú: Contesta y explica por qué.

Berta: (Ella se despide.)

Tú: Despídete y cuelga.

UNIDAD 7 • Conversación
Lección 2 simulada

Integración: Escribir

Level 3, pp. 431-433
WB CD 04 track 13

Osvaldo estudió la profesión que le gustaba. Él terminó la universidad este año y ya está buscando un trabajo. Sus amigos y su familia también lo ayudan a buscar. Lee el anuncio en el periódico, escucha el video que mandó Osvaldo y escribe sobre sus cualidades profesionales.

Fuente 1 Leer

Lee el anuncio de solicitud de profesionales en el periódico.

> ### Empresa internacional solicita profesionales en Administración de Empresas
>
> Importante empresa internacional solicita profesionales que hayan estudiado Administración de Empresas. Es preferible que vivan en la ciudad.
>
> Necesitamos profesionales cualificados, apasionados y motivados. No es imprescindible que tengan experiencia en otras empresas, pero sí necesitamos que sepan hacer planes financieros.
>
> *Envíe un video para que le demos una cita a:*
> **empresainternacional@negocios.ve**

Fuente 2 Escuchar   *WB CD 04 track 14*

Luego, escucha lo que dice Osvaldo en el video que mandó a la empresa internacional. Toma notas.

_____

_____

_____

_____

Escribir

Tú leíste el anuncio de la empresa y se lo diste a Osvaldo porque sabes que él tiene las cualidades que busca la empresa. ¿Qué cualidades tiene Osvaldo que le pueden interesar a la empresa?

modelo: Osvaldo es... Él no… pero… Además, él...

Answers will vary: **Osvaldo es administrador de empresas. Él no tiene**

experiencia en otras empresas pero a esta empresa eso no le importa

mucho. Además, él es eficiente, motivado y apasionado por aprender.

Dice que si sale temprano en coche llegará a tiempo.

UNIDAD 7 • Lección 2 Integración: Escribir

Escuchar A

Level 3, pp. 440-441
WB CD 04 tracks 15-16

¡AVANZA! **Goal:** Listen to people talking about different professions.

1 Escucha a Guillermo. Luego, marca con una X las oraciones que hablan sobre su trabajo.

1. Guillermo es contador. __×__

2. Guillermo es gerente. ____

3. Guillermo tiene mucha experiencia. ____

4. Guillermo nunca trabajó de contador antes. __×__

5. Las empresas quieren empleados que hayan trabajado antes. __×__

6. Guillermo no tiene buenos compañeros de trabajo. ____

2 Escucha a Eugenia. Luego, completa las oraciones con las palabras de la caja.

cualificada	programadora	apasionado	empresas

1. Eugenia es _____programadora_____ .

2. El compañero de Eugenia no es _____apasionado_____ .

3. Muchas _____empresas_____ no quieren personas que no hayan trabajado antes.

4. A Eugenia en otras empresas, siempre le decían que necesitaban gente que estuviera

_____cualificada_____ .

UNIDAD 7
Lección 2 • Escuchar A

Escuchar B

> **¡AVANZA!** **Goal:** Listen to people talking about different professions.

1 Escucha a Lorena y toma notas. Luego, subraya la palabra que completa cada oración.

1. Lorena estudia (<u>arquitectura</u> / ingeniería).

2. Los (amigos / <u>padres</u>) de Lorena no querían que ella estudiara esta carrera.

3. En la casa de Lorena se habla de (<u>edificios</u> / la universidad).

4. Toda la familia tiene la misma (oportunidad / <u>profesión</u>).

2 Escucha a Luis y toma notas. Luego, completa las oraciones.

1. Luis, su esposa y su hija son _____ médicos _____ .

2. La esposa de Luis no quería que su hija _____ estudiara medicina _____ .

3. Luis y su esposa le sugirieron a su hija que _____ estudiara ingeniería _____ .

4. Luis cree que es importante que las personas _____ estudien algo que les guste _____ .

Escuchar C

¡AVANZA!	**Goal:** Listen to people talking about different professions.

1 Escucha a Beatriz. Toma notas. Luego, completa la tabla con las carreras que ella sugiere y en el orden en que las sugiere.

Características personales	Carrera
Si el estudiante es creativo	**1.** arquitectura
	2. diseño
	3. arte
Si le gustan las matemáticas	**1.** contabilidad
	2. administración de empresas
	3. matemáticas
Si le interesa la salud	**1.** médicos
	2. dentistas
	3. enfermeros

2 Escucha a Jorge y toma notas. Luego, contesta las siguientes preguntas:

1. ¿Cuál es el problema de Jorge?

Él no sabe qué quiere estudiar.

2. ¿Quién le da consejos a Jorge?

La consejera estudiantil le da consejos a Jorge.

3. ¿Cuál es el consejo que le dio?

Ella le dijo que reflexionara sobre las cosas que le interesan.

4. ¿Qué le interesó siempre a Jorge?

A Jorge siempre le interesó ayudar a las personas enfermas.

5. ¿Qué hará Jorge si se decide?

Él estudiará para ser médico.

Leer A

> ¡AVANZA! **Goal:** Read about different professions.

Una empresa muy conocida busca un contador y publica este anuncio clasificado.

Solicitamos un contador

Solicitamos un contador que sea un profesional cualificado, eficiente, honesto y puntual. Es necesario que se haya graduado en la Facultad de Administración de Empresas o en la de Contabilidad en cualquier universidad. Nos importa también que sea creativo y que pueda hacer muchas cosas dentro de esta profesión. Es mejor que ya haya trabajado en una empresa internacional, aunque esto no es imprescindible.

Si usted tuviera estas cualidades, podría llevar la contabilidad de la más importante empresa de computadoras.

Pida una cita en el 423-9876

¿Comprendiste?

Lee el anuncio de la empresa de computadoras. Marca con una cruz las cualidades que debe tener el contador que buscan.

1. Debe ser versátil __x__

2. Debe ser honrado ____

3. Debe ser eficiente __x__

4. Es mejor que tenga experiencia __x__

5. Debe ser apasionado ____

6. Debe ser flexible __x__

7. Debe ser un profesional con título __x__

8. Debe ser fiable __x__

9. Debe ser puntual __x__

10. Debe haber trabajado en una empresa internacional ____

¿Qué piensas?

Si tú buscaras un contador, ¿qué características debería tener?

Answers will vary: **Si yo buscara un contador debería ser un profesional honesto y eficiente.**

UNIDAD 7
Lección 2

Leer A

Leer B

¡AVANZA!	**Goal:** Read about different professions.

Silvia le escribe un correo electrónico a su mejor amiga.

Hola, Camila:

Quiero contarte algo. Ayer conocí a un chico muy interesante. Se llama Antonio. Él está estudiando para ser médico, tú sabes que ésa es la profesión que me gustaría tener. Yo creo que es un chico muy honesto y apasionado. Me encanta que lo haya conocido porque podemos hablar de la profesión de médico.

Me dijo que lo llamara hoy para que salgamos esta noche.

Si me llamas esta tarde te lo contaré todo.

Silvia

¿Comprendiste?

Lee el correo electrónico de Silvia. Luego, encierra en un círculo las palabras que completan mejor cada oración.

1. Antonio será (médico / estudiante).

2. Silvia quiere ser (médica / profesora).

3. Antonio quiere hacer cosas por (Silvia / la gente).

4. Silvia se alegra de haberlo (conocido / hablado), porque pueden hablar sobre la profesión de médico.

5. Antonio quiere que Silvia lo (llame / escuche).

¿Qué piensas?

¿Te gustan las personas que quieren hacer cosas por los demás? ¿Por qué?

Answers will vary: **Sí, me encantan las personas que quieren hacer**

cosas por los demás porque prefiero a las personas generosas porque

las personas generosas, que ayudan a los demás, no son egoístas.

Leer C

Level 3, pp. 440-441

¡AVANZA!	**Goal:** Read about different professions.

Sabina escribió todos sus logros en una solicitud de empleo para ser gerente.

Señor director,

    Le escribo porque estoy interesada en ser gerente de su empresa. Tengo muchas cualidades que son ideales para este empleo. Creo que estoy muy cualificada para ser gerente de su empresa.

    Tengo un título de la Facultad de Administración de Empresas de la Universidad de Bogotá. Mi especialidad es la administración de empresas de computadoras, por lo tanto sería una excelente trabajadora. También hice cursos de derecho, negocios, inglés y francés.

    Si me contratan seguro que estáran contentos con mi trabajo. Espero recibir pronto noticias suyas.

    Atentamente,

    Sabina Asensio

¿Comprendiste?

Lee la carta de Sabina. Luego contesta las preguntas.

1. ¿Por qué escribe esta carta Sabina?

Porque quiere solicitar empleo como gerente.

2. ¿Cree Sabina que ella sería una buena gerente? ¿Cómo lo sabes?

Answers will vary: **Sí, ella cree que sería una buena gerente porque dice que está muy cualificada.**

3. ¿Crees tú que Sabina está cualificada para este empleo? ¿Por qué?

Answers will vary: **Sí, creo que Sabina está cualificada para este empleo porque su especialidad es administración de esmpresas de computadoras.**

¿Qué piensas?

¿Qué carreras podría seguir Sabina, en tu opinión? ¿Por qué?

Answers will vary: **En mi opinión, Sabina podría seguir las siguientes carreras: gerente, mujer de negocios, contadora y agente de bolsa porque tiene el título de la universidad en administración de empresas.**

Escribir A

> **¡AVANZA!** **Goal:** Write about different professions.

Step 1

Escribe una lista de cuatro cualidades que tú tienes.

1. *Answers will vary:* **puntual** _____
2. *Answers will vary:* **motivado** _____
3. *Answers will vary:* **eficiente** _____
4. *Answers will vary:* **honesto** _____

Step 2

Escribe cuatro oraciones sobre las profesiones que podrías hacer según tus cualidades.
Usa el condicional con **si**. *Answers will vary:*

Creo que sería un buen contador porque soy honesto, puntual y me gustan

las mátemáticas. Si fuera ingeniero tendría que estudiar mucho, por eso

prefiero otras profesiones. Como soy eficiente y motivado creo que sería

un buen traductor. Pero tengo que estudiar más idiomas si quiero ser

traductor.

Step 3

Evaluate your writing using the information in the table below.

Writing Criteria	Excellent	Good	Needs Work
Content	Your sentences include many details and vocabulary.	Your sentences include some details and vocabulary.	Your sentences include few details or vocabulary.
Communication	Most of your sentences are organized and easy to follow.	Parts of your sentences are organized and easy to follow.	Your sentences are disorganized and hard to follow.
Accuracy	Your sentences have few mistakes in grammar and vocabulary.	Your sentences have some mistakes in grammar and vocabulary.	Your sentences have many mistakes in grammar and vocabulary.

Escribir B

> **¡AVANZA!** **Goal:** Write about different professions.

Step 1

Escribe dos cualidades distintas y dos especialidades o cursos que crees tú que un banco busca en un empleado.

Cualidades	Especialidades
Answers will vary: **puntual**	*Answers will vary:* **la contabilidad**
Answers will vary: **fiable**	*Answers will vary:* **Administración de empresas**

Step 2

Completa el título. Luego, con cuatro oraciones usa la lista que hiciste y escribe un anuncio de un banco que busca un empleado cualificado.

¿Quieres seguir una carrera de *Answers will vary:* **gerente** **?**

Answers will vary: **Buscamos un empleado cualificado o una empleada cualificada. Es imprescindible que tenga un título universitario y que se haya especializado en administración de empresas. También es importante que haya estudiado contabilidad. Necesitamos a alguien que sea puntual y eficiente.**

Step 3

Evaluate your writing using the information in the table below.

Writing Criteria	Excellent	Good	Needs Work
Content	Your ad includes all of the information.	Your ad includes some of the information.	Your ad includes little information.
Communication	Most of your ad is clear.	Parts of your ad are clear.	Your ad is not very clear.
Accuracy	Your ad has few mistakes in grammar and vocabulary.	Your ad has some mistakes in grammar and vocabulary.	Your ad has many mistakes in grammar and vocabulary.

UNIDAD 7
Lección 2 • Escribir B

Escribir C

> **¡AVANZA!** **Goal:** Write about different professions.

Step 1

Describe qué hacen las personas que tienen las siguientes profesiones. *Answers will vary:*

1. Un contador lleva la contabilidad de una empresa.

2. Un administrador de empresas hace los planes financieros de una empresa

3. Un enfermero cuida a los enfermos.

Step 2

Tu amigo(a) quiere seguir una carrera pero no sabe cuál. Usa la información de arriba para escribirle un correo electrónico de cinco oraciones y darle algunos consejos. Usa oraciones con **si** y el subjuntivo. *Answers will vary:*

Hola, Cecilia: Si quieres tener éxito en tu profesión, yo te haré unas

recomendaciones. Primero, tendrías que seguir una carrera. Es importante

ser apasionada y animada sobre lo que te gusta. Si quieres ser contadora

tendrás que tomar cursos de contabilidad, pero si eso no te gustara,

podrías ser administradora de empresas. Y si prefieres la medicina, creo

que sería mejor que fueras enfermera. ¡Ojalá que te sirvan estos consejos!

Step 3

Evaluate your writing using the information in the table.

Writing Criteria	Excellent	Good	Needs Work
Content	Your email includes many details and vocabulary.	Your email includes some details and vocabulary.	Your email includes few details or vocabulary.
Communication	Most of your email is organized and easy to follow.	Parts of your email are organized and easy to follow.	Your email is disorganized and hard to follow.
Accuracy	Your email has few mistakes in grammar and vocabulary.	Your email has some mistakes in grammar and vocabulary.	Your email has many mistakes in grammar and vocabulary.

Cultura A

> ¡AVANZA! **Goal:** Review cultural information about Venezuela and Colombia.

1 **Venezuela y Colombia** Escoge una de las opciones y completa las oraciones.

1. La primera universidad fundada en Colombia fue la __a__

   a. Universidad de Santo Tomás
   b. Universidad de San Juan
   c. Universidad de San Luis

2. El 12 de marzo en Venezuela se celebra el __c__

   a. Día de la Nación
   b. Día de la Patria
   c. Día de la Bandera

3. Venezuela y Colombia se encuentran en __b__

   a. Norteamérica
   b. Sudamérica
   c. Centroamérica

2 **Los retratos de Fernando Botero** Completa las siguientes oraciones con las palabras de la caja.

esculturas	retratos	pintor
proporciones	profesiones	

1. Fernando Botero es un famoso _____pintor_____ colombiano.

2. Botero se destaca por sus _____retratos_____ de la gente de su país.

3. Sus obras presentan imágenes de personas de muchas ____profesiones____ .

4. En sus pinturas, Botero pinta figuras que tienen ____proporciones____ exageradas.

5. Además de pinturas, Fernando Botero crea ____esculturas____ .

3 **Un colombiano famoso** Al artista Fernando Botero le gusta tener como tema para sus obras, a las personas de su país. ¿Qué temas escogerías tú, si fueras un artista? Escribe una lista de tres temas que crees que son interesantes para escribir sobre ellos, pintarlos o hacer esculturas.

Answers will vary: Las playas de Florida.

Answers will vary: Las montañas de Alaska.

Answers will vary: Las bailarinas de ballet.

UNIDAD 7 • Cultura A
Lección 2

Cultura B

| ¡AVANZA! | **Goal:** Review cultural information about Venezuela and Colombia. |

1 **Colombia** Reordena las siguientes palabras.

1. Comida típica.   P A S R E A   _arepas_

2. Pintor famoso.   E O T O R B   _Botero_

3. Producto que exporta.   E C F A   _café_

4. Ciudad capital.   O T G A O B   _Bogotá_

5. Cantante famosa.   A R I S K A H   _Shakira_

2 **Una gran ruta de agua** Responde a las siguientes preguntas.

1. ¿Qué río nace cerca de la frontera entre Venezuela y Brasil? _el Orinoco_

2. ¿Por dónde pasa este río? _por toda Venezuela_

3. ¿Dónde termina? _en un delta_

4. ¿Cerca de qué mar? _el mar Caribe_

3 **Las invitaciones** Escribe un párrafo para explicar qué quiere decir un colombiano o un venezolano cuando te dice «te invito». ¿En qué se parece y en qué se diferencia ésta invitación de cuando tú invitas a alguien a algún lugar aquí en Estados Unidos?

Answers will vary. _____

_____

_____

_____

UNIDAD 7
Lección 2 • Cultura B

Cultura C

> ¡AVANZA! **Goal:** Review cultural information about Venezuela and Colombia.

1 **La vida en Colombia** Escribe todo lo que conoces acerca de Colombia.

Una comida típica	Answers will vary: arepas
Un pintor famoso	Fernando Botero
Un producto	café
Una cantante famosa	Shakira
Un escritor famoso	Answers will vary: Gabriel García Márquez

2 **La cultura colombiana** Responde a las siguientes preguntas con oraciones completas.

1. ¿Qué premio ganó el escritor colombiano Evelio Rosero Diago y en qué año?

El escritor colombiano Evelio Rosero Diago ganó el Premio Nacional de

Literatura en el año 1992.

2. ¿Cuál fue la primera universidad que se estableció en Colombia? _____ La primera

universidad que se estableció en Colombia fue la Universidad de Santo Tomás.

3. ¿Dónde y cuándo fue la primera producción comercial de café? _____ La primera

producción comercial de café fue en el año 1835, en Santander.

3 **Universidades** Para los colonizadores españoles era muy importante que Colombia tuviera escuelas y universidades buenas. Así no era necesario que sus hijos viajaran a Europa a estudiar. Cuando seas mayor, ¿piensas viajar a otro estado o ciudad a estudiar en una universidad? Escribe un párrafo y di qué profesión te gustaría estudiar en qué universidad y por qué.

_____

_____

_____

_____

_____

Comparación cultural: Educación especializada

Lectura y escritura

Después de leer los párrafos sobre los aspectos interesantes de las escuelas donde viven Estela y Álvaro, escribe un párrafo sobre las escuelas del lugar donde vives. Usa la información de tu gráfica para escribir oraciones con ideas generales y luego escribe un párrafo sobre las escuelas que hay donde vives.

Paso 1

Completa la gráfica con detalles sobre los aspectos interesantes de las escuelas donde vives.

Introducción	Detalles interesantes	Conclusión

Paso 2

Usa los detalles de la gráfica y escribe unas oraciones generales para cada tema.

_____

_____

_____

_____

_____

_____

UNIDAD 7 • Comparación cultural
Lección 2

Comparación cultural: Educación especializada

Level 3, pp. 442-443

Lectura y escritura (seguir)

Paso 3

Usa las frases que escribiste como guía para escribir un párrafo. Incluye una oración introductoria. Escribe sobre los aspectos más importantes de las escuelas del área donde vives, utilizando palabras como: **cualificado, destacado, motivado**.

_____

_____

_____

_____

_____

_____

Checklist

Be sure that…

☐ all the details about the schools in your area from your graphic organizer are included in the paragraph;

☐ you use details to describe the schools in your area;

☐ you include words that describe personal qualities.

Rubric

Evaluate your writing using the rubric below.

Writing criteria	Excellent	Good	Needs Work
Content	Your paragraph includes all of the details about the schools in your area.	Your paragraph includes some details about the schools in your area.	Your paragraph includes few details about the schools in your area.
Communication	Most of your paragraph is organized and easy to follow.	Parts of your paragraph are organized and easy to follow.	Your paragraph is disorganized and hard to follow.
Accuracy	Your paragraph has few mistakes in grammar and vocabulary.	Your paragraph has some mistakes in grammar and vocabulary.	Your paragraph has many mistakes in grammar and vocabulary.

UNIDAD 7 • Comparación cultural
Lección 2

Comparación cultural: Educación especializada

Level 3, pp. 442-443

Compara con tu mundo

Escribe una comparación sobre tu escuela o una escuela de tu región y la de uno de los estudiantes de la página 443. Organiza la comparación por temas. Primero, compara los aspectos interesantes de la escuela y luego la especialidad de la escuela y di por qué te gustaría asistir a esa escuela. Finaliza con una conclusión general.

Paso 1

Usa la gráfica para organizar la comparación por temas. Escribe detalles para cada tema sobre la escuela de tu región donde vives y la del (de la) estudiante que has elegido.

Aspectos de la escuela	Mi escuela	La escuela de _____
Especialidad		
Por qué me gustaría		
Conclusión general		

Paso 2

Usa los detalles de la tabla para escribir una comparación. Incluye una oración introductoria y escribe sobre cada tema. Describe la escuela donde vives y la del (de la) estudiante que has elegido utilizando palabras como: **cualificado, destacado, motivado**.

_____

_____

_____

_____

_____

_____

_____

_____

UNIDAD 7 • Lección 2
Comparación cultural

Vocabulario A

Level 3, pp. 452-456

¡AVANZA! **Goal:** Discuss and critique literature.

---

1 Mariela y sus amigos leen todo el tiempo. Completa las oraciones con la palabra correcta.

1. A Mariela le encanta una poesía con _____ rima _____ . (rima / clímax)

2. A Norberto le gustan los dramas de tres _____ actos _____ . (poemas / actos)

3. A Rodolfo no le importa la cantidad de _____ estrofas _____ que tenga una poesía; le gustan mucho. (títulos / estrofas)

4. A Patricia también le encanta la narrativa, por eso ella lee _____ novelas _____ . (novelas / temas)

5. Todos los chicos prefieren libros de _____ autores _____ famosos. (símiles / autores)

2 A Pamela le encantan todos los géneros de la literatura. Marca con una X los géneros literarios.

1. la novela __x__   **6.** la estrofa ____

2. la metáfora ____   **7.** la biografía __x__

3. el cuento __x__   **8.** el símil ____

4. el drama __x__   **9.** el desenlace ____

5. el contexto ____   **10.** la poesía __x__

3 Completa las oraciones con la literatura que lees.

1. Si te gusta leer libros ilustrados, tú lees libros de historietas. _____

_____

2. Si te gusta leer narrativa, tú puedes leer *Answers will vary:* **un cuento corto.**

_____

3. Si te gusta leer literatura en verso, tú lees *poesía.* _____

_____

Unidad 8, Lección 1
Vocabulario A

344

¡Avancemos! 3
Cuaderno: Práctica por niveles

UNIDAD 8 • Vocabulario A
Lección 2

Vocabulario B

> **¡AVANZA!** **Goal:** Discuss and critique literature.

1 Armando toma parte en un club de lectores. Une con una flecha el género literario con la palabra que se relaciona con él.

1. La novela   a. la vida de una persona
2. El drama   b. los actos
3. La poesía   c. las ilustraciones
4. La biografía   d. las estrofas
5. Las historietas   e. el capítulo

2 Armando habla con otro miembro del club de lectores. Completa el diálogo con Viviana.

Armando: ¡Hola, Viviana! ¿Qué estás leyendo? ¿A qué **1.** _género literario_ pertenece?

Viviana: ¡Hola, Armando! Estoy leyendo **2.** _una poesía_ muy bonita. Tiene diez estrofas y lo más interesante es que no tiene rima.

Armando: ¿Tampoco tiene **3.** _ritmo_ ?

Viviana: Sí tiene. Es como la música, pero con palabras. Y tú, ¿qué lees?

Armando: Yo estoy leyendo **4.** _un cuento_ corto muy interesante, estoy en el clímax. Lo escribió Jorge Luis Borges.

Viviana: Sí, lo conozco. Es argentino, es **5.** _el autor_ de libros muy buenos.

3 Contesta las preguntas con oraciones.

1. ¿Cuál es tu género literario preferido? ¿Por qué?

   Answers will vary: **Mi género preferido es la poesía porque es muy musical.**

   _____

2. ¿Es difícil para ti entender las metáforas? ¿Por qué?

   Answers will vary: **No, no es difícil para mí entender las metáforas porque**

   siempre las leo y me gustan mucho.

Vocabulario C

Level 3, pp. 452-456

¡AVANZA! **Goal:** Discuss and critique literature.

1 A Anabel le gustan todos los géneros de la literatura. Coloca los elementos que se relacionan con cada género literario. Un mismo elemento puede relacionarse con más de un género.

símil	estrofa	acto	título	antecedentes
metáfora	rima	protagonista	diálogo	narrativa
verso	ritmo	autor	clímax	

Poesía	**Novela**	**Drama**
1. símil	9. protagonista	16. acto
2. metáfora	10. autor	17. protagonista
3. verso	11. título	18. autor
4. estrofa	12. diálogo	19. título
5. rima	13. clímax	20. diálogo
6. ritmo	14. antecedentes	
7. autor	15. narrativa	
8. título		

2 Rosario y sus amigos hablan de la literatura. Completa estas oraciones.

1. A Rosario le gusta *Answers will vary*: **leer novelas.**

2. A Irma le interesa *Answers will vary*: **escribir poesía.**

3. Javier prefiere *Answers will vary*: **leer biografías.**

4. Rosario y sus amigos leen *Answers will vary*: **cuentos.**

3 Escribe tres oraciones para describir qué elementos literarios prefieres en la poesía y por qué.

1. *Answers will vary*: **Me gustan las estrofas cortas porque prefiero el ritmo rápido.**

2. *Answers will vary*: **Me gustan las poesías con rima porque me gusta la música.**

3. *Answers will vary*: **Me gustan las metáforas porque me gusta comparar las cosas.**

346 UNIDAD 8 • Vocabulario C
Lección 1

Unidad 8, Lección 1
Vocabulario C

¡Avancemos! 3
Cuaderno: Práctica por niveles

Gramática A *Past Progressive*

¡AVANZA! **Goal:** Use the past progressive to talk about actions in the past.

1 Jimena y unos amigos estuvieron organizando un club de lectores. Subraya la forma verbal correcta.

1. Jimena (estuvo / estuvieron) llamando a todos los chicos a los que les gusta leer.

2. Andrea y Carlos también (estaba / estaban) pensando en hacer un club de lectores.

3. Yo (estuve / estuvimos) hablando con los chicos interesados en participar.

4. Jimena y yo (estábamos / estaba) buscando un lugar para reunirnos cuando Jaime nos ofreció su casa.

5. ¿Tú (estaba / estabas) preguntando por nuestro club?

2 No es fácil organizar un club. Completa las oraciones con **estar** y la forma correcta del verbo entre paréntesis. *Answers will vary.*

1. El otro día nosotros _____estuvimos pensando_____ en invitar a los chicos de otros clubes de lectores. (pensar)

2. Ellas _____estaban esperando_____ nuestra invitación cuando las llamé. (esperar)

3. Yo _____estuve juntando_____ libros para hacer una biblioteca para el club. (juntar)

4. Él _____estaba donando_____ sus libros cuando llegaron todos. (donar)

5. Tú _____estuviste ayudándonos_____ mucho ayer. (ayudar)

3 Contesta las preguntas con oraciones completas.

1. ¿Qué estuviste haciendo ayer por la tarde?

Answers will vary: **Yo estuve leyendo ayer por la tarde.**

2. ¿Qué estabas haciendo hace un rato?

Answers will vary: **Yo estaba hablando con mis amigos.**

3. ¿Qué estaban haciendo tus amigos esta mañana?

Answers will vary: **Ellos estaban estudiando matemáticas.**

4. ¿Te quedaste leyendo anoche antes de acostarte?

Answers will vary: **Sí, me quedé leyendo anoche antes de acostarme.**

UNIDAD 8 • Lección 1 Gramática A

Gramática B *Past Progressive*

Level 3, pp. 457-461

> **¡AVANZA!** **Goal:** Use the past progressive to talk about actions in the past.

1 Marcos quiere escribir una novela y sus amigos le ayudan. Completa las oraciones con el verbo correspondiente.

1. Marcos __b__ pensando en un buen tema para su novela.

   a. estabámos   **b.** estaba   **c.** estabas   **d.** estaban

2. Los amigos de Marcos __a__ dándole ideas cuando él decidió su tema.

   a. estaban   **b.** estaba   **c.** estabámos   **d.** estabas

3. ¿Tú __b__ escuchando música cuando él habló sobre su novela?

   a. continuó   **b.** continuaste   **c.** continuamos   **d.** continuaron

2 Marcos nos habló de su novela. Completa las oraciones con el pasado progresivo de los verbos de cada oración.

1. Marcos habló sobre su novela; él _____ estaba hablando _____ cuando llegué.

2. Marcos escribió otra novela antes, pero cuando él la _____ estaba escribiendo _____ se dio cuenta de que no era la novela que quería escribir.

3. Nosotros leímos la primera novela, la _____ estuvimos leyendo _____ durante todo el verano.

4. Los chicos opinaron que no era buena, ellos _____ siguieron opinando _____ eso después de leerla dos veces.

5. Yo no escuché, yo _____ estaba escuchando _____ música.

3 Escribe tres oraciones para describir qué estaban haciendo estas personas a las ocho de la mañana.

modelo: nosotros: **Nosotros estabámos durmiendo.**

1. Yo: *Answers will vary*: **Yo estaba hablando con mi amigo.**

   _____

2. Mis amigos: *Answers will vary*: **Mis amigos se estaban riendo en clase.**

   _____

3. Mi hermano: *Answers will vary*: **Mi hermano estaba desayunando.**

   _____

UNIDAD 8 • Gramática B
Lección 1

Unidad 8, Lección 1
Gramática B

348

¡Avancemos! 3
Cuaderno: Práctica por niveles

Gramática C *Past Progressive*

Level 3, pp. 457-461

¡AVANZA!	**Goal:** Use the past progressive to talk about actions in the past.

1 Mi amiga publicó un libro de poemas. Completa el siguiente texto con el pasado progresivo según la persona. Usa el verbo entre paréntesis. *Answers will vary.*

Hace más de dos años Mariela (escribir) **1.** _____estuvo escribiendo_____

poemas. Ella (pensar) **2.** _____estaba pensando_____ en publicar un

libro. Fue a un lugar donde publican libros, a otro y a otro. Ella (ir)

3. _____siguió yendo_____ a todos los lugares posibles para poder

publicar su libro. Nosotros (esperar) **4.** _____estábamos esperando_____ a

ver si alguien por fin le publicaba su libro. Finalmente, ayer unos señores

(hablar) **5.** _____estuvieron hablando_____ con ella y decidieron publicar

su libro.

2 ¿Qué cosas hizo Ramón para que le publicaran un poema en el periódico? Completa las oraciones para describir qué hizo. Usa el pasado progresivo y sus verbos auxiliares.

1. Hace una semana, Ramón *Answers will vary:* **estaba pensando en publicar un libro.**

2. Todos los días, él *Answers will vary:* **estaba leyendo hasta tarde.**

3. Nosotros *Answers will vary:* **estábamos ayudándola a buscar ideas.**

4. Sus amigos *Answers will vary:* **le estaban apoyando en todo.**

5. La semana pasada, él *Answers will vary:* **estuvo leyendo una página web sobre**

qué hay que hacer para publicar.

3 Escribe un texto de tres oraciones para describir qué cosas hiciste este año. Usa el pasado progresivo.

Answers will vary: **El año pasado yo estuve estudiando mucho. También**

estaba esperando que me dieran una beca, pero no me la dieron.

Estuve practicando deportes durante el verano y seguí estudiando para

conseguir una beca.

¡Avancemos! 3
Cuaderno: Práctica por niveles

Unidad 8, Lección 1
Gramática C **349**

UNIDAD 8 • Lección 1
Gramática C

Gramática A *Conjunctions*

> **¡AVANZA!** **Goal:** Use conjunctions to link events and ideas.

1 Los amigos de Juan se reúnen todos los sábados a hablar de literatura. Une con flechas las dos partes correctas de estas oraciones.

1. Los chicos se reúnen los sábados a menos que
2. Berta siempre habla de poesía aunque
3. El sábado pasado, Aníbal habló de las biografías en cuanto
4. También llevan discos en caso de que
5. Ellos hablan de literatura hasta que

a. se hace de noche.
b. los demás hablen de novelas.
c. decidan hacerlo el domingo.
d. los chicos le preguntaron.
e. también quieran escuchar música.

2 Para los chicos, los sábados son especiales. Completa las oraciones con la forma correcta del verbo entre paréntesis. *Answers will vary.*

para que	después de que	a fin de que
tan pronto como	antes de que	

1. Juan prepara todo _____ **antes de que** _____ lleguen los chicos.
2. Hay jugo y refrescos _____ **para que** _____ beban los que tengan sed.
3. Juan siempre toma apuntes _____ **después de que** _____ Julieta habla.
4. Yo siempre voy _____ **tan pronto como** _____ termino de ayudar a mi mamá.
5. Hablamos poco _____ **a fin de que** _____ todos podamos participar.

3 Escribe tres oraciones sobre cosas que le aconsejaste hacer a un(a) amigo(a) para que mejore sus poemas. Usa conjunciones como **cuando**, **con tal (de) que**, **a menos que**.

1. *Answers will vary:* **Es mejor usar metáforas cuando escribes poesía.**
2. *Answers will vary:* **No dejes de usar ritmo a menos que tengas rima.**
3. *Answers will vary:* **Puedes leer tus poemas en voz alta con tal de que haya ritmo.**

Gramática B *Conjunctions*

> ¡AVANZA! **Goal:** Use conjunctions to link events and ideas.

1 Lucía organizó la presentación de su nuevo libro. Empareja las oraciones.

1. Los chicos dijeron que el libro era barato después de que

2. Jaime y María no van a la presentación a menos que

3. Leandro fue en cuanto

4. Lucía avisa con tiempo para que Lucas

5. Luis y Rodolfo fueron aunque nadie

6. El libro estará en las librerías tan pronto como

a. pueda ir.

b. supieron el precio.

c. pudo.

d. los invitó.

e. los inviten.

f. sepan el precio de venta.

2 Muchos amigos de Eduardo van a la presentación de su drama. Escribe tres oraciones con conjunciones. Usa la información de la tabla.

llegar	aunque	invitar
ir	a menos que	empezar
conocer	cuando	llover

1. *Answers will vary:* **Ana llegó aunque no la invitaron.**

2. *Answers will vary:* **Carmen irá a menos que llueva.**

3. *Answers will vary:* **Los chicos conocieron a Eduardo cuando empezaba el día.**

3 Hoy es la presentación del libro de Berta. Escribe oraciones completas. *Answers will vary.*

1. Berta / a fin de que.

   Berta invitó a todos con tiempo a fin de que no hicieran otros planes.

2. La gente / tan pronto como.

   La gente se irá tan pronto como termine la presentación.

3. La presentación del libro / hasta que.

   La presentación del libro durará hasta que se vaya el último invitado.

UNIDAD 8 • Gramática B
Lección 1

Gramática C *Conjunctions*

> **¡AVANZA!** **Goal:** Use conjunctions to link events and ideas.

1 Tomás y sus amigos han organizado una competencia de poesía. Completa las oraciones con el verbo entre paréntesis. Subraya las frases con conjunciones. *Answers will vary.*

1. Todos pueden participar en el concurso a menos que <u>no sean estudiantes</u> . (ser)

2. El concurso cierra el próximo lunes antes de que <u>termine la tarde</u> . (terminar)

3. Todos tendrán un premio aunque <u>no ganen</u> . (ganar)

4. Algunos chicos ya presentaron sus poesías aunque <u>el concurso cierra el lunes</u> . (cerrar)

5. Diremos los nombres de los ganadores en cuanto <u>los sepamos</u> . (saber)

2 Muchos chicos participaron en una competencia de cuentos cortos. Escribe oraciones completas.

1. A fin de que / presentar:

   Answers will vary. **El cierre será el lunes a fin de que todos se presenten.**

2. Tan pronto como / poder:

   Answers will vary. **Presenten sus trabajos tan pronto como puedan.**

3. Cuando / querer:

   Answers will vary. **Vengan a preguntar sobre la competencia cuando quieran.**

4. Después de que / decir:

   Answers will vary. **Sabremos quién ganó después de que lo digan los jueces.**

5. En caso de que / ganar:

   Answers will vary. **En caso de que ganes, el premio será la publicación de un libro.**

3 Escribe tres oraciones con tres conjunciones sobre qué pasa en una competencia de novelas.

Answers will vary. **En caso de que se presenten muchas personas, los**

organizadores tienen muchos colaboradores. Todo está organizado a fin

de que el resultado se diga rápidamente. Los participantes pueden

traer sus trabajos para que los jueces los lean.

Integración: Hablar

A Julia y a Sebastián les encanta la literatura. Ellos no sólo leen sino también escriben cuentos y poemas. Ellos quieren ser escritores famosos y publicar buenos libros que les gusten a todos. Lee el anuncio en el periódico escolar, escucha el mensaje telefónico de Sebastián y di qué género prefiere escribir cada uno.

Fuente 1 Leer

Lee el anuncio de un concurso de cuentos y poemas en el periódico escolar.

> ## Concurso de literatura
>
> **ESTE CONCURSO ESTÁ ABIERTO PARA QUE
> TODOS LOS ESTUDIANTES QUE ESCRIBEN
> PUEDAN PRESENTAR SUS POEMAS O CUENTOS.**
>
> El concurso está dividido en dos: poesía y cuento.
>
> Todos pueden inscribirse antes de que termine la semana a fin de que el comité organizador sepa cuántos chicos participarán. Después de que se inscriban, tienen dos semanas para presentar sus escritos.
>
> *En cuanto sepamos el nombre del ganador, lo publicaremos en el periódico escolar.*

Fuente 2 Escuchar   *WB CD 04 track 22*

Luego, escucha el mensaje que dejó Sebastián en el teléfono de Julia. Toma notas.

_____

_____

_____

_____

Hablar

Tú también quieres participar en el concurso de literatura. ¿Prefieres participar con un trabajo del género que escribe Julia o del que escribe Sebastián? ¿Cuándo vas a presentar tu trabajo? Explica.

modelo: Yo prefiero... porque... Yo voy a presentarlo… porque…

Answers will vary: **Yo prefiero escribir algo del género que presenta**

Julia porque siempre me ha gustado la poesía y me fascinan las metáforas. Yo voy a

presentar mi trabajo antes de que termine la semana porque es la fecha que me dio el

comité organizador.

Integración: Escribir

Level 3, pp. 465-467
WB CD 04 track 23

Pablo es escritor. Empezó a escribir cuentos cuando era un niño. Aunque Pablo es muy joven, ha ganado varios concursos de cuentos y ya es un escritor famoso en su ciudad. Una revista por Internet publicó uno de sus cuentos. Lee el cuento, escucha a Pablo en la radio y escribe qué elementos literarios tiene su cuento.

Fuente 1 Leer

Lee el cuento de Pablo que publicó una revista por Internet.

Por qué soy así

Hace dos semanas, Mauro estaba hablando con sus amigos en la cafetería. Él hablaba y seguía hablando y hablando. Así, sus amigos se fueron yendo y Mauro se quedó hablando solo.

De pronto, sintió una gran necesidad de pararse y mirarse en el espejo. Corrió hacia el baño y antes de que llegara la piel le empezó a doler. Cuando Mauro pudo verse en el espejo, pensó que estaba durmiendo y soñando.

Era como si Mauro hubiera sido un guante y alguien lo hubiera dado vuelta. Todas las cosas que normalmente están dentro del cuerpo, Mauro las tenía del lado de afuera.

Mauro decidió no preocuparse mucho. Y así siguió viviendo: tranquilamente hacia afuera.

Fuente 2 Escuchar   *WB CD 04 track 24*

Luego, escucha a Pablo hablando en una entrevista que le hicieron en la radio. Toma notas.

_____

_____

Escribir

Tú leíste el cuento de Pablo y lo escuchaste hablando sobre él. ¿Cuáles son las partes del cuento que corresponden a cada elemento narrativo de los que habla él en la radio?

modelo: El autor es... El título es…

Answers will vary: **El autor es Pablo. El título es "Por qué soy así". El protagonista**

se llama Mauro. El clímax es el momento en que Mauro ve en el espejo

que está dado vuelta. Y, en el desenlace, Mauro vive tranquilamente.

Copyright © by McDougal Littell, a division of Houghton Mifflin Company.

Escuchar A

> **¡AVANZA!** **Goal:** Listen to people talk about literature and reading.

1 Escucha a Daniela. Luego, marca con una X las cosas que hizo.

1. Daniela salió con amigos. _____

2. Daniela leyó un cuento sobre el futuro. __x__

3. Daniela leyó el cuento en la escuela. _____

4. Daniela usó una lámpara. __x__

5. Daniela leyó casi con la luz apagada. __x__

6. Daniela leyó con la puerta abierta. _____

2 Escucha a Gastón. Luego, completa las oraciones con las palabras de la caja.

salga	lee	se queda	duerma

1. La hermana de Gastón _____lee_____ por la noche.

2. La madre de Gastón quiere que su hija _____duerma_____ por la noche.

3. La hermana de Gastón lee a menos que _____salga_____ con amigos.

4. La hermana de Gastón _____se queda_____ en casa los sábados.

Escuchar B

Level 3, pp. 474-475
WB CD 04 tracks 27-28

¡AVANZA! **Goal:** Listen to people talk about literature and reading.

1 Escucha a Raúl. Completa la tabla con las cosas que escribe cada uno de los chicos. Luego escribe oraciones completas.

Nombre	Qué escribe
Raúl	novelas
Gabriela	metáforas
Julián	cuentos de fantasía
Susana	dramas
Ernesto	biografías

Raúl escribe novelas ahora.

Gabriela escribe metáforas bonitas.

Julián escribe cuentos de fantasía fascinantes.

Susana prefiere escribir dramas.

A Ernesto le gusta escribir biografías de personas famosas.

2 Escucha a Gabriela. Luego, completa las oraciones.

1. Gabriela toma parte en un club de escritores. _____

_____

2. Pueden ser miembros todos a los que les guste la literatura. ____

_____

3. Desde hace años, Gabriela escribe poesía. _____

_____

4. Gabriela fue aprendiendo con algunos cursos que hizo. _____

_____

5. Gabriela quiere publicar un libro de poemas. _____

_____

UNIDAD 8 • Lección 1
Escuchar B

Unidad 8, Lección 1
Escuchar B

356

¡Avancemos! 3
Cuaderno: Práctica por niveles

Escuchar C

> ¡AVANZA! **Goal:** Listen to people talk about literature and reading.

1 Escucha a Carina y toma apuntes. Luego ordena del 1 al 6 los eventos de la historia de Carina.

a. El papá le devuelve los cuentos a Carina. __3__

b. Carina le dio los cuentos a su papá. __2__

c. Carina le da la noticia a Andrés. __6__

d. Andrés les prestó sus cuentos. __1__

e. Andrés se puede dar cuenta de algo. __4__

f. El papá le da la respuesta a Carina. __5__

2 Escucha a Andrés y toma apuntes. Luego, contesta las preguntas con oraciones:

1. ¿Qué hace Andrés?

Andrés escribe cuentos de terror.

2. ¿Por qué crees que los amigos de Andrés a veces se ríen de algunos de sus cuentos?

Answers will vary: **Porque, a veces, los cuentos de terror, si no dan miedo, dan risa.**

3. ¿Qué han hecho los amigos de Andrés desde hace una semana?

Los amigos de Andrés estaban leyendo sus cuentos.

4. ¿Por qué cree Andrés que sus amigos no le devuelven sus cuentos?

Andrés cree que puede ser porque los cuentos les gustaron mucho.

5. ¿Cuántos cuentos más tiene que escribir Andrés para publicar su libro?

Andrés tiene que escribir diez cuentos más.

Leer A

> **¡AVANZA!** **Goal:** Read about literature.

Viviana escribió este cuento.

Una historia diferente

Dos amigos estaban caminando por un camino muy pequeño. Antes de que saliera el sol los amigos habían caminado ya mucho y les dolían los pies. Seguían caminando sin que nadie dijera una sola palabra. Es probable que ninguno supiera adónde iba. Sólo caminaban.

En un momento, el camino se fue haciendo más y más pequeño. Los amigos se miraron sin decir nada, pero siguieron caminando. Y el camino ya era tan pequeño que ya no podían caminar uno al lado del otro.

De pronto, el camino se acabó. Ya no había camino y los dos amigos se quedaron parados, mirando cómo, a la luz del sol, se habían vuelto invisibles.

¿Comprendiste?

Lee el cuento de Viviana. Luego, lee cada oración y contesta **cierto** o **falso**.

Ⓒ F   **1.** Los protagonistas son dos amigos.

C Ⓕ   **2.** Los amigos iban corriendo.

Ⓒ F   **3.** Era de noche.

Ⓒ F   **4.** El clímax es en el momento en que desaparece el camino.

C Ⓕ   **5.** El desenlace es que los amigos se vuelven invisibles.

¿Qué piensas?

¿Qué crees que simboliza el camino del cuento? ¿Por qué?

Answers will vary: **Creo que simboliza la amistad porque acaba cuando los**

amigos ya no pueden andar juntos.

_____

_____

Leer B

> ¡AVANZA! **Goal:** Read about literature.

Luisa tiene que escribir la biografía de un escritor para un trabajo de la escuela.

> ## Jorge Luis Borges
>
> *Jorge Luis Borges nació en Buenos Aires, en 1899. Tuvo una buena educación cuando era niño. Luego, continuó estudiando él solo. Fue un gran lector.*
>
> *Aunque escribió varios géneros literarios, sus cuentos y poemas le dieron fama internacional. Sus poemas nos ofrecen hermosas metáforas y sus cuentos, historias inteligentes.*
>
> *También dirigió revistas literarias y fue director de la Biblioteca Nacional.*
>
> *Borges murió en Ginebra en 1986.*

¿Comprendiste?

Lee el trabajo de Luisa. Luego, marca con una cruz las oraciones que corresponden a lo que leíste.

1. La biografía describe la vida de un escritor. __×__

2. La biografía cuenta un cuento sobre un escritor. ____

3. A Borges no le gustaba leer. ____

4. Borges leía mucho. __×__

5. Borges escribió en un sólo género literario. ____

6. Borges escribió varios géneros literarios. __×__

7. No usa metáforas. ____

8. Sus metáforas son magníficas. __×__

¿Qué piensas?

¿Quién es tu escritor favorito? ¿Por qué?

> *Answers will vary:* **Mi escritor favorito es Jorge Luis Borges porque creo que su poesía es muy inteligente y bella.**

UNIDAD 8 • Lección 1

Leer B

Leer C

Level 3, pp. 474-475

> **¡AVANZA!** **Goal:** Read about literature.

Juan Carlos escribe poemas. Un amigo del club de escritores le mandó un correo electrónico con una crítica a uno de sus poemas.

Estuve leyendo tu poema «El círculo abierto». Después de que me pidieras que te escribiera una crítica, me quedé pensando sobre lo que podía decirte. En resumen, es lo siguiente:

Creo que el poema tiene muchas estrofas; a menos que tengas un objetivo que no entiendo, te sugiero que lo hagas más corto. El ritmo tampoco es constante. Entiendo que no te gusten las rimas, pero a veces la lectura es muy lenta y otras veces es demasiado rápida.

En general, me gustan mucho tus metáforas. Creo que son inteligentes y originales. El tema también me parece interesante.

En caso de que quieras hablar más sobre esto, puedes llamarme a casa.

Leandro

¿Comprendiste?

Lee la crítica de Leandro. Luego, contesta las preguntas con oraciones completas.

1. ¿Por qué escribió Leandro una crítica al poema de Juan Carlos?

Porque Juan Carlos se lo pidió.

2. ¿Qué no le gustó a Leandro?

No le gustó que el poema fuera tan largo.

3. ¿Por qué no tiene rima el poema de Juan Carlos?

Porque a Juan Carlos no le gusta la rima.

4. ¿Qué cosas del poema de Juan Carlos son buenas según Leandro?

Leandro cree que las metáforas y el tema de la poesía son buenos.

¿Qué piensas?

¿Qué cosas te gustan de los poemas y qué cosas no te gustan?

Answers will vary: **Me gustan las metáforas, pero no me gustan que los**

poemas tengan rima.

Unidad 8, Lección 1
Leer C

360

¡Avancemos! 3
Cuaderno: Práctica por niveles

UNIDAD 8
Lección 1
Leer C

Escribir A

> **¡AVANZA!** **Goal:** Write about literature.

Step 1

Escribe una lista con cinco géneros literarios que conoces.

1. poesía
2. cuento
3. novela
4. biografía
5. ensayo

Step 2

Escribe cuatro oraciones para describir cuáles son tus géneros favoritos. Usa cuatro conjunciones de esta lección.

1. *Answers will vary*: **El drama me gusta a menos que sea muy triste.**
2. *Answers will vary*: **La poesía me gusta con tal de que tenga metáforas.**
3. *Answers will vary*: **Los cuentos me gustan aunque sean un poco extraños.**
4. *Answers will vary*: **Me gusta leer ensayos cuando no son demasiado aburridos.**

Step 3

Evaluate your writing using the information in the table.

Writing Criteria	Excellent	Good	Needs Work
Content	Your sentences include new grammar and vocabulary.	Your sentences include some new grammar and vocabulary.	Your sentences include little grammar or vocabulary.
Communication	Most of your sentences are clear.	Some of your sentences are clear.	Your sentences are not very clear.
Accuracy	Your sentences have few mistakes in grammar and vocabulary.	Your sentences have some mistakes in grammar and vocabulary.	Your sentences have many mistakes in grammar and vocabulary.

UNIDAD 8 • Gramática A
Lección 1

Escribir B

> **¡AVANZA!** **Goal:** Write about literature.

Step 1

Completa la siguiente tabla con la descripción del género literario.

Género	Descripción
Novela	obra de ficción larga, escrita en prosa
Poesía	rico en imágenes, muchas veces escrito en verso
Biografía	historia de la vida de alguien famoso

Step 2

Escribe cuatro oraciones sobre los géneros de la tabla. Usa el pasado progresivo y las conjunciones de esta lección.

Answers will vary: **El año pasado estuve leyendo una novela muy**

interesante. Creo que sigue siendo un género literario estupendo. También

me gusta mucho la biografía porque cuenta la vida de gente famosa.

Mis poemas favoritos con los poemas con rima y muchas metáforas.

Step 3

Evaluate your writing using the information in the table.

Writing Criteria	Excellent	Good	Needs Work
Content	Your sentences include all of the information.	Your sentences include some of the information.	Your sentences include little information.
Communication	Most of your sentences are organized and easy to follow.	Parts of your sentences are organized and easy to follow.	Your sentences are disorganized and hard to follow.
Accuracy	Your sentences have few mistakes in grammar and vocabulary.	Your sentences have some mistakes in grammar and vocabulary.	Your sentences have many mistakes in grammar and vocabulary.

UNIDAD 8 • Lección 1 Escribir B

Unidad 8, Lección 1
Escribir B

362

¡Avancemos! 3
Cuaderno: Práctica por niveles

Escribir C

> ¡AVANZA! **Goal:** Write about literature.

Step 1

Escribe tres oraciones con cosas que te gustan de tres géneros literarios distintos. *Answers will vary.*

1.	La poesía me gusta porque tiene rima.
2.	Las novelas cuentan historias interesantes.
3.	Las biografías hablan de la vida de personas sobresalientes.

Step 2

Recomiéndale un género literario a un(a) amigo(a). Escríbele un correo electrónico de cuatro oraciones. Usa las conjunciones y el vocabulario de esta Lección. *Answers will vary:*

Carlos:

Antes de que empieces la universidad tienes que leer un libro de poesía. Es

un libro que te va a encantar, a menos que no te gusten las metáforas. Te

recomiendo este libro para que conozcas este género literario, que tiene

imágenes muy bellas. Cuando lo hayas leído, dime si te gustó.

Besos, Catalina

Step 3

Evaluate your writing using the information in the table below.

Writing Criteria	Excellent	Good	Needs Work
Content	Your email includes all of the information.	Your email includes some of the information.	Your email includes little information.
Communication	Most of your email is organized and easy to follow.	Parts of your email are organized and easy to follow.	Your email is disorganized and hard to follow.
Accuracy	Your email has few mistakes in grammar and vocabulary.	Your email has some mistakes in grammar and vocabulary.	Your email has many mistakes in grammar and vocabulary.

¡Avancemos! 3
Cuaderno: Práctica por niveles

Unidad 8, Lección 1
Escribir C **363**

UNIDAD 8
Lección 1 • Gramática A

Cultura A

Level 3, pp. 474-475

> **¡AVANZA!** **Goal:** Review cultural information about the South Cone.

1 **El Cono Sur** Escoge una de las opciones y completa las siguientes oraciones.

1. El país más poblado del Cono Sur es __c__

   a. Chile
   b. Paraguay
   c. Argentina

2. La Casa Rosada de Argentina es __a__

   a. la casa de gobierno
   b. un estadio deportivo
   c. un templo religioso

3. Las Cataratas del Iguazú están exactamente entre __b__

   a. Argentina, Paraguay y Chile
   b. Argentina, Paraguay y Brasil
   c. Argentina, Paraguay y Uruguay

2 **Las obras de Roberto Matta** Escoge de las palabras entre paréntesis y completa las oraciones.

1. El artista Roberto Matta nació en (San Juan / Santiago) de Chile.

2. Matta fue uno de los integrantes del grupo de los (impresionistas / surrealistas).

3. Su obra presenta mundos mágicos, fantásticos y de espacios (infinitos / indefinidos).

4. Este artista chileno utilizaba imágenes de sus (sueños / recuerdos).

5. Una de sus obras más conocidas es "El (oro / ónix) de Elektra".

3 **La Plaza principal de Buenos Aires** La Plaza de Mayo, en Argentina, es especial porque en ese sitio se encuentran reunidos edificios muy importantes. ¿Hay en tu comunidad o en tu estado alguna plaza o calle que sea importante por los edificios que tiene? Escribe el nombre de esa plaza y el nombre de los edificios importantes que hay allí.

Answers will vary.

_____

_____

UNIDAD 8 • Cultura A
Lección 1

364 Unidad 8, Lección 1
Cultura A

¡Avancemos! 3
Cuaderno: Práctica por niveles

Cultura B

> ¡AVANZA! **Goal:** Review cultural information about the South Cone.

1 **La vida en el Cono Sur** Di si son ciertas o falsas las siguientes oraciones.

C (F) **1.** Chile es el país con más habitantes del Cono Sur.

(C) F **2.** Las empanadas son una de las comidas típicas de los países del Cono Sur.

C (F) **3.** Isabel Allende es una famosa pintora chilena.

(C) F **4.** En Chile termina la Cordillera de Los Andes.

(C) F **5.** La Cataratas del Iguazú son más de 200 saltos de agua.

2 **Un escritor famoso** Completa las siguientes oraciones.

1. El escritor chileno Antonio Skármeta estudió en la Universidad de Chile y en _____Columbia_____ University.

2. Ha escrito novelas, libros de cuentos y literatura _____infantil_____ .

3. Su obra más famosa es la novela _____«Ardiente paciencia»_____ .

4. Skármeta fue embajador chileno en _____Alemania_____ .

5. Ahora vive en Chile donde se dedica solamente a la _____literatura_____ .

3 **Un viaje al Cono Sur** Si pudieras viajar a los países del Cono Sur y escoger entre las Cataratas del Iguazú, las pistas de esquí de Chile o la Plaza de Mayo en Argentina ¿cuál de estos sitios turísticos escogerías para visitar? Y ¿por qué?

Answers will vary: **Yo visitaría las Cataratas del Iguazú porque me gusta**

disfrutar de la naturaleza y estar al aire libre, y allí también podría ver

algunos animales que están en peligro de extinción.

¡Avancemos! 3
Cuaderno: Práctica por niveles

UNIDAD 8 • Lección 1
Cultura B

Unidad 8, Lección 1
Cultura B

365

Cultura C

¡AVANZA! **Goal:** Review cultural information about the South Cone.

1 **La geografía del Cono sur** Di si son ciertas o falsas las siguientes oraciones. Si la oración es falsa, entonces escribe la respuesta verdadera.

Ⓒ F **1.** Los países que forman el Cono Sur son Argentina, Uruguay, Paraguay y Chile.
Cierto _____

C Ⓕ **2.** La Cordillera de Los Andes termina en Argentina.
Falso; termina en Chile. _____

Ⓒ F **3.** Las Cataratas del Iguazú son más de 200 saltos de agua.
Cierto _____

C Ⓕ **4.** Las mejores pistas de esquí de Sudamérica son las de Uruguay.
Falso; son las de Chile. _____

Ⓒ F **5.** El país más grande del Cono Sur es Argentina.
Cierto _____

2 **La cultura en el Cono Sur** Responde a las siguientes preguntas con oraciones completas.

1. ¿Cuáles son los idiomas indígenas que se hablan en el Cono Sur? En el Cono Sur se

hablan dos idiomas indígenas; el quechua y el guaraní. _____

2. ¿Quién es Isabel Allende? _____ Isabel Allende es una famosa escritora chilena. ____

3. ¿Cuál es la obra más famosa del escritor Antonio Skármeta? La obra más famosa del

escritor Antonio Skármeta es «Ardiente paciencia». _____

3 **Las metáforas** En la novela de Antonio Skármeta, el cartero quiere ser un poeta, pero no sabe lo que es una metáfora. ¿Sabes utilizar las metáforas para decir las cosas de forma poética? Escribe tres oraciones sobre el tema que más te guste y después escribe las mismas oraciones en forma metafórica.

En forma sencilla

_____

_____

_____

En forma metafórica

_____

_____

_____

UNIDAD 8 • Lección 1
Cultura C

366

Unidad 8, Lección 1
Cultura C

¡Avancemos! 3
Cuaderno: Práctica por niveles

Vocabulario A

> **¡AVANZA!** **Goal:** Discuss a play.

1 La semana pasada fuimos a una obra de teatro. Une con flechas las palabras relacionadas.

1. dramaturgo
2. correr el telón
3. escenografía
4. vestuario
5. hacer un papel

a. muebles sobre el escenario
b. ropa de los actores
c. guión
d. actores
e. abrir las cortinas

2 La obra de teatro que vimos fue excelente. Completa las oraciones con las palabras apropiadas:

1. Cuando empezó la obra, estaba muy emocionado(a) por la ____entrada____ de los personajes.

2. Me dijeron que algunas personas pudieron ver el ____ensayo____ anterior a la función.

3. Los personajes hacían ____gestos____ de miedo.

4. El ____maquillaje____ de los ojos de los actores era negro.

5. El ____acomodador____ nos sentó en un lugar cerca del escenario.

3 Contesta las preguntas con una oración completa.

1. ¿A qué tipo de obra de teatro te gustaría ir?

   Answers will vary: **Me gustaría ir a las obras de teatro que me hacen reír.**

   _____

2. ¿Qué harías en el intermedio?

   Answers will vary: **Hablaría sobre la primera parte de la obra.**

   _____

3. ¿Has ido a algún ensayo?

   Answers will vary: **No, nunca he ido a ningún ensayo.**

   _____

UNIDAD 8
Lección 2 • Vocabulario A

Vocabulario B

Level 3, pp. 478-482

> ¡AVANZA! **Goal:** Discuss a play.

1 El sábado pasado fuimos a ver una obra de teatro. Completa la oración con la palabra correcta. Elígela de las palabras entre paréntesis.

1. El ____maquillaje____ de los actores era excelente. (maquillaje / acomodador / intermedio)

2. La ____escenografía____ era muy moderna. (salida / entrada / escenografía)

3. El ____acomodador____ nos sentó en buenos lugares. (vestuario / acomodador / gesto)

4. El guión era muy interesante; el ____dramaturgo____ escribió una obra muy buena. (papel / dramaturgo / ensayo)

5. Los actores actuaron muy bien aunque no tuvieron tiempo para ____ensayar____ sus papeles. (dirigir / reclamar / ensayar)

2 Me gusta tanto el teatro que voy a todas las obras que puedo. Completa las oraciones:

1. El ____acomodador____ ya me conoce y me sienta en los mejores lugares.

2. Me gustaría hacer el diseño de la ropa de la obra; es decir, hacer el ____vestuario____ de todos los actores.

3. Quiero ser dramaturgo. Quiero escribir los ____guiones____ de grandes obras.

4. El ____escenario____ , donde actúan los actores, es mi lugar favorito.

3 La vacaciones de los chicos son muy divertidas. Mira los dibujos y crea oraciones describiéndolos.

1.  2.  3.

1. Ella hace el maquillaje de los actores.

2. Ella es la directora de la obra.

3. Ellos están ensayando sus papeles.

Vocabulario C

> **¡AVANZA!** **Goal:** Discuss a play.

1 Me encantan las obras de teatro. Lee las definiciones y completa las líneas en blanco.

1. Tiempo libre entre un acto y otro acto. _intermedio_

2. Cortina que cubre el escenario. _telón_

3. Autor de un drama. _dramaturgo_

4. Momento en el que entran los actores. _entrada_

5. Decir a los actores cómo deben actuar. _dirigir_

> telón
> dirigir
> dramaturgo
> intermedio
> entrada

2 ¿Vas a ver obras de teatro? Completa las oraciones con las cosas que observarás en las obras de teatro. Usa el vocabulario de la lección.

1. Cuando llego, yo *Answers will vary*: **leeré sobre los actores y el director.**

2. Cuando se corre el telón, yo *Answers will vary*: **esperaré la salida de los actores.**

3. En los intermedios, yo *Answers will vary*: **hablaré sobre el guión.**

4. Cuando termina la obra, yo *Answers will vary*: **hablaré de la dirección de la obra.**

5. Yo siempre *Answers will vary*: **observo la escenografía y el vestuario.**

3 Escribe un texto de tres oraciones para describir qué te gustaría ver en una obra de teatro. Usa el vocabulario de la lección.

Answers will vary: **Me gustaría ver una obra de teatro que fuera muy**

interesante. El guión tendría que ser inteligente y los personajes

originales. También me gustaría mucho la escenografía.

_____

_____

Gramática A *Se for Unintentional Occurrences*

Level 3, pp. 483-487

¡AVANZA! **Goal:** Talk about unplanned occurrences.

---

1 Mis amigos y yo estamos ensayando una obra de teatro. Subraya la palabra que mejor completa cada oración.

1. Tengo que llegar al ensayo y se (te / <u>me</u>) perdió el dinero para el autobús.

2. A Ignacio (le / <u>se</u>) (<u>le</u> / me) olvidó el guión.

3. A nosotros se nos (ocurrimos / <u>ocurrió</u>) un cambio en el guión.

4. ¿A ti se te (acabaste / <u>acabaron</u>) las ideas para el maquillaje?

2 Los chicos hoy están desorganizados. Completa las oraciones con el verbo **olvidarse** y el pronombre correcto.

1. A Víctor se _____le_____ _____olvidó_____ el guión.

2. A nosotros se _____nos_____ _____olvidaron_____ las llaves de la casa.

3. A mí se _____me_____ _____olvidó_____ el maquillaje.

4. A Víctor y a Marta se _____les_____ _____olvidó_____ traer el vestuario.

5. A ti se _____te_____ _____olvidaron_____ los gestos que dijo el director.

3 Contesta las preguntas con oraciones completas.

1. ¿Qué idea tienes para un buen guión?

Answers will vary: **Un buen guión sería algo sobre historias de hombres**

generosos.

2. ¿Qué se te ha perdido últimamente?

Answers will vary: **Se me perdieron las llaves ayer.**

_____

3. ¿Se te ha roto algo de valor?

Answers will vary: **Sí, se me rompió una escultura artesanal de mi mamá.**

_____

UNIDAD 8 • Gramática A
Lección 2

370 **Unidad 8, Lección 2**
Gramática A

¡Avancemos! 3
Cuaderno: Práctica por niveles

Gramática B *Se for Unintentional Occurrences*

> ¡AVANZA! **Goal:** Talk about unplanned occurrences.

1 Esta noche íbamos a ver una obra de teatro, pero tuvimos algunos problemas. Las oraciones están desordenadas. Escríbelas en orden lógico.

1. las a entradas se nosotros olvidaron nos *A nosotros se nos olvidaron las entradas.*

2. se a dinero hermano le mi perdió el *A mi hermano se le perdió el dinero.*

3. la a quedaron las mí llaves de me casa se *A mí se me quedaron las llaves de la casa.*

4. se a la te cartera ti en la calle cayó *A ti se te cayó la cartera en la calle.*

5. ellos a terminó el les se tiempo *A ellos se les terminó el tiempo.*

2 La obra de teatro fue interesante pero tuvimos muchos problemas. Completa las oraciones con los problemas que tuvieron estas personas.

1. las llaves / olvidársele. A nosotros *se nos olvidaron las llaves.*

2. las entradas / quedársele en la mesa. A Miriam *se le quedaron las entradas en la mesa.*

3. el dinero / caérsele en el autobús. A Facundo y a Norma *se les cayó el dinero en el autobús.*

4. los documentos / perdérsele. A mí *se me perdieron los documentos.*

3 Escribe tres oraciones con problemas que puedes tener. Sigue el modelo.

modelo: la tarea: Se me puede olvidar la tarea.

1. el coche: *Answers will vary:* **Se me puede romper el coche.**

2. la mochila: *Answers will vary:* **Se me puede olvidar la mochila en casa.**

3. buenas ideas: *Answers will vary:* **Se me pueden ocurrir buenas ideas.**

Gramática C *Se* for Unintentional Occurrences

¡AVANZA! **Goal:** Talk about unplanned occurrences.

1 Teresa tenía que llegar a tiempo a su ensayo pero tuvo algunos problemas. Completa el texto con los verbos de la caja y los pronombres correspondientes.

se le quedó	se le cayó	se le perdió
se les olvidó	se le rompieron	

El grupo de teatro de Teresa presenta su obra el próximo fin de

semana. Es muy importante que todos lleguen puntualmente a los

ensayos. Por eso, Teresa estaba muy preocupada cuando

1. ____*se le perdió*____ el guión en el camino. Ella volvió

a buscarlo pero no sólo no lo encontró, sino que también

2. ____*se le rompieron*____ los zapatos. Pensó en volver a su casa,

pero era muy tarde. Además, a sus padres **3.** ____*se les olvidó*____

darle la llave y a ella **4.** ____*se le quedó*____ la suya en casa de

Carina. Para colmo, **5.** ____*se le cayó*____ el vestuario y se

ensució todo.

2 ¿Qué problemas has tenido tú o tus amigos? Escribe oraciones con los siguientes verbos. *Answers will vary:*

1. acabársele: A *nosotros se nos acabaron las hojas en la escuela.*

2. ocurrírsele: A *mi amigo se le ocurrió una buena idea.*

3. terminársele: A *mí se me acabó el tiempo antes de terminar el examen.*

4. perdérsele: A *los chicos se les perdieron sus chaquetas.*

3 Escribe tres oraciones para contar qué problemas has tenido últimamente. Usa la gramática de esta lección.

Answers will vary: A *mí se me perdió el dinero en el centro comercial. O*

A *mí se me rompió el tocadiscos compactos A mí se me cayó un plato*

muy valioso de mi mamá.

Gramática A *Uses of the Subjunctive*

Level 3, pp. 488-490

> ¡AVANZA! **Goal:** Use the subjunctive to express opinions.

1 La próxima semana presentamos nuestra obra de teatro. Completa la oración con la palabra correcta.

1. Espero que la obra _____ *sea* _____ un éxito.

2. Buscamos a alguien que _____ *quiera* _____ ser acomodador.

3. Invitamos a nuestros amigos para que _____ *compartan* _____ este momento con nosotros.

4. Siempre ensayo mucho aunque ya _____ *sepa* _____ bien el guión.

2 Ya está casi todo listo para nuestra obra de teatro. Completa las oraciones con el tiempo verbal correcto. Usa el mismo verbo que empieza cada oración.

1. Esperamos que la gente no _____ *espere* _____ mucho antes del comienzo de la obra.

2. Nos alegra que nuestros amigos se _____ *alegren* _____ por nosotros.

3. Empezamos a montar el escenario tres horas antes de que _____ *empiece* _____ la obra.

4. Llegamos todos temprano, aunque tú _____ *llegaste* _____ antes que todos.

5. Iremos todos a cenar después de que termine la obra, aunque no _____ *vayamos* _____ a un lugar muy elegante.

3 Contesta las preguntas con una oración completa.

1. ¿Qué haces antes de que terminen las clases?

Answers will vary: **Antes de que terminen las clases yo hago una fiesta.**

_____

2. ¿Qué esperas para tus amigos?

Answers will vary: **Yo espero que ellos tengan unas felices vacaciones.**

_____

3. ¿Qué les recomiendas a tus amigos?

Answers will vary: **Yo les recomiendo que escojan la carrera que más les guste.**

_____

Gramática B   *Uses of the Subjunctive*

Level 3, pp. 488-490

> ¡AVANZA! **Goal:** Use the subjunctive to express opinions.

1 El sábado mis amigos me invitaron al teatro. Escribe las oraciones con la forma correcta del verbo.

1. Dudo que los chicos _____lleguen_____ temprano. (llegar)

2. Es importante que ellos me _____digan_____ la hora exacta de la obra. (decir)

3. No se lo dije a mi hermana, aunque ella me pidió ayer que la _____invitara_____ al teatro. (invitar)

4. No le diré nada hasta que le _____compre_____ el boleto. ¡Será una sorpresa! (comprar)

2 Voy a comprarle un boleto para el cine a mi amigo Carlos y le daré una sorpresa. Completa las oraciones. *Answers will vary:*

1. Espero que a Carlos ___le guste la sorpresa___.

2. En cuanto ___tenga su boleto___, se lo voy a regalar.

3. Mi amiga Inés me recomendó que yo le ___diga la verdad___ a Carlos.

4. Porque es buena idea que él ___organice su tiempo el fin de semana___.

5. Entonces, voy a comprar los boletos antes de que Carlos ___haga otros planes___

3 Escribe oraciones sobre algunas sorpresas. Usa la información.

1. es mejor / dar: *Answers will vary:* **Es mejor que yo le dé una sorpresa.**

2. no creo que / ser: *Answers will vary:* **No creo que sea una mala idea.**

3. creo que / ser: *Answers will vary:* **Creo que es una buena idea.**

Unidad 8, Lección 2
Gramática B
374

¡Avancemos! 3
Cuaderno: Práctica por niveles

UNIDAD 8 • Gramática B
Lección 2

Gramática C *Uses of the Subjunctive*

¡AVANZA!	**Goal:** Use the subjunctive to express opinions.

1 Adela y yo vamos al teatro esta noche. Usa la información de la tabla para escribir tres oraciones. Escribe toda la información que quieras.

Es recomendable	Adela	llegar
Es mejor	Adela y yo	comprar
Hasta que	Yo	empezar

1. *Answers will vary:* **Es recomendable que Adela llegue temprano.**

2. *Answers will vary:* **Es mejor que Adela y yo compremos los boletos.**

3. *Answers will vary:* **No se vayan hasta que yo llegue.**

2 Hoy vamos a ver una obra de teatro. Escribe oraciones con las expresiones entre paréntesis para decir qué tienen que hacer dentro del teatro.

1. (buscar un lugar que) *Answers will vary:* **Busquemos un lugar que esté cerca del escenario.**

2. (para que) *Answers will vary:* **Sentémonos acá para que podamos ver mejor.**

3. (tan pronto como) *Answers will vary:* **Empezará la obra tan pronto como se corra el telón.**

4. (es increíble) *Answers will vary:* **Es increíble que ya no haya boletos.**

5. (ojalá) *Answers will vary:* **Ojalá que los chicos encuentren buenos asientos.**

3 Escribe tres oraciones sobre las obras de teatro que puedes ir a ver. Usa expresiones con subjuntivo.

Answers will vary: **Me recomendaron que fuera a ver una obra interesante. Busco una obra que me haga reír. Llamo a mis amigos para que me acompañen al teatro.**

Conversación simulada

Level 3, pp. 491-493
WB CD 04 tracks 31-32

You are going to participate in a simulated telephone conversation with your friend, Federico. First, read the outline of the whole conversation below. Next, listen to the audio. You will hear only what Federico says to you. Then, listen to the audio again and fill in the pauses with the appropriate responses, according to your cues. A tone will tell you when to start and stop speaking.

[phone rings]

Tú:	Contesta el teléfono.
Federico:	(Él te saluda y te pregunta cómo estás)
Tú:	Saluda.
Federico:	(Él te cuenta algo y te pregunta una cosa)
Tú:	Contesta y pregúntale qué va a hacer hoy.
Federico:	(Él te responde)
Tú:	Dile lo que quieres hacer.
Federico:	(Él te contesta y te invita otra vez)
Tú:	Contesta y explica por qué.
Federico:	(Él se despide.)
Tú:	Despídete y cuelga.

Unidad 8, Lección 2
Conversación simulada
376

¡Avancemos! 3
Cuaderno: Práctica por niveles

UNIDAD 8 • Conversación
Lección 2 simulada

Integración: Escribir

Level 3, pp. 491-493
WB CD 04 track 33

Ayer, un director muy controversial presentó su última obra de teatro. Muchas personas fueron a verla y las opiniones fueron muy diferentes. Lee el artículo en el periódico, escucha a un crítico en la radio y escribe las cosas negativas de la obra.

Fuente 1 Leer

Lee el artículo que publicó una crítica de teatro en el periódico.

Un éxito en el teatro

Anoche, se presentó la obra de teatro «La historia que se nos olvidó». Después de que terminó la obra, la mayoría de las personas salió muy emocionada del teatro. Otras personas dijeron que la obra no era lo que ellas esperaban.

A mí sí me gustó la obra. Creo que la escenografía estuvo muy bien pensada y ayudó a que el guión se desarrollara mejor. Con su actuación, los actores lograron que los personajes llegaran a todo el público. Yo les recomiendo que vayan a verla.

Pamela Méndez

Fuente 2 Escuchar   *WB CD 04 track 34*

Luego, escucha a otro crítico hablando por la radio sobre la misma obra. Toma notas.

_____

_____

_____

Escribir

Te han hablado mucho de la obra de teatro «La historia que se nos olvidó». Tú leíste la crítica de Pamela Méndez y escuchaste al crítico en la radio. ¿Irías a ver esta obra? Explica.

modelo: Yo... porque… Además,…

Answers will vary: **Yo no iría a ver la obra de teatro «La historia que se nos**

olvidó» porque el crítico de la radio dice que el guión no es original y Pamela

Méndez dice que los actores ayudan al guión. Eso me hace pensar que

el guión es realmente malo. Además, no me gustan las obras que me

hacen reflexionar, sino las que me hacen reír.

_____

UNIDAD 8 • Integración: Escribir
Lección 2

Escuchar A

Level 3, pp. 500-501
WB CD 04 tracks 35-36

> **¡AVANZA!** **Goal:** Listen to talk about a play.

1 Escucha a Virginia. Luego, lee cada oración y contesta **cierto** o **falso**.

C (F) **1.** Virginia dirige una obra de teatro.

(C) F **2.** El próximo sábado es la obra de teatro.

C (F) **3.** Ya no es necesario que Virginia vaya a los ensayos.

C (F) **4.** Virginia dijo bien el guión en el ensayo pasado.

(C) F **5.** Virginia está muy nerviosa por la obra.

2 Escucha a Claudio. Luego, completa las oraciones con las palabras entre paréntesis.

1. Claudio es el _____ director _____ (protagonista / director) de la obra.

2. Están haciendo los últimos _____ ensayos _____ . (ensayos / guiones)

3. Claudio quiere que todos lleguen _____ temprano _____ . (temprano / a casa)

4. Ya terminaron _____ la escenografía _____ . (el vestuario / la escenografía)

UNIDAD 8 • Lección 2 Escuchar A

Unidad 8, Lección 2
Escuchar A

378

¡Avancemos! 3
Cuaderno: Práctica por niveles

Escuchar B

> ¡AVANZA! **Goal:** Listen to talk about a play.

1 Escucha a Florencia. Luego, une con flechas las personas con el tipo de obras que prefieren.

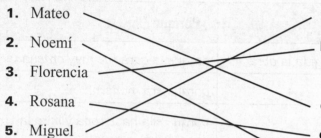

1. Mateo
2. Noemí
3. Florencia
4. Rosana
5. Miguel

a. obras de teatro que hacen reír

b. todas las obras de teatro, menos las que tienen música

c. obras de teatro con música

d. obras de teatro que te hacen reflexionar

e. obras de teatro tristes

2 Escucha a Carlos. Luego, completa las oraciones.

1. A los amigos de Carlos les gusta _ir a ver obras de teatro._

2. Todos los amigos de Carlos _lo acompañan a ver sus obras favoritas._

3. Carmela no lo acompaña porque _no le gustan las obras con música._

4. Un guión puede ser bueno aunque _sea cantado y no hablado._

Escuchar C

> **¡AVANZA!** **Goal:** Listen to talk about a play.

1 Escucha a Bruno y toma apuntes. Luego completa la tabla con los amigos de Bruno que fueron al teatro, qué les gustó y por qué.

¿Quiénes fueron al teatro?	¿Qué les gustó?	¿Por qué?
Bruno	como estaba dirigida la obra	porque la obra fue muy ordenada
Valentín	la escenografía	porque era moderna
Leonor	el vestuario	porque ella hace ropa y mira la ropa de los demás
Victoria	el guión	porque era original e inteligente

2 Escucha a Leonor y toma apuntes. Luego, contesta las preguntas con oraciones.

1. ¿Qué le gustó a Leonor?

   A Leonor le gustó el vestuario de la obra.

2. ¿Por qué le gustó?

   Porque los colores mostraban cómo se sentían los personajes.

3. ¿Por qué crees que Leonor relaciona el color azul con la tristeza?

   Answers will vary: **Porque el azul es un color frío y ella relaciona la tristeza con lo frío.**

4. ¿Por qué crees que Leonor relaciona el color rojo con la alegría?

   Answers will vary: **Porque el rojo es un color caliente y ella relaciona la alegría con lo caliente.**

5. ¿Qué se le ocurrió a Leonor después de ver la obra?

   A ella se le ocurrieron ideas para hacer ropa.

UNIDAD 8 • Lección 2
Escuchar C

Leer A

¡AVANZA! **Goal:** Read about a play.

El profesor de teatro quiere hacer el ensayo más tarde y les manda una nota a los estudiantes.

Hola, chicos:

Tengo un pequeño problema. Se me rompieron los lentes y no puedo ver sin ellos. Tengo que ir a casa a buscar los otros. Espero que no les sea difícil hacer el ensayo más tarde. Yo creo que podría ser a las cuatro, en el mismo lugar de siempre.

Tal vez algunos puedan ir maquillando a los actores y organizando la escenografía. Creo que así ahorraremos algo de tiempo.

Gracias por comprender.

Señor Martínez

¿Comprendiste?

Lee la nota del profesor. En las oraciones, marca con una X los problemas que tuvo el profesor o qué tiene que hacer.

1. Se le rompieron los lentes __x__

2. Ir a su casa __x__

3. Maquillar a los actores ____

4. Organizar la escenografía ____

5. Cambiar el horario del ensayo __x__

6. Comprender ____

7. Ocurrírsele que podía ser a las cuatro __x__

¿Qué piensas?

¿Alguna vez te pusieron el horario de un evento para más tarde? ¿Qué pensaste?

Answers will vary: **Sí, me pusieron el horario de un partido de fútbol para**

más tarde. No estaba contento(a), pero jugamos al día siguiente.

UNIDAD 8
Lección 2

Leer A

Leer B

¡AVANZA! **Goal:** Read about a play.

Los estudiantes presentarán una obra de teatro. Ellos ponen este anuncio en la cartelera de la escuela.

Gran obra de teatro estudiantil

El próximo viernes, a las tres de la tarde, presentaremos la obra de teatro "Bailando hasta el fin del mundo".

Es una comedia muy cómica, dirigida por la señora Hernández y con la participación de la clase del último año.

Cinco estudiantes hacen los papeles de unos personajes muy divertidos. Los muebles y objetos del escenario son responsabilidad de Jaime Contreras. La ropa de los actores está hecha por Olga Vivas, al igual que el maquillaje.

Les recomendamos que vayan a esta obra. ¡Es excelente!

¿Comprendiste?

Lee el anuncio de la obra de teatro. Luego, completa las oraciones:

1. "Bailando hasta el fin del mundo" es una _____ comedia _____.

2. Está dirigida por _____ la señora Hernández _____.

3. Los protagonistas son _____ cinco estudiantes _____.

4. La escenografía está hecha por _____ Jaime Contreras _____.

5. El vestuario está hecho por _____ Olga Vivas _____.

¿Qué piensas?

¿Te gusta ir a ver obras de teatro que sean comedias? ¿Por qué?

Answers will vary: **Sí, me gusta ir a ver obras de teatro que sean comedias**

porque me gusta ir al teatro para reírme un rato.

UNIDAD 8 • Lección 2

Leer B

Unidad 8, Lección 2
Leer B

382

¡Avancemos! 3
Cuaderno: Práctica por niveles

Leer C

> **¡AVANZA!** **Goal:** Read about a play.

Isabel está muy contenta por la obra que vio anoche. Ella le escribe un correo electrónico a su amigo para contarle.

Hola, Jerónimo:

¿Recuerdas que yo buscaba una obra que realmente me gustara? Pues anoche vi una obra excelente en el teatro. No quería ir sola, así que tuve que llamar a una amiga a la que le gusta el teatro tanto como a mí, e invitarla a ver la obra.

Las dos estuvimos muy contentas después de que se corrió el telón por primera vez y vimos la escenografía. Fue impresionante. Después, nos encantó el vestuario y el maquillaje.

El guión era excelente. De verdad, te recomiendo que vayas a verla. Si quieres, podemos ir juntos; yo quiero verla otra vez.

Isabel

¿Comprendiste?

Lee el correo electrónico de Isabel. Luego, contesta las preguntas con oraciones.

1. ¿Qué buscaba Isabel? ¿Con quién fue Isabel al teatro?

Buscaba una obra que realmente le gustara. Isabel fue al teatro con

una amiga.

2. ¿Qué fue lo primero que le gustó de la obra? ¿Qué más le gustó?

Lo primero que le gustó fue la escenografía. A ella le gustaron el vestuario, el

maquillaje y el guión.

3. ¿Qué le recomienda Isabel a Jerónimo?

Isabel le recomienda que vaya a ver la obra de teatro.

¿Qué piensas?

¿Has visto una obra que te gustó muchísimo? Descríbela.

Answers will vary: **Sí, he visto una obra que me gustó muchísimo.**

Una vez vi una obra sobre un hombre que viajaba por el mundo y no llegaba

a ningún lugar. Fue un guión interesante y los actores eran muy buenos.

UNIDAD 8
Lección 2

Leer C

Escribir A

Level 3, pp. 500-501

> ¡AVANZA! **Goal:** Write about plays.

Step 1

Escribe cinco cosas que verás en una obra de teatro.

el telón _____

el vestuario _____

el escenario _____

los accesorios _____

el maquillaje _____

Step 2

Usa las cinco palabras anteriores y escribe tres oraciones completas que describan una obra de teatro que tu amigo Armando haya visto.

Answers will vary: **Armando vio una obra muy chistosa en un teatro que**

tenía un telón rojo. Los accesorios que estaban en el escenario eran poco

originales. Todos los actores tenían un vestuario y un maquillaje simples.

_____

_____

Step 3

Evaluate your writing using the information in the table.

Writing Criteria	Excellent	Good	Needs Work
Content	You included three sentences that describe a play that your friend has seen.	You included two sentences that describe a play that your friend has seen.	You included one sentence that describes a play that your friend has seen.
Communication	Most of your sentences are clear.	Some of your sentences are clear.	Your sentences are not very clear.
Accuracy	You make few mistakes in grammar and vocabulary.	You make some mistakes in grammar and vocabulary.	You make many mistakes in grammar and vocabulary.

UNIDAD 8
Lección 2

Unidad 8, Lección 2
Escribir A

384

¡Avancemos! 3
Cuaderno: Práctica por niveles

Escribir A

Escribir B

¡AVANZA! **Goal:** Write about plays.

Step 1

Escribe una tabla en la que describas quién hizo qué y cómo lo hizo. Usa las palabras del vocabulario. Sigue el modelo.

¿Quién?	¿Qué hizo?	¿Cómo fue?
actor	Actuar	trágico
director	Dirigir	complejo
dramaturgo	Escribir un guión	poco original
acomodador	Buscar el asiento	rápidamente

Step 2

Escribe tres oraciones sobre las cosas que hacen las personas de la tabla. Usa expresiones del subjuntivo.

Answers will vary: **Me impresionó que la directora dirigiera un escenario**

complejo. Me frustró que el dramaturgo escribiera un guión poco original.

Me gustó que el acomodador buscara el asiento rápidamente.

Step 3

Evaluate your writing using the information in the table.

Writing Criteria	Excellent	Good	Needs Work
Content	You included three sentences to describe what each person did.	You included two sentences to describe what each person did.	You included one sentence to describe what each person did.
Communication	Your sentences are organized and easy to follow.	Parts of your sentences are organized and easy to follow.	Your sentences are disorganized and hard to follow.
Accuracy	You make few mistakes in grammar and vocabulary.	You make some mistakes in grammar and vocabulary.	You make many mistakes in grammar and vocabulary.

¡Avancemos! 3
Cuaderno: Práctica por niveles

Unidad 8, Lección 2
Escribir B **385**

UNIDAD 8 • Lección 2

Escribir B

Escribir C

> **¡AVANZA!** **Goal:** Write about plays.

Step 1

Escribe un guión de dos papeles para una obra de teatro. Escribe seis oraciones. Escoge el tema que quieras. *Answers will vary*:

Hombre: ¿Adónde vamos? Está muy oscuro.

Chico: Vamos a un lugar fantástico. Ya verás.

Hombre: Pero, dime. Estoy nervioso.

Chico: Ya estamos llegando. Mira, ¿ves esas luces?

Hombre: Sí. ¿Dónde estamos?

Chico: Ésta es tu niñez. Aquí, tu vida comienza de nuevo.

Step 2

Escríbele un correo electrónico a un amigo. Cuéntale del guión que escribiste. Escribe cuatro oraciones. *Answers will vary*:

¿Sabes que mi profesor de literatura me pidió que escribiera una obra de teatro? Escribí de un viaje de vuelta a la niñez. Aunque me haya encantado la vida hasta ahora, hay algunas cosas que me gustaría poder hacer de nuevo. Unos chicos de la escuela van a presentar la obra en la primavera.

Step 3

Evaluate your writing using the information in the table.

Writing Criteria	Excellent	Good	Needs Work
Content	You included four sentences to describe your play.	You included two to three sentences to describe your play.	You included one sentence to describe your play.
Communication	Most of your email is organized and easy to follow.	Parts of your email are organized and easy to follow.	Your email is disorganized and hard to follow.
Accuracy	You make few mistakes in grammar and vocabulary.	You make some mistakes in grammar and vocabulary.	You make many mistakes in grammar and vocabulary.

Cultura A

> ¡AVANZA! **Goal:** Review cultural information about the South Cone.

1 **La vida en el Cono Sur** Di si son ciertas o falsas las siguientes oraciones.

Ⓒ F **1.** El carnaval en Uruguay es una celebración muy larga.

C Ⓕ **2.** Chile es el país más grande del Cono Sur.

C Ⓕ **3.** La escritora Adela Basch es chilena.

Ⓒ F **4.** El asado es una comida típica del Cono Sur.

C Ⓕ **5.** La moneda de Uruguay es el peso.

2 **Los teatros** Completa las siguientes oraciones con las palabras de la caja.

franceses	latinoamericanos
antiguos	italiano
argentino	

1. Uno de los teatros __latinoamericanos__ más famosos es el Teatro Colón, en Buenos Aires.

2. Este edificio singular cuenta con un estilo arquitectónico ___italiano___ .

3. También tiene deslumbrantes adornos ___franceses___ .

4. Es uno de los teatros más ___antiguos___ del Cono Sur.

5. En 1966 el famoso pintor ___argentino___ Raúl Soldi realizó la decoración de la cúpula del teatro.

3 **Teatros famosos** Hay varios teatros famosos en el Cono Sur. En los teatros, muchas veces, se presentan obras teatrales de autores muy famosos. ¿Has visto una obra de teatro alguna vez? Escribe el nombre de esa obra teatral y di, en una oración, cuál era el tema central.

Answers will vary: Fui a ver una obra de teatro que se llamaba «Romeo y

Julieta» y era sobre una pareja de enamorados que sus padres no querían

que se casaran.

Cultura B

AVANZA! **Goal:** Review cultural information about the South Cone.

1 **La cultura en el Cono Sur** Une con una línea las palabras de la izquierda con la explicación correcta.

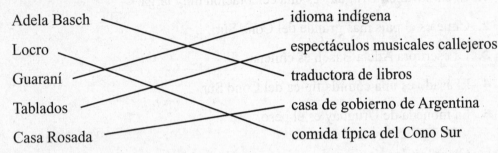

Adela Basch   idioma indígena

Locro   espectáculos musicales callejeros

Guaraní   traductora de libros

Tablados   casa de gobierno de Argentina

Casa Rosada   comida típica del Cono Sur

2 **El Teatro Colón** Responde a las siguientes preguntas.

1. ¿Dónde se encuentra el Teatro Colón? _____ Está en Buenos Aires, Argentina.

2. ¿Qué estilo arquitectónico tiene este teatro? _____ Tiene un estilo italiano.

3. ¿Cuántos años duró su construcción? _____ Duró veinte años.

4. ¿Qué arquitecto argentino realizó la decoración de la cúpula del teatro?

   El arquitecto Raúl Soldi.

5. ¿En qué año realizó esta decoración? _____ En el año 1966.

3 **Carnavales** El carnaval de Uruguay es una celebración muy larga y llena de diversiones. ¿Te gusta el carnaval? Explica, con un mínimo de tres líneas, todas las actividades divertidas que las personas hacen durante el carnaval.

Answers will vary: **Durante el carnaval muchas personas cantan y bailan en**

las calles. Algunos se disfrazan y les hacen bromas a sus amigos y

familiares. Es una celebración tan alegre en la que la gente pasa todo el

día en la calle divirtiéndose.

UNIDAD 8 • Lección 2
Cultura B

Unidad 8, Lección 2
Cultura B

388

¡Avancemos! 3
Cuaderno: Práctica por niveles

Cultura C

¡AVANZA! **Goal:** Review cultural information about the South Cone.

---

1 **Países y capitales y habitantes** Escribe los nombres de las capitales y la cantidad de habitantes por país de los países del Cono Sur.

Países	Capitales	Habitantes
Argentina	Buenos Aires	39.5 millones
Chile	Santiago	15.8 millones
Uruguay	Montevideo	3.4 millones
Paraguay	Asunción	6.3 millones

2 **El carnaval de Uruguay** Responde a las siguientes preguntas con oraciones completas.

1. ¿Qué son los tablados que se presentan en el carnaval de Uruguay?   Los tablados

son espectáculos callejeros creados y actuados por murgas, dramaturgos,

actores y directores.

2. ¿Qué es típico de estas actuaciones informales?   En estas actuaciones informales

es típico que sus piezas critiquen la sociedad y la política del día.

3. ¿Cuál es uno de los requisitos para los tablados de las murgas?   Answers will vary:

Uno de los requisitos para los tablados de las murgas es que los cantantes

y actores repasen los sucesos más notables del año.

3 **Los tablados** Con los tablados las personas de Uruguay critican a la sociedad y la política de su país, pero de manera chistosa. Escribe una carta a un estudiante amigo tuyo y explícale cuatro cosas de tu comunidad o estado que quisieras que cambiaran. Luego, escribe lo que tú harías para que estas situaciones cambien.

_____

_____

_____

_____

_____

Comparación cultural:
Cuna de autores famosos

Lectura y escritura

Después de leer los párrafos sobre los autores más notables de los países de Aníbal y Rafaela, escribe un párrafo sobre dos escritores importantes de tu país. Primero, usa la información de la tabla para escribir oraciones con ideas generales. Luego, escribe un párrafo sobre dos escritores importantes de tu país.

Paso 1

Completa la tabla con detalles sobre dos escritores importantes de tu país.

Nombre	Obras	Temas	Género	Premios

Paso 2

Usa los detalles de la tabla y escribe unas oraciones generales sobre cada autor de la tabla.

_____

_____

_____

_____

_____

UNIDAD 8 • Comparación cultural

Lección 2

390 Unidad 8
Comparación cultural: Cuna de autores famosos

¡Avancemos! 3
Cuaderno: Práctica por niveles

Comparación cultural: Cuna de autores famosos

Lectura y escritura (seguir)

Paso 3

Escribe un párrafo usando las oraciones que escribiste como guía. Incluye una oración introductoria. Escribe sobre las características más importantes de los dos escritores importantes de tu país utilizando las siguientes frases: **aunque, en cuanto, tan pronto como, después de que**.

_____

_____

_____

_____

_____

Checklist

Be sure that...

☐ .all the details from your table about two notable authors from your country are included in the paragraph;

☐ you use details to describe two notable authors from your country;

☐ you include conjunctions that link ideas and events.

Rubric

Evaluate your writing using the rubric below.

Writing criteria	Excellent	Good	Needs Work
Content	Your paragraph includes all of the details about two notable authors from your country.	Your paragraph includes some details about two notable authors from your country.	Your paragraph includes few details about two notable authors from your country.
Communication	Most of your paragraph is organized and easy to follow.	Parts of your paragraph are organized and easy to follow.	Your paragraph is disorganized and hard to follow.
Accuracy	Your paragraph has few mistakes in grammar and vocabulary.	Your paragraph has some mistakes in grammar and vocabulary.	Your paragraph has many mistakes in grammar and vocabulary.

UNIDAD 8
Lección 2 • Comparación cultural

Level 3, pp. 502-503

Comparación cultural:
Cuna de autores famosos

Compara con tu mundo

Escribe una comparación sobre los dos autores importantes de tu país y el autor favorito de uno de los estudiantes de la página 503. Organiza la comparación por temas. Primero, compara el nombre del autor y sus obras, luego escribe acerca de los temas y los géneros tratados, y al final escribe tus reflexiones.

Paso 1

Usa la tabla para organizar la comparación por temas. Escribe detalles para cada tema sobre los dos autores importantes de tu país y el autor favorito del (de la) estudiante que has elegido.

	Mi autor	Mi autor	El autor de de _____
Nombre del autor			
Sus obras			
Temas y géneros			
Tus reflexiones			

Paso 2

Usa los detalles de la tabla para escribir una comparación. Incluye una oraciones introductoria y escribe sobre cada tema. Escribe una descripción y comparación de los tres escritores utilizando las siguientes frases: **aunque, en cuanto, tan pronto como, después de que.**

_____

_____

_____

_____

_____

_____

_____

_____

UNIDAD 8 • Comparación cultural

Lección 2

392

Unidad 8
Comparación cultural: Cuna de autores famosos

¡Avancemos! 3
Cuaderno: Práctica por niveles

Talk About Yourself and Your Friends

PEOPLE AND ACTIVITIES

el actor	actor
la actriz	actress
avanzado(a)	advanced
la cámara digital	digital camera
la ciencia ficción	science fiction
el mensajero instantáneo	instant messaging

MORE ACTIVITIES

acampar	to camp
dibujar	to draw
dar una caminata	to hike
estar en línea	to be online
hacer una excursión	to go on a day trip
pescar	to fish
regatear	to bargain
tomar fotos	to take photos
visitar un museo	to visit a museum

Talk About Places and People You Know

PLACES

el almacén	department store
el barrio	neighborhood
el edificio	building
la farmacia	pharmacy
la joyería	jewelry store
la librería	bookstore
la panadería	bakery
la parada de autobús	bus stop
la película	film

el rascacielos	skyscraper
el teatro	theater
la tienda	store
la zapatería	shoe store

EMOTIONS

Estoy muy emocionado(a).	I am overcome with emotion.
Me hace reír.	It makes me laugh.
Me hace llorar.	It makes me cry.
Me / te / le da miedo.	It scares (me, you, him / her).
Me encantaría.	I would love to.
¡Qué lástima!	What a shame!

Make Comparisons

FOOD

el ajo	garlic
desayunar	to have breakfast
cenar	to have dinner
la especialidad	specialty
la merienda	afternoon snack
la papa	potato
el pescado	fish
la pimienta	pepper
el pollo asado	roasted chicken
el postre	dessert
la sal	salt
la sopa	soup
las verduras	vegetables

ADJECTIVES

agrio(a)	sour
amable	kind
cocido(a)	cooked
crudo(a)	raw
dulce	sweet

hervido(a)	boiled
frito(a)	fried
lento(a)	slow
picante	spicy, hot
sabroso(a)	tasty
salado(a)	salty

What You Know How To do

competir (i, i)	to compete
contar (ue)	to tell (a story)
hacer ejercicio	to exercise
jugar en equipo	to play on a team
meter un gol	to score a goal
montar a caballo	to ride a horse
musculoso(a)	muscular
el premio	prize, award
rápido(a)	fast

Describe Your Daily Routine

acostarse (ue)	to go to bed
activo(a)	active
bañarse	to take a bath
cepillarse los dientes	to brush one's teeth
despertarse (ie)	to wake up
ducharse	to take a shower
lavarse (la cara, las manos)	to wash oneself (one's face, one's hands)
levantarse	to get up
ponerse la ropa	to put on clothes
secarse	to dry oneself
vestirse (i, i)	to get dressed

Describe a Camping Trip

al aire libre	outdoors
el albergue juvenil	youth hostel
la camioneta	SUV, truck
la cantimplora	water bottle, canteen
el descuento	discount
el equipo	the equipment
la estufa (de gas)	(gas) stove
el fósforo	match
la fogata	campfire
la guía	guide
el kayac	kayak
la olla	pot
el saco de dormir	sleeping bag
la tarifa	fare
la tienda de campaña	tent
el transporte público	public transportation
hacer una caminata	take a walk

Talk About Nature

el agua dulce	fresh water
la araña	spider
el árbol	tree
el bosque	forest, woods
la flor	flower
la mariposa	butterfly
la naturaleza	nature
el pájaro	bird
el pez	fish
el río	river
la selva	jungle
el sendero	path
la serpiente	snake

Talk About What You Did with Friends

ahorrar	to save (money, time)
conseguir	to get, to find
divertirse (ie)	to enjoy, to have fun
encender	to light (a match), to make a fire, to turn on
escalar montañas	to climb mountains
hacer una excursión	to go on an excursion, guided tour
llenar	to fill up
meterse en	to go into
montar	to put up
navegar por rápidos	to go whitewater rafting
navegar	to navigate, to sail
observar	to observe
ofrecer	to offer
remar	to row
seguir	to follow
utilizar	to use

Other Words and Phrases

agotador	exhausting
inolvidable	unforgettable
al extranjero	abroad
con anticipación	in advance
frente a	facing
fuera (de)	outside (of)
junto a	next to
sin	without
dentro	inside

Talk About Family Vacations

FAMILY RELATIONSHIPS

el apellido	last name
el (la) bebé	baby, infant
el (la) bisabuelo(a)	great-grandfather / great-grandmother
el (la) biznieto(a)	great-grandson / great-granddaughter
el (la) cuñado(a)	brother-in-law / sister-in-law
el (la) esposo(a)	husband; wife; spouse
la madrina	godmother
el matrimonio	marriage; married couple
el (la) nieto(a)	grandson / daughter
el (la) novio(a)	boyfriend / girlfriend, fiancé / fiancée
la nuera	daughter-in-law
el padrino	godfather
el pariente	relative
el (la) sobrino(a)	nephew / niece
el (la) suegro(a)	father-in-law / mother-in-law
el yerno	son-in-law

Talk About What You Did with Friends

la canoa	canoe
el chaleco salvavidas	life jacket
la moto acuática	personal watercraft
el (la) surfista	surfer
la tabla de surf	surfboard
el velero	sailboat
el voleibol playero	beach volleyball
en absoluto	not at all
juntarse	to get together with
mantener (el equilibrio)	to keep (the balance)
marearse	to get seasick / to become dizzy
merendar	to have a snack
pararse	to stand up
parecerse a (alguien)	to look like (someone), to be like (someone)
recoger	to pick up
recostarse	to lie down
refrescarse	to cool down
refugiarse	to take refuge from
reunirse	to get together, to meet

Describe a Place and its Climate

la arena	sand
la brisa	breeze
el calor agobiante	stifling heat
el caracol	shell
hacer fresco	to be cool (weather)
la orilla	shore
el puerto	port
la sombrilla	parasol
ver el amanecer	to watch the sunrise
ver la puesta del sol	to watch the sunset

Trips and Transportation

el carro	car
la casa rodante	RV
conducir	to drive
la cubierta	deck (of a boat)
la escapada	get away
hacer un crucero	to go on a cruise

REPASO Preterite Tense of Regular Verbs

Add the following endings to the stems of regular verbs.

-ar verbs		-er / -ir verbs	
-é	-amos	-í	-imos
-aste	-asteis	-iste	-isteis
-ó	-aron	-ió	-ieron

Verbs ending in **-car, -gar,** and **-zar** have a spelling change in the **yo** form.

practicar → yo practiqué
navegar → yo navegué
organizar → yo organicé

REPASO Irregular Preterites

These verbs have irregular stems in the preterite.

i-Stem	u-Stem	uv-Stem	j-Stem
hacer hic-/hiz-	haber hub-	andar anduv-	decir dij-
querer quis-	poder pud-	estar estuv-	traer traj-
venir vin-	poner pus-	tener tuv-	conducir conduj-
	saber sup-		

· **Ser** and **ir** have the same irregular conjugations.

fui	fuimos
fuiste	fuisteis
fue	fueron

· **Dar** and **ver** have regular **-er/-ir** endings but with no written accent marks.

Stem-changing verbs in the preterite.

Verbs ending in **-ir** that have a stem change in the present tense change from **o → u** or **e → i** in the form s of **usted/él/ella** and **ustedes/ellos/ellas** in the preterite.

dormir (ue, u)

Nosotros **dormimos** en casa.
Ellas **durmieron** al aire libre.

REPASO Imperfect Tense

Add the following endings to the stems of **regular verbs.**

-ar verbs		-er / -ir verbs	
-aba	-ábamos	-ía	-íamos
-abas	-abais	-ías	-íais
-aba	-aban	-ía	-ían

irregular verbs

ir:	iba	ibas	iba	íbamos	ibais	iban
ser:	era	eras	era	éramos	erais	eran
ver:	veía	veías	veía	veíamos	veíais	veían

REPASO Preterite vs. Imperfect

Use the **preterite tense** for:

· actions completed in the past
· actions that interrupt
· the main event

Use the **imperfect tense** to describe:

· the time or weather
· ongoing actions or states of being
· background information

The verbs saber and conocer.

Saber and **conocer** take on different meanings in the preterite. **Saber** means *found out* and **conocer** means *met.*

Hoy **supe** que vamos a pasar dos semanas de vacaciones en la playa.

*Today I **found out** that we're going to spend two weeks of vacation at the beach.*

El último día del viaje, **conocí** a un surfista que se llama Santiago.

*The last day of the trip, I **met** a surfer named Santiago.*

Describe Volunteer Activities

los ancianos	the elderly
la bolsa de plástico	plastic bag
el comedor de beneficencia	soup kitchen
el envase	container
la gente sin hogar	the homeless
los guantes de trabajo	work gloves
el hogar de ancianos	nursing home
el hospital	hospital
la lata	metal can
la pobreza	poverty
el proyecto de acción social	social action project
el (la) voluntario(a)	volunteer
tirar basura	to litter
trabajar de voluntario	to volunteer

Persuade or Influence Others

la agencia de publicidad	ad agency
el anuncio	announcement, ad
el artículo	article
la campaña	campaign
el canal de televisión	T.V. channel
la creatividad	creativity
el diseño	design
la emisora (de radio)	radio station
el lema	motto
el letrero	sign, poster
las noticias	news
el periódico	newspaper
la prensa	press
la publicidad	publicity
la revista	magazine

Organize People to do a Project

apoyar	to support
el cheque	check
colaborar	to collaborate
contar con los demás	to count on others
la cooperación	cooperation
cumplir	to fulfill, to carry out
de antemano	beforehand
delegar	to delegate
elegir (i)	to choose
gastar	to spend
juntar fondos	to fundraise
organizar	to organize
la planificación	planning
prestar	to lend
el presupuesto	budget
la prioridad	priority
recaudar fondos	to raise funds
reciclar	to recycle
solicitar	to ask for, to request

Talk About the Media

el acceso	access
el anuncio clasificado	classified ad
el anuncio personal	personal ad
el artículo de opinión	editorial
la cita	quotation
la columna	column
el cortometraje	short documentary
la cuestión	issue, question
los dibujos animados	cartoons
el (la) editor(a)	editor
la entrevista	interview
la fecha límite	deadline
el (la) fotógrafo(a)	photographer
el grabador	tape recorder
la gráfica	graphic
el largometraje	feature, full-length movie
el noticiero	news broadcast
la publicidad por correo	mailing
el público	audience
la reseña	review
la subtitulación para sordos	closed captioning for the hearing impaired
el (la) telespectador(a)	TV viewer
la teletón	telethon
el titular	headline

Express Opinions

el debate	debate
describir	to describe
estar / no estar de acuerdo con	to agree / disagree with
explicar	to explain

Talk About the Community

a beneficio de	to the benefit of
donar	to donate
la obra caritativa	charitable work
otorgar	to grant
patrocinar	to sponsor
el (la) patrocinador(a)	sponsor
el programa educativo	educational program
los volantes	flyers

Actions

distribuir	to distribute
emitir	to broadcast
entrevistar	to interview
investigar	to investigate
presentar	to present
publicar	to publish
traducir	to translate

REPASO Tú Commands

Regular **affirmative *tú* commands** are the same as the **usted/él/ella** form in the present tense.

The following verbs are **irregular**:

decir: di	**hacer:** haz	**ir:** ve	**poner:** pon
salir: sal	**ser:** sé	**tener:** ten	**venir:** ven

You form **negative tú commands** by changing the **yo** form of the present tense.

For **-ar** verbs: **-o → -es.**

For **-er/-ir** verbs: **-o → -as.**

The following verbs are **irregular**:

dar: no des	**estar:** no estés
ir: no vayas	**ser:** no seas

REPASO Other Command Forms

Command Forms

Usted	Ustedes	Nosotros
¡(No) tire!	¡(No) tiren!	¡(No) tiremos!
¡(No) haga!	¡(No) hagan!	¡(No) hagamos!
¡(No) elija!	¡(No) elijan!	¡(No) elijamos!

To say *let's go,* use **vamos.**

To say *let's not go,* use **no vayamos.**

Verbs ending in **-car**, **-gar**, and **-zar** require a spelling change (**c → qu, g → gu, z → c**) in **usted, ustedes,** and **nosotros** command forms.

Polite Requests.

Many Spanish speakers avoid direct commands and look for a way of making indirect requests.

podrías/ podría/ podríais/ podrían + verb infinitive

¿Podrías **aprobar el plan?** *Could/Would you approve the plan?*

REPASO Pronouns with Commands

Affirmative	**Negative**
attaches	*before*
Dámelo.	No **se lo** des a ella.

If both **object pronouns** begin with the letter **L**, change the **le** or **les** to **se.**

The **reflexive pronoun** always comes before the **object pronoun.**

before	*before*
¡**Póntelas!**	¡No **te las** pongas!

With the **nosotros** command, drop the **-s** of the ending before adding the **reflexive pronoun *nos.***

¡Organicemos una reunión!   ¡Organicémonos!

REPASO Impersonal Expressions + Infinitive

To state an opinion, or to suggest that something should be done, use an **impersonal expression** plus an **infinitive.**

Impersonal Expression		
Es		
Fue	+ **adjective**	+ infinitive
Era		
Va a ser		

Es malo presentar informatión falsa.

It's bad to present false information.

Impersonal constructions with se.

If an infinitive or a singular noun follows **se,** you use the **usted/él/ella** form. If a plural noun follows **se,** use the **ustedes/ellos/ellas** form.

Se **habla** español aquí.   Se **publican** todas las entrevistas.

*Spanish **is spoken** here.*   *All the interviews **are published.***

Express Environmental Concerns and Possibilities

el aire puro	clean air
el basurero	garbage container
la biodiversidad	biodiversity
la capa de ozono	ozone layer
el clima	climate
la contaminación	pollution, contamination
la deforestación	deforestation
el efecto invernadero	greenhouse effect
la erosión	erosion
las especies en peligro de extinción	endangered species
la inundación	flood
el medio ambiente	environment
no renovable	nonrenewable
el petróleo	oil
el planeta	planet
el recurso natural	natural resource
la responsabilidad	responsibility
el riesgo	risk
la sequía	drought
el smog	smog
el suelo	ground, soil
el temblor	earthquake

ACTIONS

dañar	to harm
destruir	to destroy
disminuir	to diminish, to decrease
fomentar	to foment, to support
proteger	to protect
respirar	to breath
reutilizar	to reuse
valorar	to value

Impact of Technology

apreciar	to appreciate
complejo(a)	complex
desarrollar	to develop
el desarrollo	development
la innovación	innovation
el invento	invention
la investigación	research
mejorar	to improve
reemplazar	to replace

Make Predictions

amenazar	to threaten
el derrumbe	landslide
extinguirse	to become extinct
informarse	to keep informed
el porvenir	future
responsable	responsible
la transformación	transformation
volar	to fly
votar	to vote

Discuss Obligations and Responsibilities

SOCIAL AWARENESS

el (la) ciudadano(a)	citizen
el compromiso	commitment
la conciencia social	social awareness
encargarse de	to take charge of, to make oneself responsible for
la irresponsabilidad	irresponsibility
penalizar	to penalize
la política	politics
el principio	principle
respetar	to respect
satisfacer	to satisfy
la sociedad	society
la unidad	unity

MISTAKES AND PERSISTENCE

advertir(ie)	to warn
cometer	to make (a mistake)
emprender	to undertake
el error	mistake, error
insistir	to insist
luchar	to struggle
persistir	to persist
progresar	to progress
prosperar	to prosper
seguir adelante	to continue on, to carry on
solucionar	to solve
superar	to overcome

INVENTIONS

comercializar	to market
invertir(ie)	to invest
novedoso(a)	novel, original
la patente	patent
el producto	product

OTHER WORDS

la advertencia	warning
el fracaso	failure
la mejora	improvement
el obstáculo	obstacle
el sufrimiento	suffering

Present and Support an Opinion

criticar	to criticize
evaluar	to evaluate
es imprescindible que	it is indispensable / imperative that . . .
es raro que...	it is strange that . . .
por un lado...	on one hand . . .
por el otro lado...	on the other hand . . .

Future Tense

	Future Endings	
Infinitive +	-é	-emos
	-ás	-éis
	-á	-án

Irregular Future Stems

Infinitive	Stem	Infinitive	Stem
haber	habr-	salir	saldr-
poder	podr-	tener	tendr-
querer	querr-	venir	vendr-
saber	sabr-	decir	dir-
poner	pondr-	hacer	har-

You can also use the **future tense** to wonder or make a guess about something.

Por and Para

Use **por** to indicate…
· passing through
· general location
· how long
· cause
· exchange
· in place of
· means

Use **para** to indicate…
· for whom
· destination
· recipient
· purpose
· opinion
· comparison
· deadline

Present Subjunctive of Regular Verbs

GrammarTextAHeadGrammarTextAHeadGrammarTextAHead

hablar	tener	escribir
hable	tenga	escriba
hables	tengas	escribas
hable	tenga	escriba
hablemos	tengamos	escribamos
habléis	tengáis	escribáis
hablen	tengan	escriban

Spelling Changes		becomes	
	criticar		critique
	investigar		investigue
	penalizar		penalice
	proteger		proteja
	extinguir		extinga

More Subjunctive Verb Forms

Irregular Subjunctive Forms

dar	estar	ir	saber	ser
dé	esté	vaya	sepa	sea
des	estés	vayas	sepas	seas
dé	esté	vaya	sepa	sea
demos	estemos	vayamos	sepamos	seamos
deis	estéis	vayáis	sepáis	seáis
den	estén	vayan	sepan	sean

The subjunctive of **haber** is **haya.**

· Verbs ending in **-ar** and **-er** change **e → ie** or **o → ue** in all forms except **nosotros** and **vosotros.**

· Verbs ending in **-ir** that change **e → ie** or **o → ue** have a different change (**e → i** or **o → u**) in the **nosotros** and **vosotros** forms.

· Verbs that change **e → i** have the same stem change in all forms.

Describe People

la conducta	behavior
comportarse bien / mal	to behave well / badly
destacarse por...	to be remarkable for, to stand out (from others) for...
idealizar (a alguien)	to idealize (someone)
imitar	to imitate
personificar	to personify
representar	to represent

PERSONAL CHARACTER-ISTICS

atrevido(a)	daring
comprensivo(a)	understanding
considerado(a)	considerate
dedicado(a)	dedicated
desagradable	disagreeable
fiel	faithful
generoso(a)	generous
impaciente	impatient
razonable	reasonable
modesto(a)	modest
orgulloso(a)	proud
paciente	patient
popular	popular
presumido(a)	presumptuous
ingenioso (a)	clever
sincero(a)	sincere
sobresaliente	outstanding
tímido(a)	shy
vanidoso(a)	vain

PROFESSIONS

el (la) astronauta	astronaut
el (la) científico(a)	scientist
el (la) detective	detective
el (la) electricista	electrician
el (la) empresario(a)	businessperson
el (la) entrenador(a)	trainer, coach
el (la) mecánico(a)	mechanic
el (la) obrero(a)	laborer
el (la) piloto	pilot
el (la) programador(a)	programmer
el (la) trabajador(a) social	social worker

Tell Others What To Do

aconsejar que	to advise that
dejar que	to allow that
exigir que	to demand that
mandar que	to order, command that
prohibir que	to prohibit that
sugerir (ie) que	to suggest that

Describe People and Things

DESCRIPTIONS

auténtico(a)	authentic
práctico(a)	practical, down-to-earth
realista	realistic
sorprendente	surprising
verdadero(a)	real, true, sincere

PROFESSIONS

el (la) artista	artist
el (la) bombero(a)	firefighter
el (la) carpintero(a)	carpenter
el (la) cartero(a)	mail carrier
el (la) músico(a)	musician
el (la) periodista	journalist
el (la) policía	police officer
el (la) político(a)	politician
el (la) secretario(a)	secretary
el (la) técnico(a)	technician, repairperson
el (la) vecino(a)	neighbor
el (la) veterinario(a)	veterinarian

Actions

actuar	to act
aparecer	to appear
arriesgarse	to risk
convertirse en	to turn into
figurar en	to appear in
lograr	to attain, to achieve

Other Words

la amistad	friendship
el deber	duty
la fama	fame
el honor	honor
la imagen	image
el logro	achievement, success
la meta	goal
por eso	that's why
por lo tanto	therefore
el propósito	purpose, aim
el sacrificio	sacrifice
sin embargo	nevertheless, however
la valentía	bravery

Express Positive and Negative Emotions

alegrarse de que	to be happy that
dudar que	to doubt that
es dudoso que	it is doubtful that
es improbable que	it is improbable / unlikely that
no creer que	not to believe that
no es cierto que	it is not certain that
no es verdad que	it is not true that
no estar seguro(a) (de) que	not to be sure that
sentir (siento) que	to be sorry that, to feel
sorprenderse de que	to be surprised that

Subjunctive with Ojalá and Verbs of Hope

Verbs of Hope	+ que +	**different subject**	+ *subjunctive*
desear esperar querer			

Ella **quiere** que **su hijo** *se comporte* bien.

Use the *infinitive* and omit **que** if there is no change of subject.

El niño *quiere* **comportarse** bien.

Ojalá can be used with or without **que**. It is always used with the subjunctive.

Ojalá que no llueva mañana.

Subjunctive with Verbs of Influence

Verbs of Influence		
aconsejar	insistir	prohibir
dejar	mandar	recomendar
exigir	pedir	sugerir

verb of influence	+ que +	**different subject**	+ subjunctive

indicative → *subjunctive*
Sugiero que *llegues* temprano.
I suggest that you arrive early.

Suffixes.

Many adjectives can be changed to nouns by adding common suffixes. **-cia, -ez, -dad,** and **-ción** create feminine nouns.

Adjective	Noun
paciente	la pacien**cia**
patient	*patience*
sincero	la sinceri**dad**
sincere	*sincerity*

Subjunctive with Doubt

expression of doubt	+ que +	**different subject**	+ *subjunctive*

Marta **no está segura de** que *tengamos* tiempo para ver la película.

Note that the word **no** can affect whether or not you need to use the *subjunctive*.

→ *expresses certainty* → *indicative*
No dudamos que él **tiene** talento.
We do not doubt that he has talent.

Subjunctive with Emotion

expression of emotion	+ que +	**different subject**	+ subjunctive

Nos alegramos de que tú *actúes* con honor.
We're happy that you act with honor.

No **me sorprendo de** que *sea* difícil.
I'm not surprised that it's difficult.

Superlatives.

Follow this formula to talk about superlatives:

el / la / los / las + noun + más + adjective *(agrees with article and noun)*

Ana María es **la artista más famosa** que conozco

*Ana María is **the most famous artist** I know.*

Talk About Person Items

PERSONAL POSSESSIONS

la agenda electrónica	personal organizer
los ahorros	savings
la bolsa	bag, handbag
la cartera	wallet
el documento (de identidad)	identification
distinto(a)	distinct, different
las gafas (de sol)	(sun)glasses
el monedero	change purse
el paraguas	umbrella
precioso(a)	precious
sin valor	worthless
valioso(a)	valuable

ACTIONS

disfrutar de	to enjoy
esconder	to hide
estar ilusionado(a)	to be excited, to be thrilled
evitar	to avoid
guardar	to keep, to put away

COMPUTERS, E MAIL, ONLINE CHATS

la búsqueda	search
la computadora portátil	portable / laptop computer
conectarse al Internet	to connect to the Internet
la contraseña	password
descargar	to download
el enlace	link
enviar	to send
el escáner	scanner
imprimir	to print
los juegos de computadora	computer games
el salón de charlas	chat room
el sitio web	Web site

Talk About Requirements

a fin de que...	in order that
a menos que...	unless
antes de que...	before
con tal (de) que...	as long as
dar consejos	to give advice
dar una sugerencia	to make a suggestion
en caso de que...	in case
hasta que...	until
para que...	in order that
ponerse de acuerdo	to agree
sin que...	without

Other Phrases

darse cuenta de	to realize
sospechar que	to suspect that
temer que	to be afraid that

Talk About the Day's Activities

asistir a un espectáculo	to attend a show
dormir una siesta	to take a nap
encontrarse con	to meet up with
pasar un buen rato	to have a good time
relajarse	to relax
el ajedrez	chess
el billar	billiards
los dados	dice
las damas	checkers
el estreno	debut, premiere
la ficha	game piece
el grupo musical	music group
el juego de mesa	board game
la manta	blanket
la música bailable	dance music
la orquesta	orchestra
los naipes	cards
el pasatiempo	pastime
el ocio	leisure

Other Words and Actions

acogedor(a)	cozy, welcoming
la actuación	acting
el ambiente	atmosphere
discutir	to discuss, to argue
formal	formal
informal	informal, casual
el (la) músico(a) callejero(a)	street musician
la resolución	resolution
resolver	to solve
el ruido	noise
el (la) vendedor(a) ambulante	street vendor

Report What Someone Said

asistir a una reunión	to attend a meeting
charlar	to chat
comentar	to comment on, to talk about
concluir	to conclude, to finish
debatir	to debate
el encuentro	encounter
intercambiar opiniones	to exchange opinions
relatar	to relate, to tell

Subjunctive with Conjunctions

Conjunctions used with Subjunctive		
a fin de que	con tal (de) que	para que
a menos que	en caso de que	sin que
antes de que		

No gastes tus ahorros **a menos que sea** necesario.
Don't spend your savings unless it's necessary.

Without **que**, the verb that follows must be in the *infinitive* form.

Tendrás que comer **antes de salir.**
You'll have to eat before leaving.

Subjunctive with the Unknown

Verbs like **buscar, querer,** or **necesitar** plus **que** are used with the **subjunctive.**

Quiero una computadora portátil **que** no **cueste** mucho.
I want a laptop computer that does not cost that much.

Use the **subjunctive** to ask about something that may not exist, or to say that something does not exist.

¿**Tienes** un teléfono **que toque** música?
Do you have a phone that plays music?

No conozco a nadie **que publique** poesía.
I don't know anyone who publishes poetry.

To talk about things that do exist, use the **indicative.**

Hay un sitio web que **tiene** la información.
There is a Web site that has the information.

Expressions with sea.

If you are not sure about the details of who, when, what or where, you can use the following expressions with **sea** to indicate your uncertainty.

a la hora que sea	at whatever time that may be
donde sea	wherever that may be
lo que sea	whatever that may be
cuando sea	whenever that may be
quien sea	whoever that may be
como sea	however that may be

Conditional Tense

Add the **conditional** endings directly to the **infinitive** of regular verbs.

Infinitive		Conditional endings	
llevar		-ía	-íamos
resolver	+	-ías	-íais
discutir		-ía	-ían

Infinitive	Stem	Infinitive	Stem
haber	habr-	poner	pondr-
poder	podr-	salir	saldr-
querer	querr-	tener	tendr-
saber	sabr-	venir	vendr-
decir	dir-	hacer	har-

Yo **pondría** el escáner aquí. Así lo **tendríamos** al lado de la computadora.

Reported Speech

The second verb in a sentence with **reported speech** can use the preterite, the imperfect, or the conditional.

Nico **dijo que fue** al teatro.
Nico said that he went to the theater.

Nico **dijo que iba** al teatro.
Nico said that he was going to the theater.

Nico **dijo que iría** al teatro.
Nico said that he would go to the theater.

Remember that if you use **decir** to express what someone told *another* person to do, you use the **subjunctive** for the second verb.

Nico **dice que vayas** al teatro.
Nico says that you should go to the theater.

Qué and Cuál

Both **qué** and **cuál** can mean *what* in English. **Cuál** can also mean *which*. Use **qué** if you want to *define* or *describe* something. Use **cuál** if you want someone to *select* or *identify* something.

¿**Qué** juego vamos a jugar hoy?
What game are we going to play?

¿**Cuál** de estas tres fichas prefieres?
Which of these three game pieces do you prefer?

Talk About The Neighborhood

el banco	bench
el buzón	mailbox
el cajero automático	ATM
el correo	post office
el escaparate	display window
el kiosco	kiosk
la bombonería	candy store
la carnicería	butcher shop
la estación de metro	subway station
la ferretería	hardware store
la florería	flower shop
la frutería	fruit stand
la fuente	fountain
la lechería	dairy store
la manzana	(city) block
la oferta	offer
la pastelería	pastry shop
la verdulería	vegetable stand
(sacar) el billete	(to buy) a ticket
(subir/bajar) el metro	(to get on/to get off) the subway
la terraza	terrace
romper	to break
roto(a)	broken
el lío	mess

Describe Places and Things

desordenar	to mess up
el balcón	balcony
el fregadero	kitchen sink
el horno	oven
el lavabo	bathroom sink
el microondas	microwave
el piso	apartment
el refrigerador	refrigerator
el sello	stamp
ensuciar	to get dirty
la bañera	bathtub
la ducha	shower
la entrada	entrance
la mesita	nightstand, end table

Say What Has Happened

(abrir/cerrar) el grifo	(to turn on/to turn off) the faucet
(tocar) el timbre	(to ring) the doorbell
aprovechar	to take advantage (of something)
arreglar	to repair
dar una vuelta	to take a walk
dejar	to leave (behind)
enterarse de	to find out about
hacer los mandados	to do errands
ir de tapas	to go out to eat
ordenar	to organize
quitar	to take away

Describe an Excursion

el andén	platform
el asiento numerado	numbered seat
caerse	to fall down
callado(a)	quiet
el callejón	alley
el (la) conductor(a)	conductor
el cuadro	painting
la entrada	entrance
explorar	to explore
el mirador	outlook, lookout
el paisaje	landscape
el pasillo	aisle
el plano	city map
el puente	bridge
el río	river
ruidoso(a)	noisy
la ruta	route
la sala de espera	waiting room
el tapiz	tapestry
la taquilla	ticket window
el vagón	wagon, (railroad) car
hacer una visita guiada	to take a guided tour
la ventanilla	train window
la vía	track
la vista	view
meterse en problemas	to get into trouble
pedir direcciones	to ask for directions
perder	to miss
perderse (ie)	to get lost
probar (ue) las especialidades	to try the specialties
tomar algo	to drink something

Talk About History

analizar	to analyze
el castillo	castle
el centro histórico	historical center
en conclusión	in conclusion
consecutivo(a)	consecutive, in a row
la fortaleza	fortress
la muralla	wall
en orden cronológico	in chronological order

Other Words and Phrases

a pesar de que	in spite of, despite
además	in addition, additionally
pues	so, well
tratarse de	to be about

Past Participles as Adjectives

To form the **past participle**, drop the infinitive ending and add -**ado** to -**ar** verbs or -**ido** to -**er** and -**ir** verbs.

arreglar → arreglado
esconder → escondido
pedir → pedido

When the past participle is used as an adjective, the ending agrees in number and gender with the noun it describes.

→ agrees
El **horno** está arreglado.

→ agrees
Las **tapas** están pedidas.

Infinitive	Past Participle	Infinitive	Past Participle
abrir	abierto	ir	ido
decir	dicho	morir	muerto
poner	puesto	escribir	escrito
freir	frito	romper	roto
hacer	hecho	ver	visto
imprimir	impreso	volver	vuelto

Present Perfect Tense

haber	
he	hemos
has	habéis
ha	han

+ past participle

Ella ya **ha ido** de tapas.
She has already gone out to eat.

When you use **object** or **reflexive pronouns** with the present perfect, you put them *before* the conjugated form of **haber**.

¿Alberto **te ha comprado** el billete?
Sí, **me lo ha comprado.**

There is a written accent over the i in the past participle of -**er** and -**ir** verbs with a stem that ends in **a, e,** or **o.**

traer → traído   **oir** → oído   **leer** → leído

Past Perfect Tense

haber	
había	habíamos
habías	habíais
había	habían

+ past participle

Yo **había visitado** Toledo antes.
I had visited Toledo before.

When used with another verb, the action expressed with the **past perfect** occurred before the other **past action.**

Cuando Felipe **volvió,** sus tíos ya **se habían ido.**

Ya and **todavía** are often used with the **past perfect.**

Irma **ya había salido** cuando Alberto llegó.
Irma had already left when Alberto arrived.

Maite **todavía** no **había comprado** el pan cuando la panadería cerró.
Maite still hadn't bought the bread / hadn't bought the bread yet when the bakery closed.

Future Perfect Tense

haber	
habré	habremos
habrás	habréis
habrá	habrán

+ past participle

El lunes, **habremos visto** el famoso cuadro de El Greco.
On Monday, we will have seen El Greco's famous painting.

The **future perfect** is often used with **para** or **dentro de** a time reference.

Dentro de tres meses **habré aprendido** mucho.

You also use the **future perfect** tense to speculate about the past.

¿Cómo **se habrá roto** el brazo Miguel?
How could Miguel have broken his arm?

No sé. **Se habrá caído.**
I don't know. He must have fallen.

Discuss Work and School Activities

SCHOOL ACTIVITIES AND EVENTS

el anuario	yearbook
la ceremonia	ceremony
el código de vestimenta	dress code
el comienzo	beginning, start
el comité de eventos	events committee
el comité estudiantil	student government
el coro	the choir
el día feriado	holiday
la graduación	graduation
el rato libre	free time
el recuerdo	memory
la reunión	meeting
la sociedad honoraria	honor society
el (la) tesorero(a)	treasurer
el (la) vice-presidente(a)	vice president

ACTIONS

actuar en un drama	to act in a play
graduarse	to graduate
irle bien (a alguien)	to do well (in a class)
redactar	to edit
reflexionar	to reflect, to look back
salir bien	to turn out well
ser miembro de	to be / to serve as a member of
servir de presidente(a)	to serve as president
solicitar una beca	to apply for a scholarship
tomar parte en	to participate, to take part in

REMEMBER

WORK

la cuenta de ahorros	savings account
cuidar niños	to baby-sit
el (la) diseñador(a) de páginas web	Web page designer
el (la) empleado(a)	employee
el empleo	job
los impuestos	taxes
llenar una solicitud de empleo	to fill out a job application
el (la) niñero(a)	babysitter
repartir periódicos	to deliver newspapers
el sueldo	salary
trabajar a tiempo parcial	to work part-time
trabajar de cajero(a)	to work as a cashier
trabajar de salvavidas	to work as a lifeguard

Express Past Assumptions and Emotions

anticipar	to anticipate
la esperanza	hope
el estrés	stress
estresado(a)	stressed

Relate what Others Wanted you to do

dirigir	to lead, to direct
ponerse en forma	to get in shape
tomar decisiones	to make decisions
la comida chatarra	junk food
decidir	to decide
dejar de	to quit, to give up
la dieta balanceada	balanced diet

Talk About Career Possibilities

el (la) abogado(a)	lawyer
el (la) agente de bolsa	stockbroker
el (la) arquitecto(a)	architect
el (la) contador(a)	accountant
el (la) dentista	dentist
el (la) enfermero(a)	nurse
el (la) gerente	manager
el hombre de negocios	businessman
el (la) ingeniero(a)	engineer
el (la) juez(a)	judge
el (la) médico(a)	doctor
la mujer de negocios	businesswoman
el (la) peluquero(a)	hairdresser
el (la) profesor(a)	teacher
el (la) traductor(a)	translator
la administración de empresas	business administration
la contabilidad	accounting
el curso	course
el derecho	law
la escuela técnica	technical school
la especialidad	major, specialization
especializarse en	to major in
la facultad	school department
el idioma	language
la ingeniería	engineering
las relaciones públicas	public relations
seguir una carrera	to pursue a career
el título	degree
la universidad	university

SKILLS, INTERESTS, AND VALUES

el plan financiero	financial plan
animado(a)	animated, upbeat
apasionado(a)	passionate
cualificado(a)	qualified
destacado(a)	outstanding
educado(a)	educated; polite
eficiente	efficient
fiable	dependable
flexible	flexible
honesto(a)	honest, sincere
honrado(a)	honest, honorable
motivado(a)	motivated
puntual	punctual
versátil	versatile

STARTING A BUSINESS

la empresa	company
establecer	to establish
la estrategia	strategy
la iniciativa	initiative
contratar	to hire
el (la) dueño(a)	owner

Imperfect Subjunctive

Expressions of hope, doubt, emotion, or opinion in the past are followed by verbs in the **imperfect subjunctive**.

To form the **imperfect subjunctive**, remove the **-ron** ending of the **ustedes / ellos(as)** preterite form and add the imperfect subjunctive endings.

Infinitive	Preterite		Endings	
tomar	tomaron		-ra	- ´ramos
saber	supieron	drop -ron +	-ras	-rais
pedir	pidieron		-ra	-ran

The endings are the same for all **-ar**, **-er**, and **-ir** verbs.

Subjunctive of Perfect Tenses

Use the **present perfect subjunctive** after a verb in the present tense. You form it as follows:

haya	hayamos		
hayas	hayáis	+	past participle
haya	hayan		

Use the **past perfect subjunctive** after a verb in the past tense. You form it as follows:

hubiera	hubiéramos		
hubieras	hubierais	+	past participle
hubiera	hubieran		

Si Clauses

To predict the result of a likely event, use the **simple present** in the **si** clause and the **future** tense in the main clause to express the outcome.

Si dejamos de comer comida chatarra, **perderemos** peso.
If we stop eating junk food, we will lose weight.

To express how things would be if circumstances were different, use the **imperfect subjunctive** in the **si** clause and the **conditional** in the main clause.

Si Ana **cantara** en el coro, no **tendría** tiempo para redactar el anuario.
If Ana were to sing in the chorus, she would not have time to edit the yearbook.

Sequence of Tenses

Use the **present subjunctive** or **present perfect subjunctive** after the following indicative tenses.

simple present	Es bueno que **hayas decidido.**
present progressive	Está prohibiendo que **salgas.**
future	Será mejor que me **llames.**
present perfect	He sugerido que **trabajes** más.

Use the **imperfect subjunctive** or the **past perfect subjunctive** after the following indicative tenses.

preterite	Prohibió que **saliera.**
imperfect	Era bueno que **hubiera decidido.**
*past progressive	Estaba prohibiendo que **salieras.**
conditional	Preferiría que **escribieras** más.
past perfect	Había sugerido que **salieras.**

*grammar point of the next lesson

Discuss and Critique Literature

absurdo(a)	absurd
el acto	act
el análisis	analysis
el antecedente	background event
la autobiografía	autobiography
el (la) autor(a)	author
la biografía	biography
el capítulo	chapter
el clímax	climax
el contexto	context
el cuento	story, short story
el desenlace	ending, outcome
el ensayo	essay
el estilo	style
la estrofa	stanza
el género literario	literary genre
implicar	to imply
inferir	to infer
el libro de historietas	comic book
la metáfora	metaphor
narrar	to narrate
la novela	novel
la obra	work
la poesía	poetry
el cuento policíaco	crime story
la prosa	prose
el (la) protagonista	protagonist, main character
el punto de vista	point of view
la realidad	reality
relacionar	to relate
la reseña	review
la rima	rhyme
el ritmo	rhythm
romántico(a)	romantic
la sátira	satire
significar	to mean
simbolizar	to symbolize
el símil	simile

el suceso	event
el tema	theme
titularse	to be called
el verso	verse

Link Events and Ideas

aunque	although
en cuanto	as soon as
tan pronto como	as soon as

Read and Interpret a Short Play

el accesorio	accessory
el (la) acomodador(a)	usher
aplaudir	to clap
el diálogo	dialog
la dirección de escenografía	stage direction
dirigir	to direct
el (la) dramaturgo(a)	playwright
ensayar	to rehearse
el ensayo	rehearsal
el escenario	stage
la escenografía	scenery
el gesto	gesture
el guión	script
el intermedio	intermission
la obra de teatro	play
la salida	exit
el telón (levantar / bajar)	the curtain (to raise / to lower)
el vestuario	wardrobe

Other Words and Phrases

avaro(a)	miserly
codicioso(a)	greedy
el coraje	courage
el (la) farsante	fraud
insólito(a)	unusual
pedir (i) prestado	to borrow
persistente	persistent
reclamar	to call, to demand
singular	unique
soñar (ue) con	to dream of, about
el (la) tirado(a)	pauper

Past Progressive

The most common form of the **past progressive** is the **imperfect** of **estar** plus the **present participle** of the main verb. In this form, it often expresses an action that was interrupted.

¿Qué **estabas haciendo** cuando te llamé ayer?
What were you doing when I called yesterday?

To emphasize that an action continued for a period of time and then came to an end, use the **preterite** of **estar** plus the **present participle** of the main verb.

Estuvimos hablando toda la tarde.
We were talking all afternoon.

Conjunctions

The **subjunctive** is always used after these **conjunctions.**

a fin de que	con tal (de) que	sin que
a menos que	en caso de que	para que
antes de que		

The following conjunctions can be used with the **indicative** or the **subjunctive.**

| cuando | en cuanto | tan pronto como |
| después de que | hasta que | |

- You use the **indicative** to say that the outcome definitely occurred in the past.
- You use the **subjunctive** to say that the outcome may occur in the future.
- **Aunque** is used with the **indicative** when followed by a known fact. Use the **subjunctive** when it is not known to be true.

Se for Unintentional Occurrences

The **verb** of an unintentional occurrence is expressed with the impersonal pronoun **se** and agrees with the subject. An **indirect object pronoun** indicates the person to whom the action occurred.

Verbs Used to Express Unintentional Occurrences	
acabársele (a uno)	perdérsele (a uno)
caérsele (a uno)	quedársele (a uno)
ocurrírsele (a uno)	rompérsele (a uno)
olvidársele (a uno)	

Se me *olvidaron* las entradas al teatro.
I forgot the theater tickets.

REPASO Uses of the Subjunctive

The **subjunctive** expresses ideas whose certainty may not be known.

Hope:	**Espero** que él **se dé** cuenta del error.
Doubt:	**Es dudoso** que nosotras **podamos** venir.
Influence:	**Recomendó** que Ana **escribiera** dramas.
Emotion:	**Me alegro de** que los actores **sean** tan buenos.
Unknown:	**Buscamos** actores que **conozcan** el drama.
Conjunctions:	Les enseño **para que sepan** todo.
	Vete **tan pronto como** Cristina **llegue.**
	Aunque llueva, jugaremos el partido.